독도·울릉도 사람들의
생활공간과 사회조직 연구

박 성 용

景仁文化社

본 연구는 2006년도 경상북도의 지원에 의해 연구되었음.

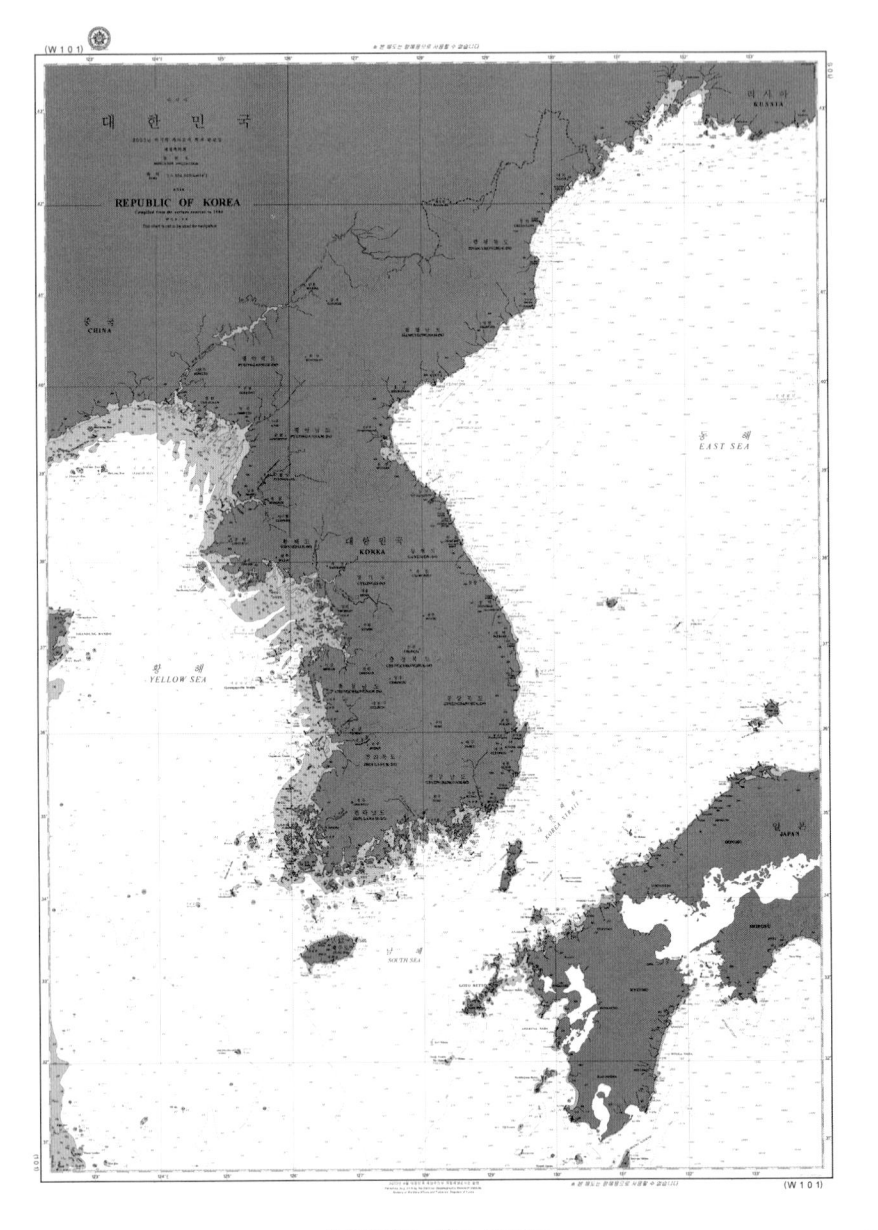

〈대한민국 해도 W101〉
출처: 국립해양조사원

머리말

이 책은 한국인, 특히 울릉도 사람들과 동해안 어민이 독도와 울릉도를 어떻게 생활공간으로서 인식하고 실천하여 왔는지를 구명하려는 노력의 일환으로 비롯되었다. 필자는 그동안 촌락사회와 지역사회의 제 문화와 사회에 관한 연구를 위해 농촌사회를 주로 대상으로 하여 민족지적 조사를 시행하여 왔다. 이러한 가운데 오랜 시간 동안 형성된 지역문화와 사회관계의 제 특성을 구명하기 위해 어촌사회의 사회·문화적 특성에 대한 균형된 시각이 필요함을 절감하게 되었다.

주지하다시피 독도는 경상북도에 속한 섬으로서 이를 중심한 주변 해양공간에서는 한국어민의 어로작업이 주로 이루어지고 있는 곳이다. 울릉도의 경우, 개척령 이전부터 여러 도道의 주민들이 이주하면서 상이한 지역의 문화가 복합되는 양상이 야기되는 곳이다. 특히 독도는 한국과 일본 사이에 영유권 문제로 첨예하게 정치적 갈등이 야기되는 곳이다. 이 점은 독도와 울릉도를 둘러싼 도서지방의 제 문제가 어떻게 세계사회의 가까운 과거사와 맞물려 있는지 그 포괄적 관련성을 살펴볼 필요가 있음을 시사한다. 그리하여 한국인과 울릉도민의 생활공간으로서 독도와 울릉도의 관계, 그리고 이를 근간으로 삶을 영위해온 이곳 사람들의 사회조직의 제 실상을 규명하는 작업은 지방적인 역사적 사실이 세계적 사실과 복합·다층적으로 연관되어 있음을 이해하는데 매우 중요한 단초를 제공해 준다고 할 수 있다.

1997년 4월, 두 섬에 대해 구체적으로 접근하려던 중에 본교 국사학과의 김윤곤(당시 민족문화연구소장) 선생님께 독도와 울릉도 연구의 필요성을 말씀 드리게 되었다. 이에 선생님께서는 흔쾌히 연구를 시작하자고 하시면서 격려까지 해주셨다. 전통촌락사회를 연구하고 있던 본인에게는 한국의 농어촌사회를 비교할 수 있는 계기가 마련되고 있다는 점에서 매우 반가운 일이었다.

이러한 과정을 거치면서 필자는 울릉도와 독도를 답사하며 흥미로운 민족지적 자료를 수집하게 되었고, 울릉도와 독도를 모자관계로 파악하고 있는 한국인의 공간인식방식과 울릉도민의 어로생활공간, 사회조직에 관한 관심을 가지게 되었다. 특히 울릉도민의 정착역사로부터 촌락사회의 형성과정, 울릉도와 독도를 포함하는 해양공간에 대한 역사적 인식, 그리고 국가체제의 정립과정과 일제강점기를 거치면서 독도가 일본에 편입되게 된 과정 등을 상호 관련지어서 설명하는 작업은 일반 농촌사회 연구와는 다른 시각에서 시도될 필요가 있었다. 무엇보다 두 섬을 둘러싼 미국, 일본, 러시아 간의 경제적, 정치적 충돌과 경쟁, 공간지배의 역사와 문화이식의 과정이 지역민의 사회공간, 민속종교, 자연환경 등에 어우러져 있었기 때문이다.

독도와 울릉도의 사회·문화적, 생태적, 정치적 실상에 대한 포괄적 관련성을 이해하기 위한 다학문적 연구의 필요성이 점증되면서 1차

학술회의가 민족문화연구소에서 열리게 되었다. 1997년 5월 9일 문화인류학, 국사학, 생태학, 법학, 국어학 분야의 제 교수들은 '독도와 울릉도의 연구현황과 과제'에 대한 발표를 하였다. 이후 문화인류학 분야에서 필자는 이듬해부터 현재에 이르기까지 매년 독도와 울릉도에 대한 민족지적 조사와 연구를 하고 있다. 처음 조사를 행한 1997년부터 10여 년이 지난 2008년에 이르러서야 비로소 수집된 자료와 발표한 글들을 묶어서 책으로 출간하게 되었다. 이 책은 한국인이 독도를 어떻게 생활공간으로서 인식·실천해 왔는지를 다룸과 동시에 어업생활을 해오는 울릉도 어민들의 사회조직을 이해하는데 초점을 맞추었다. 이 책에 수록된 글들은 학술지에 발표되었던 아래 5편의 논문과 1편의 보고서 내용 중 일부를 부분적으로 수정하여 재구성하고, '연구시각'과 '자료수집과정', '독도와 다케시마' 등의 글을 덧붙였다.

* 박성용·이기태, 「독도·울릉도의 자연환경과 도민의 문화-독도 어로공간과 울릉도 민속종교-」 『울릉도·독도의 종합적 연구』, 영남대 민족문화연구소, 1998.

* 박성용·한승진, 「울릉도민의 생활권역에서 본 독도시달거리와 해양환경인지」, 민족문화연구소 월례발표회, 1999.

* 박성용, 「울릉도 한 어촌 가족의 구조화과정과 적응전략」 『울릉도·독도 동해안 어민의 생존전략과 적응』, 영남대 민족문화연구소, 2003.

* 박성용, 「울릉도 어민의 어업기술과 작업조직의 변화」『울릉도・동해안 어촌지역의 생활문화연구』, 경인문화사, 2004.
* 박성용 외 4인,『독도를 보는 한 눈금 차이』, 선출판사, 2006.
* 박성용 외 24인,『울릉군지』, 경인문화사, 2007.

언급한 글들을 바탕으로 집필된 이 책은 독도와 울릉도가 한국인들의 생활공간과 사회조직이 가지는 사회・문화적 의미를 독자들에게 일깨우는데 그 목적을 두고 있다. 이를 위해 필자는 참여관찰을 통한 민족지적(ethnographic) 자료와 지역민의 일기, 제문, 어촌계 관련자료, 촌락지도, 동제에 관한 구비전승 자료 등에 대한 제 자료를 수집하였다. 일본인들에게 다케시마로 알려져 있는 독도에 대한 울릉도 주민들의 증언은 독도가 한국인의 생활공간이었음을 확증하는데 필요한 충분한 자료라 생각된다. 그러나 이 책은 아직 연구가 심화되지 못한 시작단계의 작업결과로서 심화된 분석과 풍부한 민족지 자료 및 사료의 수집, 일본자료에 대한 비판적 검토를 요구한다.

독도와 울릉도를 한국인의 생활공간으로서, 그리고 이곳에서 삶을 살아가는 사람들의 사회조직을 포괄적으로 관련시켜 이해하는 일은 매우 중요하고도 흥미 있는 작업이다. 이를 위해서는 역사적 접근과 문화인류학적 접근을 아우를 필요가 있었다. 사료에 대한 한・일 양국 간의 비판내용을 검토해야 할 뿐만 아니라 자료제보자들의 구술사

를 재구성해야하는 어려운 과정도 있었다. 이를 해결하기 위해 필자는 울릉도와 독도에 대해 고대부터 현재로 내려오면서 그 영토권의 정당성을 파악하는 태도와 더불어서 현 시점에 한국인, 특히 울릉도 주민의 어휘와 공간인지방식, 생활문화 등을 근거로 과거의 역사와 관련된 사료를 이용 분석하여 독도가 한국인의 생활공간임을 이해하고자 하였다.

특히 울릉도와 독도에 대하여 현시점에서 주민들이 인식하고 있는 내용과 그들의 선조들이 전승한 얘기를 담고자 하였는데 그 이유는 독도를 한국어민의 생활공간으로서 인지하고 실제로 점유하여왔음을 밝히기 위해서이다. 독도와 관련된 울릉도 사람들의 언어와 어로작업, 공간인지 방식 등은 한국의 동남해안의 문화를 그대로 반영하고 있다는 것이 이에 대한 증거이다. 수백 년의 촌락문화사가 지속되는 농촌사회에 비해 개척 100여 년의 역사로부터 삼국시대에 이르는 장기지속적 시간의 구조를 연결 짓는 작업은 매우 힘들고 불가능한 것이기도 하다. 그럼에도 불구하고 두 섬의 관련역사를 주민의 기억과 구술을 통해 역사 속의 사회·문화적 사실을 재구성할 수 있는 가능성이 있기에 이 작업을 시작하게 되었다. 그런데 무엇보다 주의해야 할 점은 한·일 양국 간에 편협된 시각을 바탕으로 사료나 민족지적 자료에 대한 면밀한 검토 없이 연구자의 연구도식에 꿰맞추는 어리석

음을 범치 말아야 하는 것이다. 앞으로 더 많은 풍부한 기록자료와 주민들의 구술사 등에 대한 해석과 고증작업이 이러한 문제를 해결하는데 도움을 줄 것이다.

필자가 의미 있는 민족지적 자료를 수집하여 이 책을 준비하는 동안 개인적으로 많은 이들에게 도움을 받았다. 영남대학교 민족문화연구소와 독도연구소, 학술진흥재단에서 현지조사에 필요한 재정적 지원을 하지 않았다면 이 책의 출간은 불가능 하였을 것이다. 아울러서 여러 동료들의 학문적 교류와 조언이 책 내용을 좀 더 발전시키는데 큰 보탬이 되었다. 특히 '울릉도에서 독도를 바라볼 수 있는 거리'에 대한 두산메카텍(Mecatec)기술연구소의 한승진 박사와의 공동연구, '울릉도 동제'에 대한 서울디지털 대학의 이기태 교수와의 공동조사와 연구, 그리고 독도 연구에 대한 본교 이원경 교수의 관심과 조언이 큰 도움이 되었다. 이들에게 고마움을 표한다. 특히 추운 겨울방학 동안 현지조사를 함께 하기도 하고, 본고의 오자와 탈자를 교정하느라 고생한 박사과정의 정재영 군에게 감사를 표한다. 또한 울릉도와 독도 조사에 참여한 바 있는 대학원 박사과정의 문애리, 여수경 양과, 석사과정의 석달호, 배윤호 군의 노고를 가슴에 담아 둔다.

무엇보다 이 책의 출판을 위해 깊은 관심을 기울여주시고 재정적 지원을 해주신 독도연구소의 김화경 소장께 감사를 드린다. 그 밖의

x

자료 제공에 헌신적으로 도움을 주신 이승진 독도박물관장, 태하면사
무소의 박두표 계장, 당시 태하리 출장소의 이진길 소장과 이수길씨,
그 밖의 울릉군청 문화관광계의 관계자 여러분들께도 고마움을 전한
다. 그 누구보다 자료제공에 많은 도움을 주신 태하리, 학포리, 남양
리, 통구미, 현포리, 천부리, 나리, 저동과 도동의 자료제보자 여러분들
께 감사를 드린다. 그들의 따뜻한 마음을 내내 가슴에 새겨두는 바이
다. 특히 이우종 울릉문화원장, 독도 주민 김성도씨, 독도에 대한 많은
얘기를 들려주셨던 엄경수 옹을 비롯한 수많은 울릉도 사람들의 얘기
가 이 책의 근간이 되었다. 책 표지에 독도 진경판화, '섬, 물고기2'를
싣도록 허락해주신 엄정순 화백께도 깊은 감사를 드린다. 이 조그마한
책이 독도와 울릉도에 관련된 심화된 이해를 하는데 작은 도움이 되
었으면 하는 바램을 가져본다. 이 책이 나오기까지 답사 때마다 불편
을 마다하지 않고 여정을 꼼꼼히 챙겨준 아내에게도 고마움을 전한다.
이 책의 잘못된 내용은 모두 필자에게 책임이 있음을 밝혀둔다.

경산 연구실에서
2008년 6월
박 성 용

목 차

제3장 울릉도

제4장 **결 론**

1. 연구시각

1) 생활공간에 대한 민족지적 서술

지금까지 독도·울릉도에 대한 연구의 경향은 몇 가지로 나누어 볼 수 있다. 첫째, 두 섬과 동해에 대한 해양학적 연구는 독도주변의 해역조사 및 수산업 개발가능성, 해저 부존자원에 대한 접근을 한 경우가 다수를 차지하고 있다. 이러한 연구들은 대개 정책적 경향을 띠고 있다. 둘째, 생물학적 입장에서 동식물 생태계에 관한 연구를 손꼽을 수 있다. 생태계와 관련된 수자원, 즉 식물플랑크톤 및 저생동물底生動物 등에 대해 접근을 한 바 있다. 셋째, 국제법적 차원에서는 일본의 독도 영유권 선점이론에 대한 비판과 독도가 한국의 부속도서로서 갖는 지위에 대해 관련된 국제조약, 특히 신 한·일 어업협정이 영유권 문제와 어떻게 직간접적으로 관련되는지를 연구한 바 있다. 특히 분쟁 지역과 중간 지역에 대한 양국 간의 이해 차이, 국제사업재판소의 예상되는 실효적 지배 조항에 대한 검토와 주권행사의 문제 등을 다루고 있다. 넷째, 고고학 및 국사학 분야의 연구를 들 수 있다. 고고학에서는 주로 6세기 이후의 고분군, 토기 등에 대한 유적과 유물에

대한 조사연구를 시행한 바 있다. 국사학에서는 한·일 양국의 사료
와 행정자료 등을 통해 독도가 한국의 영토임을 확증하기 위한 연구
를 지속하고 있다. 특히 신라시대 이후부터 최근에 이르기까지 한·
일 양국의 고문헌과 지도에 나타나는 독도와 동해를 연구하여 독도영
유권에 대한 해석을 시도하고 있다. 다섯째, 앞의 연구와 더불어서 독
도를 중심한 어로공간과 울릉도 주민의 어업생활에 대한 민속지식의
형성 등에 대한 인류학적 연구가 있다. 독도와 인근해역이 한국 어민
의 생활공간이었음을 확증하기 위해 울릉도 주민의 개척사와 그들의
생활양식, 독도와 인근 해역을 생활공간으로 활용해온 과정과 그 실
증자료에 대한 역사인류학적 연구가 필요하다. 이러한 입장에서 독도
의 실상을 이해하기 위해서는 생활문화를 현시점에서 과거로 소급하
면서 독도에 남겨진 문화의 중층성과 복합성에 대한 역진적 접근이
요구된다.

　주지하다시피 공간은 인간이 생산을 위해 활동하는 장소場所일 뿐
만 아니라 민족마다 상이한 문화적 의미를 부여하면서 이에 관여하는
성원이 지향하는 바에 따라 형성, 실천, 변화된다. 물리적 공간이 지
리적 공간이라면 인간은 이를 문화화된 공간으로 전환시킨다. 독도만
하더라도 한국어민에 의해 생활문화사가 구조화되어 있어서 이곳은
무주지가 아니라 익명의 우리 어민들이 행했던 어로관습과 생활경험
이 복합 다층적으로 형성된 생활공간이라 할 수 있다. 그리하여 이
연구는 독도·울릉도가 어떻게 지역민들에 의해 생성된 공간으로 형
성되어 왔으며, 그들의 역사적 경험이 층위화 되어 있는가를 이해하
려는 것이다.

　생활공간(life space)이란 인간의 물리적, 사회적 실재이며 집단표상과
역사적 사건이 관련된다(강신표, 1980: 75-79). 즉 생활공간이란 지리적,
환경적, 역사적, 심리적, 사회적 제 요소가 복합된 전체라 할 수 있다.

울릉도에서 독도해역은 한국어민 특히 울릉도민이 그들 나름대로 자연환경과 지리적 공간을 인지하는 방식과 역사적 경험을 각인하는 태도 등의 다양한 생활경험이 상호 관련된 공간이다. 무엇보다도 전통적으로 한국인들은 울릉도와 독도의 지리적 친연성을 '모자관계'로 표상하여 왔다. 그리고 한국어민들은 이 해양공간을 어업생활을 영위하는 어로공간이자 삶을 실천하는 장소로 간주해 왔다. 그런가하면 독도는 국제정치사와 긴밀하게 관련된 곳이었다. 이곳은 국제법상 무주지라 하여 실질적 점유문제에 많은 논란을 불러일으키고 있지만 익명의 수많은 한국 어민들이 이곳을 중심으로 어로작업을 행하였고, 폭풍우나 난파 등을 당하였을 때 삶을 이어가는 생활공간으로서 역사 속에서 자리매김해 왔다.

무엇보다 독도와 주변해역은 한·일 양국과 세계의 정치적 역동성이 작동하여 충돌·대립·상호작용한 정치공간임을 주지할 필요가 있다. 독도나 울릉도를 외딴 섬으로 간주하여 외부 사회와 관련 없는 불연속적이고 폐쇄적인 단위로만 연구할 수 없고, 거시적인 국가사와 세계사의 전개과정 속에 미시적 공간(독도와 울릉도)의 사회·문화적 실상을 규명하는 작업이 요구된다. 그리하여 독도와 울릉도를 거시적, 미시적 차원의 상보적 이해를 강조하면서 국가 정책 및 지역민의 일상적 삶, 그리고 사회관계, 생활사 등이 결합된 양상으로 이해하고 나아가 이러한 연구요소들이 공간 속에서 어떠한 상관관계를 가지는지를 파악하는 시각을 가질 필요가 있다.

아울러서 울릉도민과 동해안 어민에 대한 현지조사를 통해 이 두 섬을 중심으로 한국어민의 삶과 언어, 경제행위, 수자원에 대한 민속지식 등이 복합되어 있는 양상에 대한 분석이 요구된다. 독도와 울릉도의 공간과 장소가 갖는 역사성과 생활문화, 자연환경에 대한 역사인류학적 접근을 위해 동해안, 국가, 환동해권에 이르는 차원에서 그

연구단위들 간의 포괄적 관련성을 강조함으로써 독도를 고립된 조그만 섬으로만 한정하는 단편적 연구를 지양하고 소규모 해양공간에서 발생하는 국경의 문제를 세계사회의 변동과정과 관련지어서 이해하려 한다. 연구의 시각은 독도와 울릉도를 한·일 양국 간의 역동적, 정치적, 문화적 관계를 기반으로 하면서 생활공간의 분석을 지향하는데 초점을 맞춘다.

2) 독도: 명확한 국경, 모호해진 경계

이 연구는 독도·울릉도가 어떻게 한국의 지역민에 의해 생성된 공간으로 변환되어 왔으며, 또한 그 공간은 우리 어민들의 언어를 통해 역사적 장소로서 어떻게 역사적 체험이 계승되면서 중층 복합되었는지, 그 실상에 대한 종합적 분석을 시도하려는 것이다. 오늘날까지 독도영유권을 주장하는 일본학자와 외교관들의 주장에 대해 문화인류학적 검토는 거의 미비한 수준에 그치고 있다고 해도 과언은 아니다. 더군다나 독도를 한국인의 생활공간으로서, 그리고 이에 대한 일본 측의 공간에 대한 집단기억의 외재화 과정에 대한 접근은 전무하다.

필자는 한국정부가 일본의 독도정책에 대처해 온 과정을 나타내주는 외교관계사보다 한국어민이 독도에 대해 어떻게 주체적 공간으로 인식하고 문화적 실천을 해왔는지를 중점적으로 검토하려 한다. 왜냐하면 독도와 관련된 한·일 양국 간의 외교적 담론과 수사로 점철된 서류를 들추어내어 그 진실을 규명하는 일 이상으로 생활공간에 대한 문화사적 의미를 나타내주는 한국어민의 독도생활사를 제시하는 것이 바람직한 양국의 미래를 위해 그 의미가 크다고 생각하였기 때문이다.

먼저 문화적 측면에서 해양공간의 경계에 대한 인식의 지형도를

그리기 위해서는 독도와 지도화된 경관을 관련짓는 연구가 필요하다. 독도에 대한 명확했던 해양 경계와 국경범위가 모호해져 가고 있는 과정에 관련된 문화정치적 논리를 파악하고자 한다. 지금까지 독도는 한국인에게 기억된 장소로서 우리의 영토임을 자명하게 생각하지만 그 경계가 1905년 일제의 강점이 시작되던 해부터 연합국 대 일본이 1949년 12월 8일, 샌프란시스코 조약의 초안을 작성하던 과정, 그리고 1999년 한·일 어업협정을 거치면서 독도를 둘러싼 주변 해역의 해양공간 경계가 모호해져 가고 있다. 일본 측에서는 1905년 이전까지 독도를 한국의 영토로 인정하던 것을 국가 간, 국제 간의 정치적 헤게모니를 점유하는 국가가 이를 차지할 수 있다는 입장에서 자신의 영토라 주장하고 있다. 이 점은 일본에서 그들의 지도에 독도를 자신의 섬으로 인식하게 되는 과정에 관련된 정치적, 문화적 논리를 검토해볼 필요가 있음을 시사한다.

이와 더불어서 독도와 관련된 한국인, 특히 한국어민의 생활사를 통해 독도가 어떻게 그들에게 자리매김하여 왔는지를 이해할 필요가 있다. 울릉도 어민들은 울릉도와 독도의 관계를 "모자관계"로서 인식하고 이곳을 터전으로 어업생활을 영위하고 있다. 이러한 역사는 그들로 하여금 독도의 자연경관과 환경, 어로작업과 관련된 민속용어, 범주 및 분류방식을 독특한 방식으로 창출하도록 하였다. 즉 한국 어민들은 독도와 관련하여 그들의 문화적, 경제·환경적 경험을 통해 나름대로의 논리와 의미를 가진 문화를 창출하였다고 할 수 있다.

그들이 독도의 자연환경을 인지하는 태도나 지식은 한국 민속문화의 하위문화임을 반영하고 있다. 예컨대 독도에 대한 방위관념, 바람과 조류 등의 분류방식, 그리고 어업권과 어로작업방식 등은 한국어민이 이 섬을 기반으로 사회·문화공간을 구성하는 방식을 나타내주는 것이다. 이러한 문화요소들은 한국어민들이 독도를 기반으로 한

민속지식을 구승口承을 통해 개념화하고 전승하는 과정에서 생산된 현상이며 독도가 한국어민의 어로생활공간이기 때문에 가능한 것이다. 따라서 한국어민들이 독도에 대해 인지하는 방위관, 날씨 분류, 해저 어업공간의 인지방식, 어업관습 등을 기술할 필요가 있다. 이에 대한 연구는 민속지식과 과학적 지식의 복합성이 어떻게 중층, 복합되는지를 이해하는데 초점을 맞추게 된다.

그 밖의 독도시달거리獨島視達距離에 대한 일본학자의 연구에 대한 비판적 검토가 필요하다. 왜냐하면 독도와 울릉도가 모자관계에 있음을 공간적으로 인지할 수 있는 근거가 되기 때문이다. 독도가 울릉도민에게 분명히 가시적 거리에 있다는 점은 이미 세종실록지리지에서도 나타나고 있으며 한국 학자들의 몇몇 연구에서도 명백히 제시된 바 있다. 그럼에도 불구하고 일본 학자들은 잘못된 주장을 한 바 있다. 필자는 이른바 川上健三(1966)의 '독도시달거리'에 대한 접근에 대하여 무엇이 문제인지를 검토하고자 한다. 필자는 그의 독도시달거리에 대한 연구가 잘못되었음을 입증하고 이와 더불어서 울릉도 어느 구간의 고도에서 독도가 보이는지를 확인하기 위해 과거 개척령 이후 거주지의 확산과정을 관련시켜 이해하려고 한다.

오늘날 한국 학계에서는 독도에 대한 관심이 고조되고 있다. 그러나 한국인의 생활공간이란 측면에서 독도와 울릉도의 다양한 자료를 종합하고 포괄하며 관련짓는 연구는 별로 없는 것 같다. 이를 구체적으로 접근하기 위해 필자는 문화인류학적 측면에서 독도를 통해 그들의 국가에 대한 역사의식이 외재화 되는 과정을 연구함으로써 일본이 어떻게 독도에 대한 집단기억의 정치화를 시도하고 있는지를 밝히고자 한다. 아울러서 일본 측이 1905년 이후부터 현재에 이르기까지 독도에 관한 해양지식을 정립하는 과정, 분쟁지역화 전략 등이 어떻게 진행되어 왔는지를 검토·비판하려 한다. 독도가 한국의 지도 속에

구획되어 있기 때문에 한국의 영토라는 입장을 넘어서 일본 측에서 독도를 자국의 영토로 삼기 위해 그들이 지금까지 행한 장소 만들기 과정과 정치적 의미재현 과정, 그리고 국민의 이미지를 조작, 구축해 온 과정에 대한 비판적 검토도 시도할 예정이다.

3) 울릉도 사람들의 공간생산

필자는 울릉도를 한국인의 생활공간이라는 측면에서 접근하기 위해 개척령 이후 입도민의 생활문화가 어떻게 섬사회에서 역사적으로 전개되었는지를 민족지적 사례를 통해 제시하고자 한다. 이를 위해 아래의 세 가지 측면에 초점을 맞추게 될 것이다.

첫째, 이 책에서는 섬의 물리적 공간이 주민들에 의해 사회·문화적 공간으로 형성, 실천된 양상을 다루게 될 것이다. 이를 위해 독도와 울릉도, 그리고 주변 연근해 공간과 장소에 관련된 개개인 및 집단의 기억을 통해 걸러져 나온 공간인식과 어로 관련 민속지식체계, 적응전략 등을 포괄적으로 관련 지우면서 알려지지 않았던 울릉도민의 생활문화를 재구성 한다.

둘째, 울릉도 사람들의 생활공간에 대한 실상을 이해하기 위해 필자는 섬 자체와 거시적인 차원에서 국가경제사의 변화과정과 미시적인 차원에서 촌락사회의 제 특징 등을 상호 관련짓게 될 것이다. 어촌의 어업조직, 인구, 지역의 자연·문화 경관 등은 국가의 경제, 기술의 변화에 따라 대응, 적응, 해체되는 다양한 모습을 나타내주고 있다. 울릉도 이주민들은 입도하기 전 농업생태계를 기반으로 삶을 영위하는 농촌사회와 다른 상이한 해양환경 속에 살면서 그들의 생활문화가 150여 년의 시간 속에서 섬 공간 속에 다양하게 구조화되었다. 그리하여 필자는 그들의 생활문화를 섬의 각 지역을 대상으로 시·

공간적으로 분석하는데 주안점을 두고자 한다.

셋째, 언급한 연구시각을 바탕으로 울릉도를 이해하는데 있어서 빼놓을 수 없는 것은 사회공간으로서의 가족과 어업공동체, 그리고 제의 수행집단 등에서 보이는 제 특징이다. 이에 대한 접근은 그들의 사회적 재생산이 공간상에서 어떻게 이루어졌는지를 알게 해준다. 특히 울릉도 사람들이 결혼적령기의 인구부족으로 인해 서로 맺었던 가까운 인척들 간의 혼인관계에 대한 민족지 사례를 통해 이들 간에 형성된 혼인연대의 세대별 특징을 파악한다. 그 나머지 생업이 변화하는 과정이 산신제에서 용왕제로의 동제성격과 제의 수행집단에 어떻게 영향을 주었는지를 육지 민속종교의 친연성과 제의 전통의 창출과정을 관련시킴으로써 동제의 의례성(rituality)을 새롭게 조명하고자 한다.

2. 자료수집 과정과 절차

필자가 독도와 울릉도 연구를 시작한 것은 1997년이다. 이해 10월 20일부터 12월 30일까지 기존 연구성과에 대한 검토와 문헌자료의 수집, 정리를 하였다. 이후 독도, 울릉도에 대한 민족지 조사는 다음 과 같이 시행되었다.

* 1998년 1월 13일~20일: 남양, 도동, 사동에서 생활문화에 대한 전수 조사
* 1998년 4월 23일~26일: 독도 1차 입도 시도
* 1998년 5월 6일~8일: 독도 입도(입어관행에 대한 조사)
* 2000년 7월 14일~23일: 울릉군 서면 태하·학포리 조사
* 2005년 7월 17일~23일: 도동·저동·통구미 혼인관계망 조사
* 2006년 2월 23일~27일: 통구미 사회조직 조사
* 2007년 8월 16일~19일: 천부·나리·현포의 일생의례와 세시의례조사

1차 연구는 국사학·문화인류학·해양학·국어학·법학의 학제 간 접근이 시도되었다. 이를 위해 경상북도에서는 재정적 지원을 하였다. 필자는 울릉도의 역사를 비교적 잘 간직하고 있으며 인구이동 이 비교적 심하지 않아 사회·문화적 특성을 잘 알 수 있는 남양을 중심으로 몇 곳의 어촌사회를 조사하기로 결정하였다. 문화인류학 분야에서 조사한 내용은 독도·울릉도의 자연환경과 도민의 문화, 사회조직과 경제생활, 의료체계와 민간요법 등이었다. 이 당시에 참여하였던 조사원들은 마을에 참여관찰과 면접을 통해 민족지적 자료를 수집하였다. 각 분야의 종합적 논의는 연구영역별로 책임교수들 간에 상보적인 논의를 통하여 이루어졌고, 다양한 의견을 수렴하여 본교의 민족문화연구소에서 『울릉도·독도의 종합적 연구』(1998)를 발간하게

되었다. 특히 독도를 생활공간으로 인지하는 어민들과 면접을 위해 울릉도 주민들 중에 독도 어촌계를 운영하는 이들과 촌로, 그리고 김성도씨 등의 여러 자료제보자를 중심으로 독도항해에 관련된 조사를 행하였다.

이러한 연구과정에서 민족문화연구소는 1999년 학술진흥재단의 지원으로 「울릉도·독도 동해안 어민의 생존전략과 적응」의 과제를 시행하였다. 그러면서 필자는 2000년 여름 방학 동안 태하리에 대한 민족지적 조사를 하게 되었다. 주된 조사내용은 가장 역사가 오래된 이곳 주민들의 혼인관계와 어로작업조직, 기술체계, 민속종교 등이었다. 이후 2005년, 2006년, 2007년, 2008년에 지속적으로 울릉도 주민들의 기술체계와 어로작업조직, 의식주 생활, 의례생활, 세시풍속, 독도를 바라볼 수 있는 지리적 위치 등에 관한 조사를 시행하면서 이 두 섬에 대한 문화와 정치, 그리고 역사, 지리적 특징을 포괄적으로 이해하고자 하였다.

주지하다시피 독도는 한국과 일본 사이에 영유권 문제의 핵심으로서 정치적 갈등이 첨예하게 대립되는 곳이다. 일본인들은 독도를 자국과 관련된 공간으로 생각하나 한국인들에게 있어서 독도는 일제의 침탈이 남긴 역사적 유산의 공간이다. 독도에 대한 양국의 상이한 역사적 시각이 첨예하게 대립하고 있는 것이다. 이러한 점은 문화인류학 분야에서 정치적 갈등의 이면에 어떠한 사회·문화적 메커니즘과 논리가 작동하고 있는지를 규명할 필요가 있음을 시사하는 것이다. 또한 독도를 둘러싼 동해도 의미 없는 바다 그 자체가 아니라 한·일 양국 간의 장기적 역사 속에서 문화적, 정치적, 경제적 긴장과 충돌의 동학을 나타내주는 생활공간으로서, 그리고 한국과 일본 사이에 대립을 야기시키는 정치적 공간이자 문화적 경계에 대한 이해가 요구되는 곳이다. 특히 식민지시대를 거치면서 정치공간화 된 동해와 독도에

대한 논의과정에 대한 해명은 양국 사이에 모순되고 복잡다단하게 전
개 된 해양공간의 역사에 대한 심화된 이해를 촉구한다.

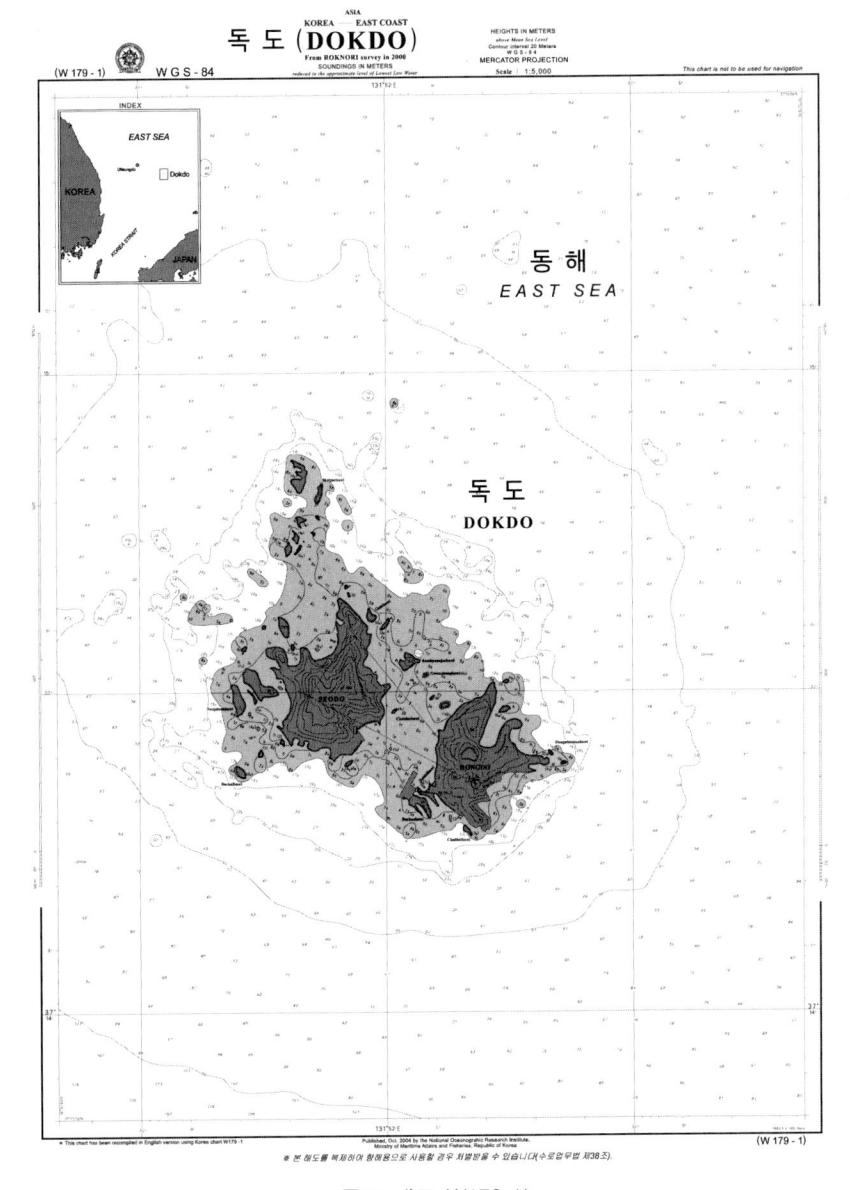

〈독도 해도 W179-1〉
출처: 국립해양조사원

1. 독도와 '다케시마'

1) 지도표기의 문화정치

한국인은 독도를 생활공간으로 인식·실천하여 왔다. 세종실록지리지에 드러난 독도에 대한 묘사가 그렇고 바로 수 세기 동안 독도에 대한 구비전승, 안용복 등에 의한 독도에 대한 영토 확증의 기록 등이 이를 뒷받침해준다.

독도가 삼국시대 이후부터 현재까지 한국의 영토였던 것이 어떻게 일본의 지도에서 표현·구획되어 그 경계를 변화시켜 왔는지, 그리고 이에 대한 한·일 양국 간의 이해 정도가 어느 정도로 괴리를 이루고 있는지를 다각도로 이해하는 작업이 필요하다. 특히 일본 측에서 독도를 다케시마로 명명하여 그들의 영토 속으로 편입하려는 의도를 달성하기 위해 지도제작에 관련된 그들의 정책과 사상思想, 역사의식을 근간으로 독도 영토경계를 선택적으로 재구성하여 해석해온 과정에 대한 분석이 필요하다. 아울러서 일본학자들이 다케시마의 역사에 대한 기록과 기억의 역사를 외재화하는 과정에서 어떻게 한국학자나 한국인들이 독도에 대한 기존의 인식과 이해, 표상을 전도, 왜곡하고 있

는지를 살펴볼 필요가 있다.

한·일 양국 간에 독도에 대한 명칭문제는 20세기 초부터 지금에 이르기까지 논쟁의 대상이 되고 있다. 그 이유는 독도영유권 문제와 명칭이 직접 관련되기 때문이다. 역사학적 측면에서 독도에 대한 명칭에 대해서는 이미 신용하(1997: 133-134)가 울릉도 주민들에 의해서 '독섬(돌섬, 석도)'으로 불렸던 것이 점차 변화되었음을 규명한 바 있다. 무엇보다 필자는 일본 측이 독도 / 다케시마, 동해 / 일본해를 대극적 위치에 두고 이곳이 분쟁수역임을 국제사회에 알리면서 타국의 주변 섬에 대한 영유권 주장을 극대화하여 한국의 영유권을 축소시키는데 기여하는 강력한 상징적 매체로서 지도가 그 역할을 하고 있다는 점에 주목한다. 일본은 독도영유권 문제에 있어서 한국에 대해 갈등과 화해라는 양날의 검을 사용함으로써 기존의 권력중심체를 근간으로 하는 국가통합의 메커니즘을 지속하고 인접한 아시아 국가들 간의 섬 영유권 문제에 대한 정치적 효용성을 확대하려고 한다. 일본은 세계 지도에서 독도를 다케시마로 표기하고 이곳을 분쟁지역화 하는 전략을 행함으로써 한국의 영토경계 관념을 약화시키고 그들의 사회·정치적 가치를 강화하고 있다.

독도와 관련된 일본인들의 영토경계에 대한 관념은 국가 간의 경계란 한 국가가 과거부터 형성해온 명확한 경계 그 자체가 아니라 상호 간의 정치적 헤게모니나 지배에 의해 경계가 모호해지면서 새롭게 생성될 수 있다는 점을 나타내주고 있다. 그들은 지도가 한·일 양국의 국경에 대한 실상을 반영하기도 하지만 정치적 힘을 바탕으로 그 경계를 의도적으로 바꾸는 데 중요한 역할을 할 수 있다고 믿고 있다. 이 점은 제국주의 국가들이 지도를 통해 영토확장과 경제수탈, 문화적 제국주의 등을 합리화하기 위한 지적도구로 이용한다는 점과 일치한다(손철·정인철, 1998: 137).

이미 1998년 한·일 어업협정 시 독도는 한·일 공동관리수역 또는 중간수역에 위치하게 되었다. 더군다나 시마네현에서는 "다케시마의 날"을 제정하여 자국의 영토라 국민들에게 홍보하고 있다. 한국에서는 독도가 있는 지역을 중간 수역이라 하지만 일본에서는 분쟁지역화 하는데 성공하였다. 이제 세계 각국의 자국 이해 여부에 따라 Dokdo 또는 Takeshima라 부른다.

이러한 점은 세계 지도에 그대로 반영되고 있다. 프랑스에서 사용되는 일본 해상보안청이 제작한 국제 해도 4점에는 모두 독도가 '다케시마' 하나로만 표기되어 있다. 프랑스 명칭인 '리앙쿠르'마저도 사용되지 않았다. 대한해협은 'Tsushima kaikyo(大馬海峽)'로 되어 있다. 일본 해상보안청은 동해를 포함한 태평양 해역의 해도제작을 담당하게 된 기회를 이용하여 대한해협을 쓰시마해협으로 바꾸고 독도는 다케시마로만 표기해 놓은 것이다(이진명, 2005: 96).

일반적으로 어떠한 물리적 공간에 대한 장소 만들기의 과정에는 자연환경의 특징과 그 효율적 점유, 그리고 상징적 의미와 구성원들이 역사적으로 형성한 사회공간의 실천 양상이 관련된다. 특히 식민지역사를 경험한 국가의 장소지명은 지배국가가 문화적 침략을 행하고 그들의 역사와 이념을 강요하기 위해 그들의 용어로 전환된 경우가 허다하다. 주지하다시피 한국과 일본 사이에 독도 영유권에 대한 논쟁이 있을 때마다 고지도로부터 현재 세계지도에 이르기까지 독도의 명칭이 등장한다. 일본인들이 해양공간을 분류하고 관계 짓고 점유해온 과정, 그리고 한국의 독도를 '다케시마'로 만들기 위한 과정에서 그들의 정치적 이해와 관심, 그리고 영토편입 전략이 세계지도에 있어서 어떻게 독도의 역사적·정치적 실재를 상이하게 구축하여 그 실상을 굴절시키고 있는지를 구명할 필요가 있다.

2) 명칭의 역사적 전개과정

신라부터 현재에 이르기까지 한국의 수많은 지도에 독도가 우산도, 우도, 독도로 섬 이름이 변화하면서 한국의 영토로 해도상에 표기 인정되던 것이 일본에서는 송도로 불리다가 1905년 이후부터 리앙코르도, 죽도(일본명칭: 다께시마)로 불리고 있다.

지도상에 나타난 울릉도와 독도의 명칭 변화에 대한 인식은 한·일 양국 간에 가장 첨예하게 대립하고 있는 문제 중에 하나이다. 에도시대부터 메이지시대 초기, 구체적으로 1696년에서 1881년까지 일본은 독도가 조선영토임을 확실히 인식하고 울릉도와 독도는 확실히 조선영토였다(호사카 유지, 2005: 34). 울릉도를 다케시마로, 독도를 마츠시마로 명명하다가 시볼트의 「일본전도」가 수입되어 이에 영향을 받으면서 존재하지 않는 가공의 섬 '아르고노트(Argonaut)'는 다케시마, 마츠시마는 다줄래(Dagelet)로 나타나 있다(이진명, 2005: 110-111). 그러다가 아르고노트가 사라지면서 다케시마라는 명칭도 사라졌다. 그 대신에 마츠시마가 울릉도를 가리키는 '다줄레'섬에 대응하여 사용되었다. 과거 일본 고지도에서 독도를 가리키던 '마츠시마'라는 명칭이 울릉도로 옮아간 결과처럼 된 것이다(이진명, 1996: 36 ; 나이토우 세이쭈우, 2005: 171).

여기에서 주목해야 할 내용은 일본 측이 울릉도를 '다케시마'로 독도를 '마쯔시마'로 부르다가 일제강점기 이후 독도를 자국의 영토로 편입시키면서 독도를 다케시마로 확정하게 된 사실이다. 독도가 일본식 표기인 송도松島('마쯔시마')임을 주지시킨 예는 이미 비변사에 진술한 안용복의 말에서도 나타난다. 안용복은 울릉도로 출어하였다가 (1622년) 일본 어부들이 출어하고 있는 것을 보고 일갈하여 퇴거를 명하고 그들이 말하는 "송도는 곧 자산도인데 이 역시 우리의 땅이다. 어떻게 너희들이 감히 여기에 산다고 하느냐(松島卽子山島 此亦我國地汝敢

住此島)"라고 하였다. 여기에서 신용하(1997: 30-31)는 자산도子山島의 자子는 于山島의 于자의 오기이나 우산도＝송도＝독도임을 주지시켜줌으로 과거 신라의 우산국지＝울릉도＋우산도(독도＝일본명 송도)가 되어 독도가 우산국 영토라 하였다. 그리하여 그는 울릉도와 자산도(우산도)가 조선의 땅임을 나타내준 것이라고 하였다. 18세기 申景濬의 ≪疆界考≫ <鬱陵島>조에서는 안용복이 울릉도에 출어한 일본 어선을 추격하여 독도(송도)에서 "(일본인들이 말하는) 송도는 바로 우산도이다. 너희들은 우산이 또한 우리의 경계란 말을 듣지 못하였느냐(松島卽芋山島 爾不聞芋山亦我境乎)"라고 하였다(송병기, 1998: 12). 여기에서 우리가 눈여겨보아야 할 점은 조선왕조 때 일반인들은 독도를 울릉도의 부속도서로 간주하여 자산도로 불렀다는 것이다.

한국인들이 인식하고 있는 울릉도와 독도의 모자관계를 분명히 하기 위해 이미 여러 학자들이 명칭에 관해 연구한 바 있다. 신용하는 독도의 명칭과 이와 관련된 한·일 양국사이의 논쟁점을 정세하게 검토한 바 있다(신용하, 1997: 194-201). 그 밖의 울릉도, 독도의 명칭과 표기 문제에 관한 연구를 보면 '울릉도·독도 명칭변화를 통해서 본 독도 인식의 변천(배성준, 2002)', '독도, 보배로운 한국의 영토(신용하, 1997)', '독도, 지리상의 재발견(이진명, 1998)', '독도는 우리땅(김학준, 1996)', '서양자료로 본 독도(이진명, 1998)', '옛지도에서 우산도와 독도는 어떻게 나타나 있는가(김윤곤, 2006)' 등의 제 논문을 손꼽을 수 있다.

이러한 연구에서 주의하여 보아야 할 내용을 보면 먼저 독도의 표기방식과 호칭의 방언학적인 근원을 밝히는 것이다. 즉 독도가 "홀로獨과 섬 島"가 합쳐진 이름이 아니라 '독'자가 전라도와 경상도 남해안 일대 어민들의 말에서 파생된 것으로서 독이란 '돌石'을 의미하여 독도란 '돌섬'이라는 것이다(신용하, 1996). 필자가 만난 울산출신의 울릉도 주민들도 과거에 독도를 '돌섬'으로 불렀다고 했다.

전술한 섬의 명칭에 대한 민속어휘론적 분석과 더불어서 또 다른 접근은 고지도에 나타난 독도와 울릉도의 명칭변화에 관한 것이다.

울릉도와 독도의 명칭에 대해 국사학계에서는 울릉도와 우산국의 이름이 역사과정을 거치면서 독도의 명칭이 '우산도' 또는 '우도'라는 이름으로 남게 되었다는 주장을 따르는 경우가 많다. 고지도상의 우산과 사료상의 우산을 비교해보면 16세기 이후 고지도에서는 주섬인 우산 대신에 울릉도로, 무릉은 사라지고 우산으로 대체되는 경향을 찾을 수 있다[부록: 고지도] 참도). 이러한 명칭 변화에서 알 수 있는 사실은 후대로 오면서 울릉도와 독도에 대한 민의 지리적 인식이 점차 관의 기록이나 지리서에 반영되어 그 위치가 분명해진다는 것이다. 16세기 이후로 올수록 해양공간에 대한 민의 지식이 체계적으로 중앙에 전달되면서 이를 바탕으로 한 고지도상의 독도와 울릉도가 점차 분명하게 자리매김을 하여 울릉도는 울릉도, 독도는 우산도 또는 우산으로 표기되었다(김정숙, 2006). 이것은 안용복과 동·남해 어민들이 갖는 독도의 지리적 위치에 대한 인식이 중앙에 깊은 영향을 주어 후대로 올수록 국경에 대한 인식이 더욱 분명하게 된 것에서 기인한다.

3) 모자관계로서의 울릉도와 독도

고지도상에 울릉도와 우산도가 점차 후대로 올수록 분명해지는 것은 섬의 위치에 대한 어민들의 민속지식과 식자층이나 중앙의 독도에 대한 지리적 인식이 확고해지는 과정을 반영해 준다. 17C 조선사회에 있어서 사람들은 울릉도, 독도를 주변의 섬과 집단적으로 관련시키면서 모두 우산국의 땅으로 생각하였다. 그들은 우산 또는 우산국을 울릉도와 주위 조그만 부속 도서, 그리고 독도를 포괄하는 우리 영토로 간주하였다.

독도가 한국의 땅임을 잘 나타내주는 가장 좋은 사례는 안용복의 언급이다. 그는 독도에 들어가서 일본인들에게 "너희들이 말하는 송도는 우산도로서 그것도 우리나라 땅이다(인터넷 조선왕조실록, 2005)"라고 말한 것으로 보아 독도는 우산국임을 명백히 하였다. 특히 울릉도와 독도에 대해 "울릉도와 독도는 모자관계"로 인지하고 있었음은 당시 민의 생활세계의 표상이 두 섬의 관계에 반영된 것을 의미한다. 이러한 주섬과 부속섬의 관계가 사회관계로 전환되어 표현된 바는 일본인들에게는 없는 것 같다. 모자관계라는 의미는 한국인들이 사회관계를 인지하는 방식이 섬들 간의 관계에도 적용되었음을 시사하고, 일본과 다른 변별적인 구분방식이 존재해 왔음을 의미한다. 당시 한국인들은 울릉도를 중심으로 하여 독도와 주변 부속도서를 하나의 가족관계처럼 결연된 관계로 보았던 것이다.

이와 같이 중심 되는 섬(울릉도)과 주변섬(독도 등의 여러 섬)에 대해 친연관계를 가진다는 것은 안용복이 도일한 1693년과 1696년경에 이미 한국어민들이 울릉도와 독도를 전통적으로 한국의 영토로서 인식하고서 들렀음을 의미한다. 즉 독도가 한국어민들에게 전혀 알려지지 않았던 장소가 아니라 점유되고 인식되었던 것이다. 안용복이 두 번이나 독도를 경유해 일본으로 건너가서 독도가 한국 땅임을 알린 것은 영토권역에 대한 확고한 관념이 일반 어민들에게 자리매김하고 있었음을 시사하는 것이다. 특히 울릉도와 독도를 모자관계로 표현한 것은 두 섬을 중심으로 이루어진 생활공간이 영토권역과 일치함을 시사한다.

그들이 울릉도에서 독도로 가는 것은 해양공간에 대한 정확한 인식과 독도가 한국의 땅이라는 인식을 근간으로 이루어졌다고 할 수 있다. 이것은 이미 이곳을 다녀간 수많은 한국어민들의 경험을 바탕으로 이루어졌다고 해도 과언이 아니다. 독도까지의 항해는 전통적인

이동과정에 대한 정확한 이해를 통해 이루어진 것이다. 안용복이 도항한 것(<그림 1> 참조)도 이와 같은 해양지식을 근간으로 이루어졌다고 할 수 있다. 그가 울릉도에서 하루 만에 독도에 도착한 것은 당시의 노를 저어 가는 배의 속력으로 미루어 보아 정확한 해로와 독도방향에 대한 인식이 없었다면 불가능한 일이다. 이는 항해지점에 대한 자연환경 및 지형적 특성에 대한 어민들의 인식을 근간으로 이루어졌다고 할 수 있다.

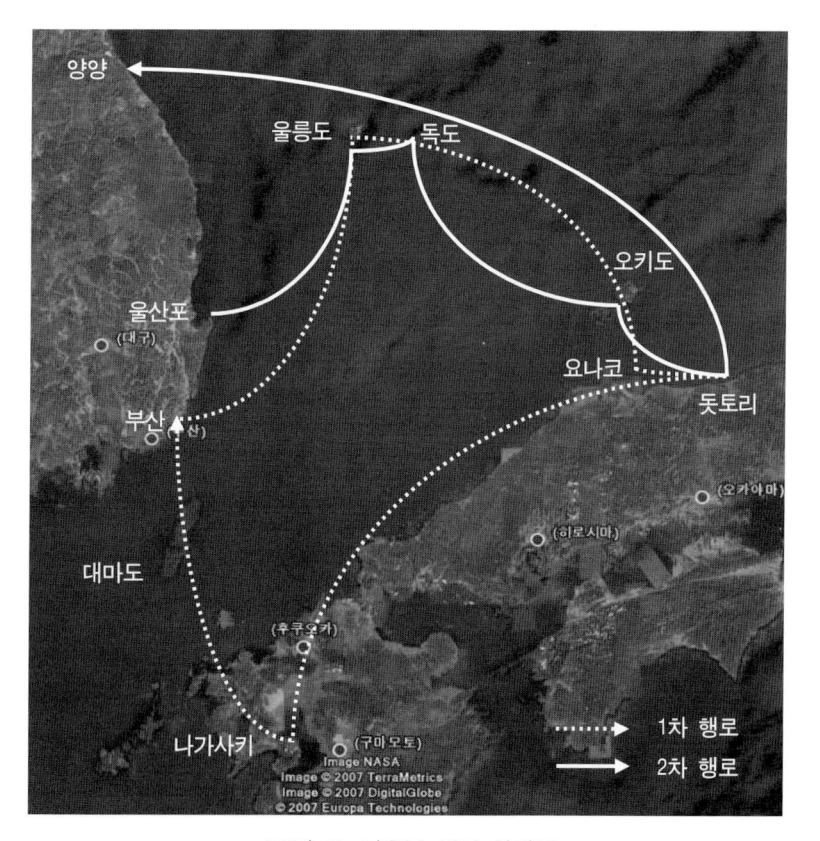

〈그림 1〉 안용복 도일 항해도

독도와 울릉도는 한국어민들의 생활공간으로서 당시 그들이 모도와 자도로 인지하여 항해하는데 직·간접으로 문화적, 지리적 근접성을 근간으로 하여 각 섬 간에 위계적 관계와 질서를 부여하였던 것이다. 그리하여 당시의 한국인들은 울릉도에서 독도 외부 해상까지 한국의 영토로 간주하였던 것이다. 이러한 점들을 미루어보면 당시 한국인들의 독도에 대한 인식과 국가의 경계는 유기적으로 관련되어 있었고 어민들에게 있어서 울릉도와 독도는 하나의 생활공간이었던 것이다. 울릉도와 독도를 모도와 자도로 인식하는 태도는 한국의 영유권을 확립하는데 중요한 국제법적 근거가 될 수 있다(이석우, 2003: 42).

4) 일본의 명명 전략

일본은 17C부터 울릉도를 죽도로, 또 독도는 송도로 각각 호칭하여 오다가 1905년 전후부터 점차 변화하기 시작하였다. 中井養三郎은 1904년 독도를 일본 영토로 편입하여 빌려줄 것을 해군성, 외무성, 농상무성에 요청하였다(나이토우세이쭈우, 2005: 213-220). 여기에서 중요한 점은 이때까지 일본의 각 성省의 관리들이나 어로작업에 종사하는 이들이 독도를 한국 땅이라고 인지하고 있었다는 점이다. 그러다가 1905년 일본은 한국에 대한 정치적 억압과 영토를 침탈하는 과정을 통해 독도를 일본에 편입시키게 된다. 이것은 동해에서 러시아와 해전을 앞두고 독도를 전략기지로 활용하기 위한 군사전략의 일환으로 그 명칭을 다께시마로 부르고 이곳을 영토화(송병기, 2007: 229) 한 것이다.

이 당시 한국의 주권은 일본의 지배하에 놓여 있었기 때문에 1905년 2월 22일부로 타케시마의 영토 편입도 러일전쟁 수행을 위한 군사적 조치와 다를 바 없다(나이토우세이쭈우, 2005: 234). 그리고 독도를 시마네현에 현입할 때 일본각의의 결정이 정당치 못하였고, 영토편입을

위한 고시가 적절하고도 충분한 국제법적 절차를 거치지 않았기 때문에 일본의 독도 영유권 주장은 전적으로 그 정당성을 상실하고 있다(이승진, 2005: 47).

일본학자들이 자신의 영토로 주장하는 데에는 1616년의 막부 도해허가기록, 은주시청합기隱州市廳合紀(1667)에 보이는 독도에 대한 최초 기록, 독도가 표시되어 있는 일본여지노정전도日本與地路程全圖(1779) 등을 역사적 근거로 삼고 있다. 이미 한국 측에서는 이러한 사료나 자료에 대한 많은 반론과 비판을 제기한 바 있다. 도해허가기록에 대해 막부 스스로가 독도와 울릉도는 한국 영해이기 때문에 일본인들이 어업을 할 수 없다는 금지조치를 취하였고, 은주시청합기에는 오끼군의 영역과 해로가 표시되어 있음에도 독도는 제외되어 있다. 일본여지노정전도만 하더라도 교통지도에 불과한데, 독도의 크기나 위치가 상이하고 부산까지 포함되어 있어서 지도에 대한 신뢰성은 전무하다.

언급한 내용에서 지적해야 할 것은 17세기 이후부터 일본의 어민들이 이소다케시마(磯竹島) 내지 다케시마(竹島)라고 불렸던 울릉도에 빈번하게 드나들면서 지금의 독도를 마쓰시마(松島)라 불렀다는 점이다. 그러나 1840년에 시볼트가 일본지도를 만들면서 울릉도를 마쓰시마로 명명하였는데, 이것이 일본에 수입되면서 막부 말엽부터 명치 초기까지 명칭의 혼란이 보이기 시작하였다. 1870년 일본의 태정관의 조선국교제시말내탐서에서 죽도와 송도가 한국의 영토임을 밝히고 있다. 여기에서 죽도는 울릉도, 송도는 독도이다.

무엇보다 근세에 이르러 대한제국은 1900년 10월 27일 관보에 기록된 칙령 41호에서 군정을 태하동에 두고 구역은 울도(울릉도)군수의 관할범위를 '울릉도와 죽도, 석도(독도)'로 규정했다. 1904년 일본이 독도에 제국주의 침략을 위한 망루를 세우면서 "조선인들은 이곳을 독도"라 부른다고 하였다. 1905년 일본은 제국주의 침략정책의 일환으

로 자국의 영토를 확대, 규정하는 과정에서 독도를 시마네현에서 일본의 영토로 고시하게 된다.

1905년 이전까지 울릉도를 마쓰시마나 다케시마로, 독도를 마쓰시마, 리양코르도라 불렀지 독도를 다케시마로 지칭한 적은 없었다. 현재 사용된 다케시마란 이름이 정착된 것은 1907년에 출판된 일본수로지日本水路誌 권4에 독도를 다케시마로 부른 이후부터라 짐작된다.

일본 정부가 독도를 자국의 영토로 강제 편입시킨 것은 한국을 그들의 식민지로 만드는 과정과 태평양 전쟁 수행을 위한 군사전략에서 비롯되었다고 할 수 있다. 일본은 한국을 완전 식민지화한 1905년부터 러일전쟁에 대비한 군사작전을 위해 독도를 동해해전을 위한 군사적 요충지로 활용하였다.

특히 일본이 독도를 그들의 지도에 표시하는 것은 정치적 의도와 관련되고 있음을 주지할 필요가 있다. 일본의 근현대 지도에 독도의 경계가 변화하고 있는 것은 주어진 경계가 그대로 지도에 표기되기도 하지만 분쟁에 관련된 지도가 각국의 영토 경계를 바꾸기 위해 동원될 수 있는 긴요한 전략적 수단이 되고 있음을 시사하는 것이다. 이 점은 앞으로 일본인들이 독도를 지도화 하는 과정에 있어서 군사적 전략과 정치적 의미재현과정, 그리고 국민의 이미지를 조작·구축해 온 과정이 어떻게 이루어져 왔는가에 대한 심도 깊은 이해를 요구한다. 즉, 그들이 주장하는 영유권의 일반화된 공론으로 등장하기까지 이와 관련된 문화정치적 논리를 정세하게 되짚어 보아야 함을 의미하는 것이다.

2. 독도를 바라볼 수 있는 높이와 거리

1) 독도 가시거리에 대한 논의

울릉도에서 사람들이 독도를 볼 수 있느냐, 없느냐의 문제는 한·일 학자들 간의 논쟁거리이다. 독도가 울릉도 사람에게 분명히 가시적 거리에 있다는 점은 이미 우리의 사료에 나타나고 있으며 한국 학자들의 몇몇 연구에서도 명백히 제시된 바 있다. 그럼에도 불구하고 일본 학자들은 잘못된 주장을 하고 있다. 한국에서도 이미 일본학자들이 주장하는 '독도시달거리獨島視達距離'에 대한 비판적 연구가 있었다(이한기, 1969 ; 박성용·한승진, 1999). 울릉도에서 독도가 가시적 거리에 있느냐, 없느냐 라는 문제에 관해 일본학자들은 근본적으로 울릉도와 독도는 별 관계가 없는 섬이라는 전제를 합리화하기 위해 수학적 논리를 동원하여 이를 증명하고자 하였다. 세종실록지리지에 기록된 "二島相距不遠 風日淸明則可望見"이란 글귀에서와 같이 현재 울릉도 사람들은 날씨가 맑을 때 울릉도에서 독도가 선명하게 보인다고 하나같이 증언하고 있다. 이러한 시각적 실상을 근거로 울릉도와 독도의 공간은 과거부터 현재까지 한국어민과 울릉도 주민의 어로생활권역으로서 모섬과 자섬의 관계로 존재하고 있었던 것이다.

그럼에도 불구하고 이러한 사실에 대해 일본의 川上健三(1966)은 두 섬 간의 시달거리視達距離에는 여러 가지 제한적 요소 때문에 앞에서 언급한 내용과는 다름을 주장하였다. 그는 울릉도에서 독도를 섬으로 인정할 정도의 해발고도는 200m 이상의 고소高所여야 하는데 당시 울릉도는 삼림에 덮여 있어서 이 위치에 이르는 것이 곤란했을 것이고, 또 울릉도로부터 독도에 이르는 해역은 한류와 난류가 교차하는 까닭

에 안개가 잦아서 독도를 망견할 수 있는 날씨는 극히 한정되어 있었다고 하였다. 그리고 <세종실록지리지>의 기록은 울릉도에서 독도를 망견한 기록이 아니라 본토에서 울릉도를 바라본 것이라 하였다.

그는 증거로 지구가 둥글기 때문에 해상에서 물체를 시인하는 거리를 구하는 공식인 $D=2.09(\sqrt{H}+\sqrt{h})$를 적용해 보면 울릉도와 독도사이의 거리는 가시권 밖이라고 주장했다. 여기에서 D=시달거리(마일), H=물체의 해면상의 높이(m), h=안고(m)이다. 그가 제시한 독도 관련 거리와 높이를 보면 울릉도와 독도의 거리는 50마일, 독도의 최고봉은 서도로서 157m(한국지리원의 측정기록은 168.5m), 울릉도의 최고봉인 성인봉은 985m이다. 이것을 앞의 공식에 대입하여 독도로부터 울릉도가 보이지만 울릉도로부터 독도는 30마일까지가 시계이므로 20마일 정도 바다로 나가보아야 보인다고 주장한다.

이에 대해 이 장에서는 울릉도가 아무리 울창한 밀림지대였다 해도 과거 한국인들이 이주, 정착 이동한 과정을 보면 그의 주장은 여러 측면에서 크나큰 오류를 범하고 있음을 지적하게 될 것이다. 아울러서 울릉도에서 독도를 바라볼 수 있는 높이와 시달거리를 구체적으로 살펴볼 것이다.

2) 망견望見의 지리적 의미

문헌상 조선왕조 태종 때 한국인들이 독도의 지리적 위치에 대해 명확한 인식을 하고 있었음은 『세종실록지리지』(1432)에 잘 나타나고 있다.

우산·무릉 두 섬이 현의 정도 바다 가운데 있다. 두 섬은 서로 떨어짐이 멀지 않아 풍일이 청명할 때 바라볼 수 있다(于山武陵二島 在縣正東海中 二島相去不遠 風日淸明可見 新羅時稱于山國 一云 鬱陵島…).

언급한 내용 중에서 중요한 글귀는 '바람이 불어서 청명한 날에 바라볼 수 있다'고 한 것이다. 여기에 나타나는 계절은 주로 가을날과 같이 안개나 구름이 없는 때를 의미한다. 물론 4계절 동안 봄과 여름에 맑은 날 독도를 볼 수 있지만 가을 이외의 다른 계절에는 독도를 보기가 힘들다. 그리고 무엇보다 '망견望見'이라는 표현에서는 의도적으로 주의를 기울여서 독도를 바라보려고 하는 행동(望)과 홀연히 독도가 떠오르는 모습을 보아서 인지하는 행동(見)의 두 가지 경우를 모두 말함으로써 독도에 대한 인식을 분명히 하고 있음을 보여준다. 주의할 점은 여기에서 멀리 떨어져 있지 않다는 표현이 울릉도 앞에 있는 '대섬'을 나타내준 말이라고 해서는 안 된다. 간혹 일본인들이 이 글귀는 울릉도와 가장 근접한 대섬을 나타내고 있다고 주장하는 이들도 있다. 그러나 이러한 주장은 잘못된 것으로서 울릉도와 대섬의 지리적 위치와 날씨, 그리고 바라볼 수 있는 거리에 대한 인식이 결여된 데서 기인된 것이다. 대섬은 울릉도에서 약 4km 지점에 위치하고 있어서 '의도적으로나 우연히 본다'는 표현을 할 수 있는 섬이 아니다. 예컨대 석포에 거주하는 백태철씨(68세, 남, 5대째 거주)에 의하면 "대섬은 1년에 장마가 오는 기간 중 약 5일을 제외하고는 1년 내내 보인다"고 한다. 이 점을 감안하면 대섬은 청명하지 않는 날이라도 울릉도에서는 언제나 볼 수 있다. 따라서 사료 상에 '망견望見이란 용어를 사용한 것은 독도를 의도적으로 바라본다는 의미가 담긴 용어인 것이다. 따라서 언급한 두 사료에서 우산과 무릉은 울릉도와 독도이며 이곳은 신라 때 모두 우산국에 속한 섬으로 포괄해서 의미하고 있음을 나타내준 것이다.

〈사진 1〉 백태철씨와 함께한
필자(2007년, 석포)

〈사진 2〉 석포에서 바라본 대섬

3) 가시거리의 기하학적 해석

먼저 울릉도에서 독도를 바라볼 수 있는 거리를 구체적으로 살펴
보기 위해 지구와 산, 그리고 수평선 관계를 원 속에서 나타내면 아
래의 〈그림 1〉과 같다. 〈그림 1〉에서 산 높이가 H인 곳에 올라가
서 바다를 바라볼 때, 보이는 수평선까지의 거리가 얼마나 되는가를
생각해보면 다음과 같다.

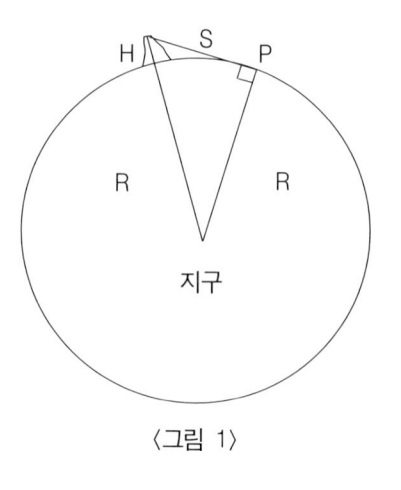

〈그림 1〉

산 정상에서 수평선까지 직선을 그으면 이 선은 지구와의 접선이
된다. 이 선과 보이는 수평선의 P점에서부터 지구 중심까지 내린 수
선은 직각을 이룬다. 그러면 <그림 1>에서 보는 것과 같이 직각 삼
각형이 된다. 직각 삼각형의 원리를 이용하면,

빗변이 R+H이므로,
$S^2+R^2=(R+H)^2$

이 식에서 S는 모르는 값이다. 따라서 식을 다시 쓰면 $S^2=(R+H)^2-R^2$이다.
이 공식을 풀어 쓰면 다음과 같다.

$S^2=2RH+H^2$
그러므로 $S=\sqrt{2RH+H^2}$ ·· −식 (1)

식 (1)은 곧 높이 H인 곳에서 수평선까지의 기하학적 거리이다. 여기
에서 다음 그림을 보면,

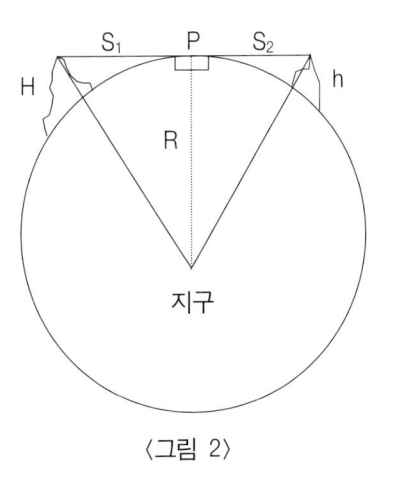

〈그림 2〉

산 높이가 H인 곳에서 수평선 넘어 또 다른 산 높이가 h인 산 정상

을 볼 경우이다. 이때 두 산 정상 간의 직선거리는 S_1+S_2이고, 접지점 P의 양쪽으로 직각 삼각형이 두 개가 있는 모습은 <그림 2>과 같다. 따라서 식 (1)을 적용하면 다음과 같은 식을 구할 수 있다.

$$S^2=\sqrt{2Rh+h^2}$$
$$S^1=\sqrt{2RH+H^2}$$

그러므로 $S^1+S^2=\sqrt{2RH+H^2}+\sqrt{2Rh+h^2}$
$S1+S2$를 D라고 하면
$$D=\sqrt{2RH+H^2}+\sqrt{2Rh+h^2}$$
$$=\sqrt{2RH}\cdot\sqrt{1+\frac{H}{2R}}+\sqrt{2RH}\cdot\sqrt{1+\frac{h}{2R}}$$

이 식에서 지구의 반지름인 R값과 산 높이 H, h의 값을 비교하면
R=6,370,430m(북위 37도 지점의 평균 해면을 기준으로 하는 지구의 반지름)
H, h가 1,000m 미만일 때, $=\sqrt{2RH}\cdot\sqrt{1+\frac{H}{2R}}+\sqrt{2RH}\cdot\sqrt{1+\frac{h}{2R}}$

$$\frac{H}{2R}<0.00016$$
그러므로 $\sqrt{2RH}\cdot\sqrt{1+\frac{H}{2R}}\approx\sqrt{2RH}$
따라서 $D\approx\sqrt{2RH}+\sqrt{2Rh}$
$$=\sqrt{2R}\cdot(\sqrt{H}+\sqrt{h})$$
다시 정리하면, $D=\sqrt{2R}\cdot(\sqrt{H}+\sqrt{h})$ ·························· —식 (2)

라고 할 수 있다. 川上健三이 주장하는 식도 이와 유사하다. 부연해서 설명하겠지만, 그는 $\sqrt{2R}$ 부분이 수정된 식을 사용하며, D의 단위를 해리(nautical mile)를 사용하고 있다.

그의 주장은 지구상의 대기를 전혀 고려하지 않은, 즉 공기가 없는 진공상태에서의 빛의 경로를 고려하여 얻은 시야거리를 근간으로 하고 있다. 그러나 실지로 지구표면 위에는 대기가 존재하고 이 대기로 인하여 빛은 대기 조건에 따라 굴절을 한다.

4) 대기로 인한 굴절과 시야거리

대기로 인한 굴절이 수평선까지의 시야거리를 증대시키고 있음은 잘 알려진 사실이다. 아래의 그림은 굴절에 의한 수평선까지의 거리가 어떻게 증가하는지를 보여주는 것이다.

<그림 3>을 보면 <그림 1>의 수평선 P점이 대기의 굴절현상에 영향을 받아서 관측자로부터 더 멀리 있는 바다 표면이 된다. 수평선을 내려다보는 각도(d_g)도 작아진다(d). 이러한 굴절현상은 대기의 조건에 따라 변화한다. 대기의 조건이 균질한 것을 가정하여 수평선을 내려다보는 각도(d)와 수평선까지의 거리에 대한 수식(Wegner, 1918: 203-230 ; Young et al, 1997: 2689-2700)을 표현하면, d_g는 작은 각이므로 $\sin(d_g) \approx d_g$가 된다. 이를 다시, R과 H로 표시를 하면,

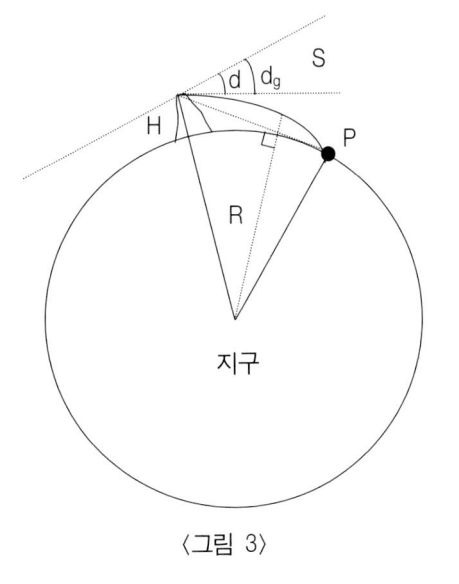

〈그림 3〉

$d_g \approx \sqrt{\frac{2h}{R}}$

굴절로 인하여 변한 각도는

$d \approx \sqrt{\frac{2h}{R}(1-k)}$

여기서 k는 빛의 굴절된 곡률과 지구의 곡률의 비이다. 대기가 없다면 k는 제로이다. 이것은 곧 R이 $\frac{R}{1-k}$로 굴절로 인한 효과로 그 크기를 바꾼 것과 같아진다.

이것을 다시 정리하면 $R'=\frac{R}{1-k}$로 놓을 수 있다(Young & Kattawar, 1998: 3785-3792).

그러므로 식 (2)를 굴절을 고려한 시야거리로 바꾼 식으로 나타내면 다음과 같다.

$$D=\sqrt{2R'} \cdot (\sqrt{H}+\sqrt{h}) \quad \cdots\cdots\cdots\cdots\cdots\cdots\cdots\cdots\cdots\cdots\cdots\cdots\cdots\cdots\cdots\cdots\cdots\cdots\cdots\cdots \quad -식\ (3)$$

$\sqrt{2R'}$은 대기의 조건에 따라 변하는 k값에 따라 변할 수 있다. 표준 대기 조건의 경우 k의 값이 1/6에서 1/7 정도 값으로 알려져 있어서, 표준 대기 조건에서의 R'은 $\frac{6R}{5}$에서 $\frac{7R}{6}$ 정도의 값을 갖는다. H와 h를 미터(m)단위로 하면,

$\sqrt{2R'}=3569.4[m1/2]=3.569[km/m1/2]=1.927[해리/m1/2]$: k=0

$\sqrt{2R'}=3910.1[m1/2]=3.91[km/m1/2]=2.111[해리/m1/2]$: k=$\frac{1}{6}$

$\sqrt{2R'}=3855.4[m1/2]=3.855[km/m1/2]=2.081[해리/m1/2]$: k=$\frac{1}{7}$

여기에서 해리는 nautical mile로서 1해리는 1.852km이다. 川上健三은 표준 대기조건에서의 k값을 사용하여 얻을 수 있는, 즉 k값이 1/6과 1/7 중간 정도일 때 얻을 수 있는 2.09[해리/m$^{1/2}$]를 사용하고 있다. 따라서 표준대기의 조건으로는 의미 있는 공식을 활용한 것으로 생각된다. k의 값은 대기 조건에 따라 바뀔 수 있으므로 이 연구에서

는 k=1/6인 조건을 가지고 다음과 같은 경우들을 살펴보기로 하겠다. 식 (3)은 곧 다음과 같이 정리될 수 있다.

$$D=3.91(\sqrt{H}+\sqrt{h}) \cdots\cdots\cdots\cdots\cdots\cdots\cdots\cdots\cdots\cdots\cdots\cdots\cdots -식\ (4)$$

식 (4)에서 H, h의 단위는 [m]이고 D의 단위는 [km]이다. D를 해리로 표시할 경우에는 상수가 2.111로 표시된다. 다음 각 예를 통해 울릉도와 독도 사이의 바라볼 수 있는 높이와 거리를 생각해보자.

예 1.
독도의 높이(h)와 울릉도의 높이(H)

독도의 높이는 168.5m: 서도의 높이
울릉도의 높이는 985m: 성인봉의 높이

이 두 높이를 사용해서 볼 수 있는 식 (4)가 주는 최대의 시야거리는 다음과 같다.

$$D=3.91\times(\sqrt{168.5}+\sqrt{985})$$
$$=173.5[km]$$
$$=93.7[해리:nautical\ mile]$$

울릉도 성인봉과 독도의 서도 사이의 거리가 87.4[km]이라고 하면 울릉도 정상에서 독도 정상을 보는 것은 문제가 되지 않는다.

예 2.
독도 수면 근처에서 울릉도 정상을 볼 수 있는지에 대한 확인

이를 알기 위해서는 식 (4)에 독도의 정상 높이 대신에 수면에 위치한 사람의 눈높이를 대입하면 된다. 작은 배의 갑판 높이 또는 사람

이 서있을 수 있는 낮은 바위의 높이와 사람의 눈높이를 고려하여 4m라고 잡으면,

$$D = 3.91 \times (\sqrt{4} + \sqrt{985})$$
$$= 130.5 \,[\text{km}]$$
$$= 70.5 \,[\text{해리:nautical mile}]$$

따라서 독도에서 울릉도의 정상을 볼 수 있다는 것은 당연하다. 다시 말하면 울릉도 정상에서는 구름이나 안개의 장애가 없다면 독도 전체를 볼 수 있어야 한다.

예 3.
울릉도 정상이 아닌 해변에서 독도를 목측할 수 있는 가능성

마찬가지로 사람이 서 있는 자리와 눈높이를 고려하여 4m라고 하면,

$$D = 3.91 \times (\sqrt{168.5} + \sqrt{4})$$
$$= 58.6 \,[\text{km}]$$
$$= 31.6 \,[\text{해리:nautical mile}]$$

따라서 울릉도의 낮은 해변에서 사람들이 독도를 볼 수 없다.

예 4.
계산의 역으로 울릉도에서 독도를 볼 수 있는 높이

앞쪽의 식 (4)는 다음과 같이 표시될 수 있다.

$$87.4 = 3.91(\sqrt{168.5} + \sqrt{h})$$
$$\text{그러므로 } h = (87.4/3.91 - \sqrt{168.5})^2 = 87.8[\text{m}]$$

곧 식 (4)에 의하면 울릉도에서 높이 87.8[m] 정도 되는 곳에서 어른은 독도 봉우리를 볼 수 있다. 해발 220[m] 정도의 위치에서는 독도의 2/3 이상을 볼 수 있는 위치가 된다.

川上健三(1966: 281-282)의 계산에서는 울릉도와 독도사이의 거리의 차이(87.4[km]와 92.6[km](川上健三이 사용한 것으로 50마일[해리로서 nautical mile이어야 한다]로 표현하였다)), 독도의 높이의 적용 차이(168.5[m]와 157[m]), 그리고 대기로 인한 굴절고려사항에서의 표준대기정도에서 적용한 k값의 차이로 인한 상수 차이($3.91[km/m^{1/2}]$과 $3.87[km/m^{1/2}]$[川上健三은 해리 단위로 2.09[nautical-mile/m1/2]])로 인하여 130[m] 이상에서야 독도를 볼 수 있다는 결과를 얻은 것이다.

川上健三(1966: 281-282)이 수식에서 적용한 상수값을 그대로 사용한 이한기(1969: 232-233)의 결과와 川上健三의 결과가 차이가 나는 것도 울릉도와 독도사이의 거리, 독도의 높이에 있어서 차이가 있었기 때문이다. 따라서 공신력 있는 측정치를 사용하는 것은 매우 중요하다. 해면의 위치 고저가 측정치에 대한 영향을 줄 수도 있기 때문이다. 위의 계산들에서 사용된 측정치들은 한국의 국토지리원의 자료[1]를 근

---

1) 국토지리원(2007, http://www.ngi.go.kr/jsp/main/geography_05.jsp?MenuCo...)에서 제시한 독도와 관련된 각 지점들 간의 거리를 제시하면 다음과 같다.
  울릉도와 독도 간의 거리: 87.4km(47.2해리)
  경북 울진 죽변과 독도 간의 거리: 216.8km(117.1해리)
  경북 울진 죽변과 울릉도 간의 거리: 130.3km(70.4해리)
  독도와 오키섬 간의 거리: 157.5km(85.0해리)
  독도의 면적: 187.453㎡
  동도와 서도 간 거리: 151m
  부속도서의 개수: 동, 서도 외 89개
  독도 좌표(동도): 동경 131도 52분 10.4초
  서도 좌표: 동경 131도 51분 54.6초
  독도 높이(서도 높이): 168.5m
  동도 높이: 98.6m
  독도둘레: 5.4km

거로 하였다. 또한 굴절을 고려하는 데에 있어서 본 계산은 균질한 대기조건에서의 표준대기 기준을 사용하였으므로 그 타당성이 있음은 분명하다. 대기의 조건이 균질하지 않을 경우에는 k값을 정확하게 얻는 것은 간단한 일은 아니다. 얼마나 멀리 볼 수 있는가는 그 대기조건이 얼마나 멀리 볼 수 있도록 형성이 되는가에 달려 있다고 말할 수 있다. 굴절의 현상으로 매우 멀리 있는 지형들이 특별하게 잘 보이는 사례에 대해서는 오래 전부터 그 보고(Garner, 1933)가 있었으며, 해상에서 굴절현상에 의해 물체가 보이는 거리는 최대 400km에 이른다는 관측 결과(http://www.islandnet.com/~see/weather/history/artmirage.htm)를 보더라도 대기의 조건에 따라 발생하는 굴절현상이 시야거리를 아주 확장시킬 수 있음을 알 수 있다.

4) 독도를 바라볼 수 있는 실제 높이

앞에서 수학적으로 간편하게 제시한 공식을 통해 파악한 독도를 바라볼 수 있는 높이와 실제로 볼 수 있는 높이 사이에는 큰 차이가 없겠으나, 경우에 따라 어떻게 다른지를 검토해보는 일은 과학적 논리와 실제 목측거리 상의 있을 수 있는 괴리에 대한 이해를 하는데 도움이 될 수 있다. 이를 위해서는 먼저 울릉도민의 생활공간에 대한 이해와 그들이 실제로 목측한 해발고도에 대한 검토가 필요하다.

울릉도 사람들이 거주하는 생활공간의 분포를 보면 그들이 독도를 바라볼 수 있는 높이는 앞 장에서 언급한 계산과의 약간의 차이가 있다. 먼저 川上健三(1966: 280)의 "울릉도는 밀림으로 인해 그 주민이 높은 곳에 오를 수 없었으며 비록 오를 수 있었다 하더라도 볼 수 있는 시야가 열리고 있었는지 어떠했는지도 의심스럽다"는 주장은 매우 잘못되었음을 지적할 필요가 있다. 울릉도에서 독도를 바라볼 수 있

는 주민들의 거주지 분포는 그의 주장과는 다른 곳에 위치하고 있기 때문이다.

울릉도에서 독도를 볼 수 있는 곳은 사동의 행남등대(108m), 새각단 (200m), 현재 해군부대 옆의 도로(160m), 망향봉(279m), 석포(280m), 내수전 (440m), 백운동(480m) 등이다. 이러한 곳들은 개척령 이후 한국인들이 모두 거주하던 곳들로서 현재 입도조의 5세 손이 되는 이들이 거주하고 있다. 언급한 지점 중에서 가을철 맑은 날 도동의 행남등대와 그 주변에서 독도를 조그마하게나마 볼 수 있다는 주민들의 주장은 행남등대에서 근무하던 장은석씨의 증언과도 일치하고 있다.

> "가을철 아주 청명한 날에는 등대에서 독도가 보인다. 특히 해가 떠오를 때 잘 보인다. 손톱보다 크게 보이며 삼각형 모양으로 보인다. 독도에서 울릉도를 바라볼 때는 일몰 때 잘 보인다."(장은석, 47세, 현 태하등대 근무)

특히, 행남등대가 위치한 지점은 과거에 '사구남' 혹은 '살구남'으로 불리던 마을이 있던 자리로서 울릉도 주민들이 농업에 종사하며 삶을 영위하던 곳이다. 그들은 해발 80~110m 구간에서 밭을 경작하였으며 지금도 그 밭을 경작하는 이가 있다. 이는 이미 이전부터 울릉도 주민들이 이곳에서 독도를 볼 수 있는 위치에 살고 있었음을 보여주는 증거라 할 수 있을 것이다. 또한 그들은 행남등대가 위치한 해발 108m 보다 좀 더 낮은 지점에서도 독도를 보며 생활해 왔다고 생각된다. 그리고 그들은 이를 근거로 촛발에서 독도로 항해를 하였을 것으로 생각된다. 무엇보다 해발 87.8m 이상이면 독도를 볼 수 있다는 앞의 수학적 계산이 울릉도 주민들의 증언과 거의 일치하고 있음을 눈여겨보아야 할 것이다. 뿐만 아니라 울릉도 주민들의 얘기에 의하면 날씨가 가장 맑은 날, 저동 촛대바위에서 섬목 구간에 이르는 전 해안은 독도관측이 가능한 지역이라 한다. 앞에서 설명한 대기의

조건에 따른 굴절현상에 의해 야기된 시야거리의 증가를 고려하면 언급한 주민의 얘기는 설득력이 있어 보인다. 울릉도 주민들의 얘기는 거짓이 아님이 분명하다.

한편, 川上健三은 울릉도는 한류와 난류가 교차하는 지역이라서 안개가 많이 끼어 독도를 볼 수 있는 날이 극히 한정적이라 하였다. 그러나 자료제보자인 박두표씨는 1년에 약 50일 정도 독도를 선명하게 볼 수 있다고 하였다. 이 점은 석포에 사는 백태출씨가 증언하는 바와 모두 동일하다. 물론 석포의 경우, 해발 280m에 위치하고 있기 때문에 이곳에서 독도가 잘 보인다는 사실은 더 말할 나위가 없다.

> "나는 석포에서 5대째 살고 있다. 나의 집은 독도를 잘 볼 수 있는 곳으로서 이곳에서 바로 앞의 댓섬 끝을 맞추어서 일직선 방향으로 보면 정동이 되는데 독도가 보인다. 독도는 삿갓 모양으로 보이고 그 크기는 집채 정도의 너비에 높이는 집채보다 더 크며 둥그렇게 보인다. 선명하고도 새까맣게 보인다. 비온 뒤에 더 잘 보인다. 동도, 서도가 보인다. 밭에서 일을 하다가도 독도가 보인다. 일 년 중 주로 가을에 보인다. 가을에 안개가 없기 때문이다. 밭에서 독도를 보고 쉴 때가 많다. 9월 20일에서 10월 31일 사이에 거의 매일 보인다. 주로 아침에 해가 떠오르고 나면 동도와 서도가 바로 보인다. 봄에는 갈바람(남동풍)이 불 때 간혹 보인다. 여름에는 물안개로 인해 잘 보이지 않는다. 연중 약 40일~50일 정도 보인다. 2007년 9월 9일에도 독도가 선명하게 보였다."(울릉군 북면 석포동 88번지 백태철씨, 66세, 2007년 8월 조사, 9월 11일 전화 면접)

이와 같은 얘기를 통해 볼 때 개척령 이전부터 석포, 내수전, 백운동 등의 주민들이 독도를 바라볼 수 있었음은 분명한 사실이었다. 따라서 울릉도 해안에서 독도를 볼 수 없다는 川上健三의 주장은 단순한 기하학적 계산에 의존하여 의도적으로 울릉도 사람들의 생활권역과 화전경작에 따른 고지대의 마을 위치 등을 고려하지 않고 있다.

무엇보다도 바닷가에서 독도를 보기 위해서는 20해리를 나가야 한다는 川上健三의 주장도 마치 울릉도에서 독도를 전혀 볼 수 없는 것처럼 사람들에게 잘못 유도하려는 의도가 숨겨져 있는 것 같다. 이것

을 역으로 생각해보면 그들이 잘못된 주장을 하고 있음을 알 수 있다. 독도를 바라보는 사람의 위치가 수면에서 2~3m 정도 높이라면, 그가 주장하는 바와 같이 바닷가에서 20해리 가까이 나아가면 독도를 잘 볼 수 있다. 그렇다면 20해리를 나가면 울릉도가 안보이냐 하는 것이다. 이 지점에서 당연히 울릉도를 볼 수 있다. 그리고 川上健三은 20해리가 아주 먼 거리이어서 옛날 한국 어민들은 이 거리만큼 나가서 어로 활동을 하지 않았다는 생각을 갖도록 유도하는 것 같다.

그러나 울릉도가 보이는 어로권역에서 한국어민들이 관행적으로 항해를 해왔었음은 안용복의 사례에서도 찾아볼 수 있다. 또한 독도를 훨씬 지나서도 울릉도가 보이므로 독도 주변에서 어로 활동을 했었음은 분명하다.

필자가 울릉도에서 독도가 어떻게 보이는가 하는 문제에 관해 울릉도 주민과 군청 관계자의 도움으로 현지조사와 관찰을 한 결과 울릉도에서 독도가 보이지 않는다는 川上健三의 주장은 억측에 불과함을 인식하게 되었다. 독도가 가장 적게 보이는 지역은 평지인 저동 촛대바위에서 섬목 구간에 이르는 해안선이다. 날씨가 맑은 날 새각단에 올라가서 보면 독도가 푸른빛을 띤 점무리를 이룬 모습으로 나타난다. 높이 올라 갈수록 동도와 서도, 물골 끝이 선명하게 보인다. 천상건삼에 의하면 울릉도는 한류와 난류가 교차하는 지역이라서 안개가 많이 끼어 독도를 볼 수 있는 날이 극히 한정적이라고 하나 몇몇 자료제보자들의 얘기를 빌자면 1년에 50일 정도는 독도가 선명하게 보인다고 한다.

그러나 9월에서 11월 사이가 아닌 다른 달에 독도를 보기란 어려운 일이다. 울릉도에서 이 계절 외에 독도를 바라보기가 어려운 것은 필자가 1월에서 8월 사이에 수차례 답사를 하는 과정에서도 경험하였다. 이러한 점은 이규원이 울릉도를 검찰하면서 독도를 바라보지

못하였던 요인 중에 하나일 것으로 생각된다. 그가 성인봉을 오른 것
은 음력 5월 4일이다. 주지하다시피 울릉도의 날씨는 이 시기에 운무
가 끼는 날이 많아 독도를 관견하기란 매우 어렵다. 이런 점을 감안
하면 당연히 독도를 발견하기란 불가능하였을 것이다. 또한 그가 이
동한 과정을 보면 소황토구미 → 대황토구미 → 흑작지 → 천년포 →
왜선창 → 나리동 → 성인봉 → 저포 → 도방청포 → 장작지포 → 통구
미 → 중봉 → 소황토구미이다. 이 여정을 자세히 보면 이동과정상 독
도를 바라보기에 적합한 곳이 아니었다. 울릉도에서 독도를 볼 수 있
는 곳은 내수전, 행남등대, 독도박물관 뒷산, 사동의 새각단, 석포, 백
운동에 이르는 구간이다. 성인봉에서 아무 것도 보이지 않았다고 한
이규원의 언급은 당시의 날씨로 인해 관측이 불가능하였기 때문인 것
으로 여겨진다.

독도는 울릉도민 모두가 볼 수 있는 가시적 거리 내에 있으며 생활
공간으로 인식되고 있었다. 川上健三의 울릉도는 밀림지대이기 때문
에 200m 이상 올라갈 수 없는 지역이어서 독도를 볼 수 없었다는 주
장은 울릉도의 생태계와 선주민 및 개척령 이후 정착한 한국인들의
생활상을 이해하지 못한데 기인한 것이다. 즉 이곳에 이주한 한국의
선주민들은 전통적으로 농업경작에 종사하고 생계를 이어가기 위해
명이를 채취하여 옥수수와 보리를 넣어서 죽을 끓여 먹고 생활하였
다. 그들은 높은 지대에 거주하였던 것이다. 이 명이는 울릉도의 어느
지역에 가더라도 있는 식물로서 울릉도민에게는 생명과도 같은 식물
이다. 그리고 이곳은 유황암이기 때문에 뱀과 같은 해충이나 맹수들
이 없어서 그들은 높은 고산지대를 이동하면서 약초와 식용식물을 채
취하였다. 따라서 밀림으로 인해 울릉도민이 200m 이상 높이 올라가
지 않았기 때문에 독도를 볼 수 없었을 것이라는 川上健三의 주장은
울릉도민의 생활공간에 대한 잘못된 이해와 자신의 의도된 논리에 수

학적 논리를 꿰어 맞춤으로써 실제 바라볼 수 있는 높이에 대한 크나
큰 오류를 범하고 있다고 하겠다.

　지금까지 필자는 울릉도민들의 독도시달거리와 해양환경인지의 제
실상을 생활공간의 측면에서 제시하였다. 川上健三의 주장은 단순히
기하학적 논리로 울릉도에서 독도까지의 거리가 시달거리를 형성하
지 못하고 있다는 점을 합리화시키기 위한 논의에 불과하다. 울릉도
민이 농업생활을 영위하는 지역과 어업생활이 이루어지는 공간을 생
각해보면 도동에서 섬목사이의 지역에서 독도를 볼 수 있는 해발고도
는 그가 주장한 높이보다 매우 낮은 87.8m 지점에서도 가능하다.

　앞으로 이러한 문제에 접근하는데 있어서 고려해야 할 점은 빛의
굴절에 의해 아주 낮은 지역에서도 독도를 볼 수 있는 현상에 관해
구체적인 검증을 할 필요가 있다. 아울러서 울릉도 주민들이 독도에
가서 조업하였던 역사와 울릉도에 정착하면서 생존을 위한 고지대 정
착과정과 개척이전의 취락의 결막위치, 그리고 어로작업상황 등에 관
해 주민의 기억의 역사를 재구성해보면 생활권역에서 본 독도의 모습
이 더 분명해지리라 생각한다(박성용, 2003·2004).

3. 생활공간으로서 독도 인지

1) 어민의 독도 공간인지

한국어민과 울릉도민들이 독도를 중심으로 행하는 어로방법, 그들의 독도 근해 어로공간에 관한 인식태도, 항해법 등은 해양환경과 우리문화가 상호작용을 하면서 형성된 관념체계이자 적응체계를 잘 반영하고 있다.

그럼에도 불구하고 한국의 인문·사회과학 분야에서 어민의 생활문화가 독도를 중심으로 형성되어온 양상에 대한 연구는 많지 않은 것 같다. 아마도 이러한 경향은 독도를 무인도로 간주하여 삶의 흔적이 없는 물리적 공간으로 파악하는 잘못된 인식태도에서 비롯되었다고 여겨진다. 다음 내용은 한국어민이 독도를 어떻게 사회·문화적, 경제적 공간으로서 인지하고 그곳을 근간으로 생활하여 왔는지를 살펴본 것이다.

주지하다시피 100여 년 동안 일본의 일부 정치인들은 독도에 대한 허구적 역사를 구성하고 이를 통해 잘못된 역사를 정당한 역사로 전환시키고자 하였다. 필자는 한국정부가 일본의 독도정책에 대처해 온 과정을 나타내주는 외교관계사를 검토하기보다 한국어민이 독도에 대해 어떻게 주체적 공간으로 인식하고 문화적 실천을 해왔는지를 이해하려고 한다. 왜냐하면 외교적 담론과 수사로 점철된 서류를 들추어내어 그 진실을 규명하는 일 이상으로 실효적 점유를 한 문화사적 증거를 단적으로 보여주는 한국어민의 독도생활사를 제시하는 것이 바람직한 양국의 미래를 위해 그 의미가 크다고 생각하였기 때문이다.

전술한 입장에서 필자는 정치사보다 독도와 관련된 한국어민의 어

로생활을 통해 독도가 어떻게 그들에게 자리매김하여 왔는지에 대해 초점을 맞추려고 한다. 한국어민들, 특히 울릉도 사람들은 울릉도나 동해안의 지역사, 한·일관계사, 그리고 세계사의 흐름과 함께 호흡하면서 이에 대응하여 우리의 영토관념을 문화적, 정치적 차원에서 내재화한 주체들이다. 울릉도 사람들은 독도에 대해 한·일 양국 사이에 중층·복합된 역사와 그 전개과정에서 진실된 역사적 사실이 무엇인지를 말할 수 있는 살아있는 증인들이기도 하다. 그들은 독도 생활사를 보존하고 있는 이들로서의 역할을 해왔다. 예를 들면 "한국 어민들이 독도 주변경관과 바위모양, 바다 밑의 지형, 해조류, 서식 어류 등을 인식하고 이용, 점유하면서 살아왔던 생활사를 간직하고 있는 사실(박성용, 1998: 241)"이 이를 증명하는 것이다. 이러한 입장에서 보면 독도는 무주지가 아니다.

특히 울릉도 어민들은 울릉도와 독도의 관계를 '모자관계'로서 인식하고 이곳을 터전으로 어업생활을 영위하여 왔다. 이러한 역사는 그들로 하여금 독도의 자연경관과 환경, 어로작업과 관련된 민속용어, 범주 및 분류방식을 독특한 방식으로 창출하도록 하였다. 즉 한국 어민들은 독도와 관련하여 그들의 생활 경험을 통해 나름대로의 논리와 의미를 가진 민속문화를 창출하였다고 할 수 있다. 그들이 독도의 자연환경을 인지하는 태도나 지식은 한국민속문화의 하위문화임을 반영하고 있다. 예컨대 독도에 대한 방위관념, 바람과 조류 등의 분류, 그리고 어업권의 실천방식 등은 한국어민이 이 섬을 기반으로 사회·문화공간을 구성하는 방식을 나타내주는 것이다. 이것은 한국어민들이 독도를 기반으로 한 민속지식을 구승口承을 통해 개념화하고 전승하는 과정에서 형성된 결과라 할 수 있다. 이러한 현상은 독도가 한국어민에 의해 실천된 어업생활의 공간이기 때문에 가능한 것이다. 다음은 한국어민들이 독도에 대해 인지하는 방위관념, 날씨 분류, 해

저 어업공간의 인지방식, 어업관습 등을 기술한 것이다.

2) 독도를 찾아 가는 방법

독도 연근해에서 조업하고 있는 이들은 주문진, 묵호, 삼척 등지에서 출항한 어민들과 울릉도 어민들이다. 이 가운데 울릉도 어민들이 가장 많이 출어하고 있다. 과거에 울릉도 어민들은 독도를 어떻게 찾아 갔을까? 그들이 독도를 바라보고 출발하는 지점은 도동의 행남(살구남, 사구남, 촛발)이다. 김성도씨에 의하면 행남 등대가 있는 곳은 평지이지만 맑은 날 독도가 환히 보일 때가 있다고 하며, "청명한 날 독도를 보고 나가고 울릉도를 보고 들어온 적이 있다"고 하였다. 이러한 얘기는 날씨가 아주 좋은 가을날 독도가 물위에 전반사 되어서 일어나는 현상으로서 충분히 가능한 일이라 생각된다. 울릉도 선주민과 개척민, 그리고 현재 어민들은 도동의 행남에서 동쪽으로 가면 독도에 도착할 수 있다는 것을 모두 알고 있었다. 개척령이 시행되었던 1882년 전에 이미 울릉도에는 한국(당시 조선왕조)의 선주민, 예컨대 선주나 격졸 출신, 채약자, 농민, 도피자 등 140여 명이 있었다(이규원, 1882). 이 가운데 전라도에서 나선을 타고 입도한 이들이 꽤나 있었던 것으로 보아 독도에 대한 인지는 충분히 되어 있었던 것으로 여겨진다.

현재 울릉도에서 독도를 바라볼 수 있는 곳은 도동 약수탕, 독도박물관 뒤편의 보루산, 성인봉 올라가는데 있는 팔각정, 저동 내수전, 북면 석포 등이다. 독도를 바라볼 수 있는 구역은 행남에서 북면 석포동에 이른다. 도동 주민들에 의하면 현재 독도박물관 뒤편에서 독도를 볼 수 있는 일수는 일 년에 약 50~60일 정도라 한다. 특히 10월에는 가시거리가 명확하여 가장 독도를 잘 볼 수 있는 때라 한다.

그러면 울릉어민들은 눈에 보이는 독도를 가기 위해 어떻게 하였

을까? 어민들은 전통적으로 패철을 사용하거나 별을 바라보고 독도의 방향을 파악하였다. 패철을 사용할 때에는 행남을 중심으로 하여 90도에서 110도 방향을 설정하고서 항해하였다. 조류가 정상이고 바람이 독도 쪽으로 불 때 103도로 맞추어서 가면 도착하였다. 각도에서 다소 차이가 나는 것은 독도의 방향을 인지함에 있어서 개인별 차이가 있기 때문이다. 각도의 범위는 파도나 조류, 바람의 속도 등을 감안하여 그 방향과 위치가 정해진다. 파도가 세면 출항을 하지 못하나 바람이 잘 불고 유속이 좋으면 빨리 갈 수 있었다. 도동에 거주하는 엄경수 옹(74세)에 의하면 독도는 패철상 105도 위치이나 103도로 방향으로 갔었다 한다. 왜냐하면 조류의 유속에 의해 배가 조금씩 밀려나기 때문이다. 이러한 점을 고려하지 않으면 독도에 도착할 수 없었다고 한다. 특히 8월에서 12월까지 조류는 북쪽에서 남쪽으로 흐르는 반면에 겨울철에는 동중국해에서 북쪽으로 흐르기 때문에 이러한 점을 반드시 고려하지 않으면 독도에 접근할 수 없었다고 한다.

자료제보자들은 약 30년 전까지 패철을 이용하였다. 그러나 이것에만 의존해서 독도를 찾아가기에는 어려운 일이 많이 발생하였다고 한다. 변화가 심한 바람과 조류 등으로 인해 그 방향과 위치를 판단하는데 문제가 야기되기도 하였다. 그리하여 그들은 천체항해天體航海를 중요시 하였다. 독도로 갈 때에는 새벽에 삼태성이 떠오르는 것을 주시하였다. 삼태성이 독도 근방에서 떠오르기 시작하는 시각까지 약 6시간 동안에 약 2시간 간격으로 별을 관찰하였다. 항상 몇 시쯤 어느 별이 어느 위치에 있는지를 파악하였다. 또한 독도에서 울릉도로 되돌아올 때에는 북두칠성을 보고 오기도 하였다. 북극성은 한 자리에 고정되어 있지만 북두칠성은 돌기 때문에 북두칠성이 어느 위치에 있을 때 독도에서 울릉도로 오면 된다는 것을 알았다. 몇 시에 어느 별이 어떻게 떠오르면 어느 방향으로 가야 한다는 것을 알았다. 현재

60세에서 80세 전후 울릉도 어민들은 독도를 가기 위해 천체항해를
한 경험을 가지고 있다. 그들은 북두칠성과 삼태성, 바람과 조류의 방
향을 인지하여 살피면서 독도에 갔었다.

그런가하면 낮이라도 안개나 구름으로 인해 독도를 찾지 못할 수
가 있는데 이때에 그들은 삼각항해법三角航海法을 적용하였다. 독도 주
변에 안개가 끼어 보이지 않을 때 바로 500m 앞에서 삼각항해법을
이용하여 찾아갔었다. 독도를 향해 갔지만 가재바위가 있는 산이 보
이지 않을 때에 삼각항해법을 이용하였다. 이 방법은 다음과 같은 과
정에 따라 행해진다. 먼저 몇 백 미터 앞에 독도가 있다고 가정하고
대강 어림하여 배가 위치한 지점에서 오른쪽으로 일정한 거리로 나아
갔다가 없으면 다시 원위치로 돌아온다. 그리고 난 뒤 다시 왼쪽으로
일정한 거리를 나아간다. 만약 찾지 못한다면 다시 원위치로 돌아온
다. 여기에서 삼각형 꼭짓점으로 갔다가 주위에 섬이 있는지 없는지
를 확인한다. 어민들은 대개 이러한 방법으로 두세 번 거리를 이동해
보면 거의 다 목표지점을 찾을 수 있다고 한다.

이러한 항해법을 이용할 때 고려해야 할 사항은 조류의 속도이다.
조류가 어느 방향으로 또 어떠한 속도로 흐르는지 정확하게 알아야
목표지점을 찾는데 도움을 받을 수 있다. 그리고 해도상에 배가 위치
하고 있는 지점을 정확히 알아야 한다. 어느 시간 내에 독도에 도착
해야함에도 불구하고 그렇지 못할 경우, 먼저 항해시간, 조류속도 등
을 감안하여 자신의 배 위치를 파악한다. 그런 다음에 파악된 위치에
서 30분가량 오른쪽으로 항해하여 목적지가 있는지를 확인한다. 그래
도 보이지 않으면 반대편인 왼쪽 직선방향으로 30분가량 항해한다.
그 다음에도 목적지가 보이지 않으면 두세 번 이러한 방법을 반복한
다. 만약 독도가 보이지 않으면 울릉도로 회항한다. 방향을 잘못 설정
하여 울릉도를 찾지 못할 경우, 서쪽 방향을 향해 곧장 나아간다. 그

렇게 하면 강원도 어딘가에 도착할 수 있기 때문이다. 도착한 다음 어선에 필요한 연료를 준비하고서 다시 울릉도로 귀항한다. 1960년대 이전, 어민들이 독도나 울릉도를 찾지 못한 경우는 간혹 일어나는 일이기도 하였다.

언급한 이외의 다른 방법으로 그들은 갈매기가 날고 있는 모습을 보고 섬에 근접하였는지 아닌지를 확인하였다. 갈매기는 섬이나 '짬 (고기가 나는 바위)' 근처를 많이 날기 때문에 육지로부터의 거리를 파악하는 대상이 되기도 한다. 독도 부근에는 갈매기가 많이 서식하기 때문에 어민들은 그 소리를 듣고 독도에 근접하였는지를 파악하기도 하였다.

어민들은 도동의 행남에서 동쪽으로 가면 독도에 이를 수 있다고 판단하여 삼선암을 기준으로 하여 출항하였다. 목선으로 이곳에서 독도까지 7~9시간가량의 시간이 걸린다. 갈 때에는 서남풍을 받고 항해하는데 독도 방향에서 댕갈(서쪽에서 부는 바람)이 불면 배의 항해가 매우 어려웠다고 한다. 울릉도에서 북풍이 불 때도 역시 독도에 가기가 힘들다. 파도가 잔잔할 때 이곳으로 가기가 쉬운 것은 당연한 사실이다.

한국어민에게 있어서 독도는 파도가 심하면 피항하는 곳이기도 하다. 특히 한반도의 동단에 위치한 독도는 일본해로 흐르는 쿠로시오 난류와 시베리아 근해로부터 함경도를 거쳐 흐르는 리만 한류의 영향을 받기 때문에 악천후 때에나 파선이 되었을 때 그들이 이러한 조류를 이용해 독도에 피항 내지 조업을 하였다. 이 점은 "조류는 울릉도에서 독도 쪽으로 흐르며 유속이 강물처럼 빨라서 반대 방향으로 가기 힘들다"고 한 자료제보자의 대담에서도 잘 나타나고 있다. 주민들은 독도에서 나침반을 두고 조류가 어디로 가는가를 파악한다. 물풍이 있어서 물이 어디로 흐른다는 것을 알 수 있다. 조류의 흐름에 따라서 배가 나아간다.

어민의 환경인지 체계를 파악함에 있어서 중요한 요소는 흐르는 조류의 방향과 더불어서 독도 주변에 부는 바람에 대한 민속분류이다. 바람의 특징과 그 이름은 어로 작업과 관련된 어휘로서 동부해안 지역의 방언권을 형성하고 있다. 풍명風名은 지역별로 약간씩 다르지만 필자가 조사한 동해안의 울진과 울릉도의 남양지역에서 부는 방위별 풍명은 거의 동일하다. 독도에 거주하고 있는 김성도씨는 이러한 바람의 특징에 관해 다음과 같이 인지하고 있었다.

> 동쪽에 부는 바람은 '동새'라 한다. 동남쪽에서 부는 바람은 '왁새'이다. 이 바람이 불 때의 특징은 급풍으로 들어온다. 남서쪽에서 부는 바람은 '땡갈'과 '처진갈'이라 하는데 이 바람이 불 때 고기가 많이 잡힌다. 남쪽에서 부는 바람을 '처진 갈바람' 또는 '갈바람'이라 한다. 해롭지 않은 바람이다. 북쪽에서 부는 바람은 '북새' 또는 '샛바람'이라 하는데 이 바람이 불면 날씨가 좋지 않다. 겨울에는 '북서풍'이 많이 부는데 '하늬바람'이라고도 한다.
> 바람과 고기가 잡히는 양상은 어느 정도 관계가 있다. 동새 즉, 갈바람이 불면 고기가 잘 잡히지 않는다. 봄에는 청풍이라 하여 바로 부는 바람이 있는데 이때 고기가 잡힌다. 정동에서 동새가 불 때 파도는 잔잔하다. 주로 부는 바람은 두 시기로 구분해 볼 수 있는데 4월, 5월, 6월, 7월, 8월에는 남서풍(맞바람)이 불고, 하늬바람은 9월, 10월, 11월에 분다. 그리고 샛바람은 1월, 2월, 3월에 분다. 남서풍이 불 때 오징어가 가장 많이 잡힌다. 이 바람은 순하고 따뜻하다. 아주 무섭게 부는 바람은 '달물'이라 하여 비가 온 뒤에는 물에 달꽃이 핀다. 바다가 고요할 때에는 남서풍, 북서풍을 타고 울릉도와 독도를 다닌다.
> 그런가하면 갈매기를 보고서 육지와의 거리를 짐작하는데 이 새는 섬이나 '짬(고기가 많이 나는 바위)' 근처에 있기 때문에 육지로부터의 거리를 알 수 있고, 바람의 정도와 흐리고 맑은 날씨의 정도를 확인할 수 있다.

이러한 언급은 한국어민들이 독도와 주변해양공간에 부는 바람 종류와 날씨의 변화, 고기가 잡히는 정도 등을 유기적으로 관계 짓고 있으며 그들의 어로생활 속에 각인되어 있음을 시사하는 것이다. 즉, 그들은 어로공간, 그리고 별, 날씨, 조류 등에 대한 체계적인 민속지식을 이용하여 독도에 도달하였다고 할 수 있다.

주민들은 독도를 갈 때 샛별을 보고 다녔다 한다. 대개 샛별이 서쪽에 위치하고 있는 지점에 배의 위치를 잡고 항해하였다. 시간이 지나면 이동한 거리를 계산하여 북으로 얼마 정도 항해하였는지를 추정하였다. 패철을 사용할 경우에 사구남(巽南)의 춧발에서 90도에서 110도 방향으로 배의 위치를 잡고 조류를 따라서 나아갔었다. 요즈음에는 소형어선마다 나침반이 있어서 독도를 가는데 한층 수월해졌다.

3) 독도 주변의 바람에 대한 민속지식

독도에 부는 바람은 다양하다. 동쪽에서 부는 바람은 '동새'이다. 동새가 불 때 파도는 곱다. 북동풍은 '정새', 북동쪽과 동쪽 사이에서 부는 바람은 '인감풍', 북쪽에서 부는 바람은 '북새' 또는 '북청풍'이라 한다. 북새 때 파도는 별로 좋지 않다. 서쪽에서 부는 바람을 '댕갈', 북서풍을 '청풍', 북서쪽과 서쪽 사이에 부는 바람은 '댕갈청풍'이라 한다. 이 바람들은 두 방향에서 바람이 섞여서 들어오는 특징이 있다. 댕갈청풍은 건조한 바람이다. "댕갈청풍은 사람의 간도 마르게 한다"고 할 만큼 습기가 적은 바람을 일컫는다. 청풍은 대개 겨울에 주로 부나 봄에 불기도 한다. 이 바람이 불 때에는 고기가 제법 잡히기 시작한다. 남쪽에서 부는 바람은 '정갈바람', 남서쪽에서 부는 바람은 '갈바람'이다. 어민들은 독도 부근에서 조업할 때 특히 여름에 갈바람이 불면 고기가 안 잡힌다고 한다. 간혹 여름에 샛바람이 불기도 한다. 샛바람은 뱃사람들이 일컫는 동풍이다. 그리고 남동쪽에서 부는 바람을 '처진 갈바람'이라고 하며 '처지다'란 말은 저기압일 때를 말한다. 동쪽과 남동쪽 사이에 부는 바람을 '울진'이라 한다. 주민들은 별로 좋지 않은 바람으로 간주하기도 한다. 어민들은 저기압일 때 해 옆에 마치 달꽃과 같은 모양을 나타낸 구름이 있는데 이것을

저기압이 통과하는 징표로 파악한다. 달꽃이 있고 난 뒤 3~4일 뒤에 구름이 흩어지면서 세찬 바람이 온다고 한다. 동남쪽에서 불어오는 급풍을 '왜새'라 부르기도 한다. 울진과 왜새는 해롭다고 여겨지는 바람의 일종이다. 댕갈과 갈바람은 들어올 때 급풍으로 들어오는데 울릉도의 동쪽 지역에 큰 피해를 주기도 한다. 울릉도에서는 서남풍이 가장 좋다. 어민들은 독도를 갈 때 서쪽 바람을 탄다. 남서쪽에서 바람이 불 때 고기가 많이 잡힌다. 해롭지 않은 바람이라 생각한다.

어민들은 겨울의 독도에는 북서풍, 즉 샛바람이 부는데 '바람결이 순하다'고 한다. 이 바람은 4~5개월 정도 분다. 독도 주변에는 바람의 변화가 심하다. 독도의 면적이 넓지 않기 때문에 바람이 불면 작업을 할 수 없다. 앞에서 언급한 바람 이외에도 '오방풍'이란 것이 있다. 남풍이 불고 난 다음 서풍, 북풍, 동풍, 남풍으로 불 경우에 붙인 풍명風名이다. 즉 바람이 다섯 방향에서 모두 돌아 불 때 오방풍이라 한다. 독도에는 오방풍이 분다. 바람은 시계침이 도는 방향과는 반대로 분다. 독도는 바람을 막아 주는 역할을 한다.

독도에는 '달물'이라 하여 비가 온 뒤에는 물에 '달꽃'이 핀다. 독도의 앞바다가 아주 고요할 때 상황은 태풍이 불기 전의 밤과 같다. 5m 이상 태풍이 불면 벌레가 기어 온다. 바람이 불어오고 있다는 징표이다. 흔히들 어민들은 태풍을 "갈바람에서 샛바람으로 돌아가면서 때리는 바람"으로 오방풍의 일종이라고도 한다. 독도 근방에는 바람이 센데 이때 파도가 높다. 독도 쪽에서 댕갈이 불 때 울릉도에서는 항해를 하지 않는다. 특히 북풍이 불면 못 간다. 파도가 잔잔할 때 간다. 이러한 바람도 지역별로 조금씩 다르게 부른다. 천부에서는 북쪽 바람을 '맞바람'이라 한다. 통구미에서는 남쪽 바람을 '맞바람'이라 한다. 맞바람이란 마주친다고 붙인 바람명이다. 독도에서 울릉도로 들어오는 바람을 '독도 맞바람'이라 칭하기도 한다. 어민들은 독도에

부는 바람과 울릉도에서 부는 바람이 비슷하다고 한다.

4) 해저 어업공간에 대한 인지

어민들은 독도에서 휴어기를 맞기도 하지만 4계절별로 어로작업을 한다. 1월에서 4월까지 전복, 소라를 채취하고 뽈락을 잡는다. 4월 말경에 미역채취를 주로 한다. 해조류는 바위에 부착되어 있는데 특히 미역의 경우, 전마선을 타고 가서 수경과 낫으로 채취한다. 김이나 해태는 파도가 치는 곳에 있는데 손으로 채취한다. 6월에는 껵두구를 잡고 7월 중하순부터 12월까지 오징어와 문어를 잡는다. 1년 총 작업일은 바람과 기상조건에 따라 다르지만 대체로 120일에서 150일 정도가 된다.

울릉도 어민들은 이러한 해조류를 채취하는 장소 이외에 해저바위에 고기가 서식하여 어장이 형성되는 곳을 '걸'이라 한다. 걸이란 바다 밑에 있는 산으로서 흔히들 "물방구(물바위)가 생긴 모양"이라 한다. 이곳에는 고기가 집중적으로 모인다. 줄을 바다 속에 넣어 보아 그 깊이를 재어 보면 대체로 동쪽은 높고 서쪽은 낮은 지형을 이루고 있다고 한다.

독도 주변에는 완만하고도 넓은 해저지형이 있어서 좋은 걸을 형성하고 있다. 걸은 고기가 놀기 좋아하는 곳으로 해도상 수심 1,000m, 500m 정도의 어장으로 표기 되어 있는 곳이다. 이곳의 주변 해양공간에 뻗어 있는 걸의 길이는 약 2,500m 정도 된다. 이러한 곳의 해저에는 큰 바위가 걸을 형성하고 있어서 좋은 어장을 이루고 있다. 또한 이러한 곳에는 한류와 난류가 교차하여 고기가 집중적으로 모이기도 한다.

어민들은 이러한 걸을 파악하기 위해 다음과 같은 민속어업기술을

적용한다. 그들은 해양공간에 대해 대대로 구승口承을 통해 알려진 민속지식과 경험을 이용하여 독도 어로공간의 위치를 정확하게 파악한다. 어민들은 이를 "독도를 중심으로 산가름(늠)한다"고 말한다. 흔히 바다에서 자신이 타고 있는 배와 걸이 어디에 위치하고 있는지를 파악하기란 매우 어렵다. 그 위치를 파악하기 위해 배와 섬의 산, 지형, 지물 등을 그 기준으로 삼는다. 먼저 동도와 서도의 산 모양을 보고 배 위치를 결정한다. 어민들은 이러한 요소들과 배의 위치를 고려하여 걸에 도착하였는지 아닌지를 안다. 특히 동도와 서도의 산모퉁이가 거의 근접한 위치에 배가 근접한 곳이 걸 중에 가장 많은 고기를 잡을 수 있는 곳이다. 동도와 서도의 양 산이 한 뼘 또는 두 뼘 정도의 차이가 나는 곳까지 근접해야 한다. 대개 물 깊이는 낚싯줄로 30발(한발은 두 팔을 펴서 낚싯줄을 잰 길이에 해당)에서 60발 정도이다. 울릉도 어민들은 어로작업을 할 때 낚싯줄을 넣어 그 깊이를 파악하기도 하였다. 어떠한 이들은 선수와 선미를 산의 정점과 일치시키는 산가름 법을 적용하기도 한다. 걸의 규모가 작더라도 숙련된 경험에 의해서 파악할 수 있다. 대개 어민들은 걸을 찾을 줄 아나 고기가 가장 많이 서식하는 걸을 잘 찾는 사람이 따로 있기도 하다. 걸에 따라 어족이 다르게 형성된다. 어민들은 도동에서 독도에 어느 정도 근접한 다음 자신의 배 위치를 파악하고 그 다음에 걸에 대한 기점을 잡고 어로작업을 한다. 낚시선에서 줄을 내려 걸의 수심이 깊은 곳과 얕은 곳을 파악한다.

무엇보다 독도 주변의 걸을 파악하기 위해서 산두렁을 먼저 본다. 산의 모양, 돌의 모양, 산의 색깔 등을 고려한다. 독도의 산봉우리를 1봉, 2봉, 3봉 등으로 나누고 그 봉과 자신이 위치한 물밑의 바위가 어떠한 형태로 있는지를 먼저 생각한다. 물밑 지형이 우묵하다든가 크다든가 하는 형태를 파악해야 하는데 그것은 고기가 이러한 해저지

형에 따라 이동하기 때문이다. 흔히들 망망대해에서는 어디에다 그물을 놓을지 잘 모른다. 그래서 어민들은 독도를 기점으로 산가름을 해서 그물을 놓는다. 배의 위치는 물 흐르는 속도에 따라서 다르다. 독도 주변에는 계절마다 물이 흐르는 속도가 다르다.

어민들에 의하면 독도 주변에는 걸이 넓어서 "섬 덩어리 옆에 버스리(반석)가 널려 있다"고 한다. 독도 주변의 걸은 8노트의 배로 1시간 내지 1시간 30분 정도 내에는 이러한 걸로 형성되어 있다. 김성도씨에 의하면 이러한 걸에서 수확이 좋을 때에는 하루에 2,000만 원이 넘을 때가 있었다 한다. 이곳을 황금어장이라고 하는 이유도 여기에 있다.

독도 주변에는 물골걸, 가재바위걸 등이 있다. 가재바위에는 물개가 많이 서식하였고, 우럭, 뽈락, 문어 등이 있다. 주위 바다보다 깊어서 게나 새우는 100m 이하에서 자란다. 김성도씨에 의하면 독도의 걸은 가재바위 앞 500m지점에서 2km까지("물골 앞 걸"), 그리고 서도에서 남동방향으로 10마일 해상까지 뻗혀 있다고 한다. 독도의 북동쪽과 남동쪽의 걸은 매우 크다. 남동쪽 방향은 '사이스 걸'이라 하는데 여기에는 황열기가 난다. 진해바위에는 꺽두구 새끼, 엘에스티 바위에는 해삼·소라가, 삼형제굴에는 천초·해삼·전복이 난다. 고양이바위에는 미역·김이 그리고 천장굴에는 소라·전복이 나고, 춧발('매바리')에는 우럭·뽈락이 잡힌다. 동끼바위는 모래뻘로서 서쪽은 깊고(20~30m) 동쪽은 얕다. 이러한 독도의 걸에서는 1월에서 4월까지 우럭, 흑돔, 노래미, 새치, 뽈낙, 가자미, 광어 등이 잡힌다.

옛날 울릉도 어민들은 고기를 잡기 위해 목그물과 광그물을 사용하였다. 요즈음 어민들이 사용하는 나일론 그물은 썩지 않는다. 그들은 해조류를 낫·수경으로 채취한다. 그들은 오징어를 잡을 때 낚시나 로울러 낚시 등을, 그리고 뽈락은 삼중망, 이중망을 사용하여 잡는

다. 그리고 독도 전 지역에는 미역이 널려 있다. 1970년대에 미역바위를 도동어촌계에서 임대하여 작업을 하였는데, 이러한 작업을 위해 해녀가 25명에서 30명, 남자가 10여 명 정도 같이 작업을 하였다.

현재 독도에서 생활하고 있는 김성도씨는 1970년에서 1984년 사이에 이곳에서 주거조업을 하였다. 김씨보다 먼저 독도에 거주한 이는 최종덕씨로서 그는 1954년경부터이다. 김성도씨는 1967년 내지 1968년경에 독도에 입도하였다. 당시 그는 부엌 1칸, 방 1칸으로 된 함석집을 지었다. 최종덕씨는 고인이 되었지만 그의 사위 조준기씨(현재 동해 거주)와 김성도씨가 거주하였다. 이들은 당시에 6~8개월 동안 독도에서 거주어업을 하였다. 당시에 전마선 6~7척이 독도 바로 앞에서 문어잡이를 하였다. 각 배에는 선장 1명, 호스를 잡고 산소를 공급하는 주낙기 1명, 잠수부('머구리') 2명, 기관장 1명 등 약 5명이 한 팀이 되어 어로작업을 하였다. 요즈음에는 하루 당일치기로 어업을 한다. 김성도씨는 독도어업권을 7년 전에 도동어촌계에 넘겼다 한다. 현재 도동어촌계에서 어업권을 행사하고 있다. 어촌계에서는 고기를 잡으면 경비와 수수료를 제하고 나머지 수입을 공동분배한다. 2004년 독도 마을 및 협동양식어장에서 생산된 수산동식물의 생산실적을 보면 전복 66.5kg(5,246천 원), 소라 11,343kg(11,343천 원), 해삼 10,372kg(129,937천 원), 문어 1,012kg(5,052천 원)이다(2004년 울릉군 통계자료 참조).

독도에서 고기가 나는 때와 조류의 종류는 긴밀한 관계를 가진다. 독도에는 바닷물 종류가 다르게 들어오는 시기가 있는데 어민들은 '이카시때', '똥물때', '해파리물때' 등으로 물때의 특징을 구분한다. 이카시때는 청물이 들어온 것을 의미한다. 물의 색깔이 시퍼렇고 수온이 차게 느껴진다. 똥물때는 더러운 물이 들어온 것을 말한다. 해파리물때는 새끼해파리가 바다에 떠다녀서 물밑이 컴컴한 경우이다. 이러한 세 가지 물때가 들어올 때에는 고기가 잘 잡히지 않는다. 고기

〈표 1〉 도동어촌계 어업생산실적(단위: 수량 -kg, 금액 -천원)

구분 / 어촌별	총계 수량	총계 금액	수산동물 소계 수량	소계 금액	전복 수량	전복 금액	소라 수량	소라 금액	해삼 수량	해삼 금액	문어 수량	문어 금액	수산식물 소계 수량	소계 금액	미역 수량	미역 금액	김 수량	김 금액
총계	122,887.7	1,182,755	108,448.7	1,108,455	873.2	178,255	55,880	300,960	50,076	621,011	1,619.5	8,229	14,440	74,300	13,250	47,500	1,190	26,800
소계	37,684.2	427,659.0	37,684.2	427,659	211.2	116,652	21,743	112,341	14,705	193,549	1,025	5,117	0.0	0.0	0.0	0.0	0.0	0.0
도동어촌계	24,774.9	218,085	24,774.9	218,085	72.9	5,869	13,135	68,705	10,542	138,394	1,025	5,117	0	0	0	0	0	0
도동어촌계	1,981.4	18,916.0	1,981.4	18,916	6.4	623	1,792	9,771	170	8,457	13	65	0	0	0	0	0	0
신흥어촌계	22,793.5	199,169.0	22,793.5	199,169	66.5	5,246	11,343	58,934	10,372	129,937	1,012	5,052	0	0	0	0	0	0
도동어촌계	12,909.3	209,574.0	12,909.3	209,574	138.3	110,783	8,608	43,636	4,163	55,155	0	0	0	0	0	0	0	0

(출처: 울릉군 통계자료, 2004)

가 잡힐 때는 물이 맑을 때이다. 바닷물의 빠르기가 강물보다 빠른데, 독도 앞의 물이 바깥 물보다 빠르다. 섬이기 때문이다. 독도에 배를 접안시키지 못하는 경우도 있다.

해류는 울릉도에서 독도 쪽으로 흐른다. 유속이 강물처럼 빠르다. 반대 방향으로 가기 힘들다. 각 위치마다 세게 흐른다. 조류가 섬에서 바다 쪽으로 빠질 때 이것을 '맏물(밑쪽으로 빠지는 물)'이라 한다. 자료제보자들은 "울릉도에서 독도로 맏물이 많이 간다"고 한다. 독도에서는 서쪽 방향으로 흐르는 물을 '선물'이라 한다. 이때 조류의 속도가 빨라서 노를 저어서 올 수 없는 경우가 많다. 배의 기관이 고장 나면 일본 쪽으로 밀려간다. 독도에서 나침반을 두고 보면 조류가 어디로 흐른다는 것을 알 수 있다. 시앙(물풍)이 있어서 물이 어디로 흐른다는 것을 알 수 있다. 물과 배가 같이 내려간다. 배가 조류를 따라 30마일씩 떠내려가기도 한다. 김성도씨는 1960년대 중반에 1.5t 되는 전마선(7마력)으로 독도까지 가는데 조류에 영향을 받아 약 11시간이나 걸렸다 한다.

5) 독도 거주민들의 어로생활

독도리의 살아있는 증인, 김성도씨는 "독도는 나의 고향이며 40년 이상 살았던 내 집이다. 독도는 고요해서 좋다"고 하면서 "이때 해녀들은 해조류를 채취하기 위해 6, 7, 8월 동안 독도에서 살았었다" 한다. 그는 독도 근해에서 1월에서 4월 사이에는 전복, 소라, 뿔낙을 잡았다. 해조류를 채취할 경우, 1월에는 김을 채취하고 4월에 미역을 채취하였다. 5월에는 별 작업을 하지 않고 6월에서 12월까지 꺽두구, 오징어, 문어 등을 잡았다. 고기를 잡지 않을 때에는 김을 뜨는 작업을 하였다. 바람과 기상조건 때문에 섬에 들어가면 한 달 이상 머무를 수

밖에 없었다. 쌀, 라면, 김치, 파, 무, 된장, 고추장, 간장, 식초 등을 가지고 들어갔다. 잡은 고기는 회를 해서 먹고 문어를 반찬으로 해서 먹었다. 독도 근해에는 오징어잡이를 하고 1마일 내외에서는 낚시를 하였다. 독도 전 해역에 미역이 산재해 있어 이것을 채취하기도 하였다.

독도근해에서 오징어 잡는 일을 '독도바리'라 한다. 한치나 '사탕오징어'는 독도의 물꼴(식수 나는 자리) 앞에서 많이 잡힌다. 천장굴 주변에도 한치가 많이 잡힌다. 독도주위의 전 수역이 황금어장이다.

〈사진 1〉 김성도씨와 대담하는
필자(1998년, 울릉도)

〈사진 2〉 잠수부 작업 광경

도동어촌계원들이 독도에 어로작업을 하러 갈 때에는 작업인부를 데리고 간다. 조업을 하러 갈 때 5명 정도가 되며 그들의 역할이 구분되어 있다. '머구리(잠수부)', '밥을 준비 하는 이', '사공' 등이 있다. "물질하는 이를 하늘 두 껍데기 쓰고 들어가는 이(죽을 수 있는 일을 하는 사람이라는 의미)"라고 한다. 선장은 항해를 담당하고 주낙기는 산소호스와 망태기가 올라오는 것을 들어 올리는 역할을 한다. 머구리를 수부장이라고도 한다. 신호하는 줄은 농약 살포기와 같은 줄인데 한 번 치면 망태기가 가득되었다는 신호이고, 두 번 치면 당기라는 신호이다. 계속 이어서 치면 물밑이 깊다든지, 산소가 모자라는 상태를 알리

는 신호이다. 독도 주변에 물질하는 해녀는 약 20여 명이 된다.

40여 년 전 김성도씨는 8~9개월 동안 2~3명이 독도에 거주하면서 주거어업을 하였다 한다. 10월에 들어가서 다음해 6월이나 7월에 나온다. 어촌계의 작업은 4월 말에 그만 두는데 고기의 산란기이기 때문이다. 3인이 함께 가서 이 기간 동안 먹고 살기 위해서는 자신의 배와 식량, 된장, 고추장 등 약 2,000만 원 정도의 경비가 필요하다. 어촌계에서는 1995년부터 하루 동안 조업해서 돌아오는 '당일바리'를 한다. 5월은 고기가 별로 잡히지 않는 달이라 한다. 20년 전에 독도 근해에는 참새우, 보리새우(철갑새우)가 많이 났었다 한다.

6) 입어관습

독도에 대해서는 현행법상 공동어로작업의 주체인 도동어촌계가 마을어업권을 행사하여 공동관리와 운영을 하고 있다(부록, 도동어촌계 정관 참조). 박광순(1981)에 의하면 어업공동체가 존립하기 위한 물질적 기초는 무엇보다도 어장의 공동체적 점취(총유)와 공동경영이며, 어장이란 배타 독점적 지배가 가능한 연안의 암벽이라고 한다. 이 점은 도동어촌계의 경우에도 동일한 의미를 가진다. 밀어자나 스쿠버 다이버가 이 구역에 허가 없이 들어가서 몰래 문어나 해조류 등의 수산물을 채취할 때는 수산물을 빼앗고 입어할 수 없도록 한다(박성용, 2005: 40). 마을어업장에서 생산되는 수산물에 대해서는 어촌계원이 공동작업, 공동분배를 하기 때문에 비록 어촌계에 소속된 계원이라도 개인이 어장에 나는 수산동식물을 채취, 포획할 수 없다. 공동작업에는 어촌계원 중 작업선을 탄 계원만이 참여할 수 있다.

독도어장은 두 구역으로 나누어지는데 수심 7m 이내의 마을어업구역과 평균 수심 7m에서 15m까지의 협동양식어업구역이다. 독도에서

나는 패류, 해조류, 정착성 수산동물에 대해 도동어촌계에서는 이를 관리하고 포획, 채취할 수 있다. 그리고 협동양식어업구역에 속하는 어촌계원들은 해삼 양식어업을 하고 있다. 그러나 전복의 경우, 어촌계원들이 그 종자를 뿌리지만 빠른 유속으로 인해 양식이 되지 않고 있다.

특징적인 점은 도동어촌계원들이 마을양식과 협동양식의 법적 권역을 반드시 구분하지 않고 있다는 것이다. 어촌계원들이 두 어업권역에 대한 분화된 관념을 가지고 있지 않다고 할 수 있다. 법적으로 이러한 권역을 수심에 따라 정한 것을 해안선의 어느 기점을 중심으로 7m와 15m로 구분하는 계원도 있다.

독도는 도동어촌계의 어장구역 중 일부이다. 면허어업에 속하기 때문에 독도 어장에 대한 어업권 행사를 위한 행정적 절차를 거쳐서 신고가 완료되어야 법적인 권한을 부여받을 수 있다. 과거에 도동에 사는 이들은 누구나 어촌계원이 되고자 희망하면 계원이 되었다. 그러나 1990년 이후부터 연간 75만 원의 출자액을 내고, 60일 이상 조업을 하여야 자격을 취득할 수 있게 되었다(1998년 김성도씨와의 대담). 그리고 해양경찰대 어선명단에 등록을 하고 확인된 사실을 수협에 전달한 다음 이사회 결정이 있어야 조합원이 될 수 있다. 즉, 지구별 수협의 조합원인 동시에 법인 또는 비법인 어촌계의 계원이 된다(이상욱, 1998: 206). 배를 팔거나 조업을 할 수 없어서 탈퇴하면 출자액은 환불을 받는다.

도동어촌계에서는 독도의 어장구역에서 잠수선으로 작업을 한다. 잠수업을 하는 이들은 전복, 소라, 해삼 등을 관리·채취한다. 옛날에는 산소 펌프질을 하여 잠수를 했으나 요즈음에는 수부들이 현대화된 장비와 창, 조리개와 망태, 갈구리 등의 전통 어로도구를 함께 이용한다.

김성도씨는 7~8년 전에 미역바위를 임대 받아서 채취작업을 하였

으나 요즈음은 문어만을 잡는다. 그는 김이나 해초를 채취하는 것으로는 수입이 안 된다고 한다. 미역은 많지만 돈이 안 되는 이유가 독도산 미역을 별로 알아주지 않기 때문이다. 입찰하는데 1,000만 원 정도 한다. 어촌계원이라도 아무나 작업하지 못한다.

이상에서 필자는 울릉도 사람들의 해양환경인지 방식과 어로작업, 독도어장의 관리 등에 대해 언급하였다. 인류학·민속학 분야에서 독도에 대한 한국어민의 민속문화를 연구한 경우는 없는 것 같다. 왜냐하면 독도는 사람이 살지 않는 곳이기 때문에 문화나 역사가 존재하지 않는다고 생각해왔기 때문이다. 하지만 필자는 한국어민이 독도의 지리적, 지형적, 기후적 특성에 대해 어떠한 분류범주와 의미를 부여하며 이와 관련된 민속어휘가 어떻게 형성되어 있는지를 기술하였다.

무엇보다 필자는 독도의 자연환경, 해양생태계에 대해 한국어민 특히 울릉도 사람들이 민간전승을 통해 인지한 방향별 바람의 종류와 조류, 그리고 해저공간에 대한 의미론적 분류와 범주가 있음을 규명하였다. 이러한 측면에서 보면 독도는 무주지 또는 무인도가 아니라 한국어민의 생활문화가 긴 세월의 역사를 거치면서 형성, 적층된 장소이고, 이를 근간으로 그들은 문화적 실천을 한 공간이라 할 수 있다.

이와 더불어서 독도어장에 대한 한국어민의 어로관습사를 이해하기 위해 도동어촌계 운영과 더불어서 독도에 거주하고 있는 김성도씨 등이 어떻게 어업권을 행사하고 어로작업을 하는지를 살펴보았다. 적어도 마을어업과 협동양식업권역에 대한 명확한 구분을 하지 않으면서 15m 이내에 배타권을 행사하고 있음은 아주 특징적인 양상 중에 하나라 할 수 있다.

한편, 어촌계의 기본 성격에 있어서 사적점유와 공적점유의 이중성이 존재하고 있으며 산업자본주제 사회에서도 자연경제를 유지하고 있는 한 양태를 확인할 수 있었다. 전통적으로 내려오던 총유에 대한

공동체적 권리 행사권이 어촌계라는 비법인체로 대체 되면서 한편으로는 공동생산, 공동분배를 하면서 다른 한편으로는 어촌계에 소정의 출자금을 납입한 이에게만 권한을 부여하고 있는 것이 그것이다.

한 가지 짚고 넘어가야 할 것은 어촌계의 어업권 행사 주체에 대한 행정적, 법적 권한이 명시될 필요가 있다는 점이다. 도동어촌계의 행사계약권을 행정법상 명확하게 할 필요가 있다. 현재 독도가 행정상 독도리가 되었으므로 이에 상응하는 입어권을 부여할 필요가 있다. 울릉도 수산협동조합에서 소유하는 어업권을 마을어업권역에서 누가 행사하였는지를 행정서류에 명기해야 할 것이다. 어업권행사를 행한 주체에 대한 행정적, 법적 근거를 부여해야 한다. 이 점은 앞으로 적법한 행정절차를 통해 해결될 것으로 여겨진다.

4. 독도 어장관리와 어업활동

1) 독도와 어민의 어업활동

공간은 인간이 생산활동을 하는 경제적 공간일 뿐만 아니라 민족마다 특징적인 의미를 부여하며 이에 관여하는 성원에 의해 재생산된다. 특히 섬의 원·근해 어로공간은 어민들이 주변경관과 바위의 모양, 바다 밑의 지형, 해조류, 서식하는 어류 등을 인식하고 이용하는 자리이며 이를 기반으로 삶을 영위해 가는데 필요한 생산수단 및 사회조직 등은 해양생태계에 대한 적응전략과 관계있다.

일반적으로 인간은 물리적 공간을 인간화된 공간으로 전환한다는 것이 특징이다. 해양공간이 주어진 물리적 공간이라면 독도는 한국 어민에 의해 역사가 적층되고 생활공간으로서 실천된 어로공간으로 존재한다. 단순히 무주지가 아니라 익명의 우리 어민들의 어로관습과 생활경험이 어우러져 있는 곳이다. 그리하여 필자는 독도라는 공간이 어민들에 의해 어떻게 문화적 의미가 생성된 공간으로 변형되어 있는지를 이해하고자 한다.

현재까지 독도에 한국 어민의 생활문화가 어떻게 전개되었으며 그들의 공간인식과 역사적 체험이 어떻게 구체적으로 나타나는가에 관한 연구는 드문 것 같다. 필자는 독도와 주변 연근해 공간과 관련된 어민 개개인과 울릉도 사람들의 집단기억을 통해 걸러져 나온 역사의식과 인식체계, 어로와 관련된 지식체계, 적응전략 등을 포괄적으로 관련시키면서 알려지지 않았던 어민의 생활문화를 재인식하는데 초점을 맞추고자 한다. 그리고 독도와 주변 원해 해양공간에 대한 주민의 인식과 실천관행, 즉 항해법, 어로구역에 대한 인식과 어로관습,

어민의 해저지형에 관한 인식, 마을어장으로서의 독도어장, 독도와 대화퇴어장 등에 관한 민족지적 사상民族誌的 事象을 기술하고자 한다.

2) 독도어장 관리와 운영

울릉도 및 동해안 어민이 독도를 중심으로 조업하는 구역은 크게 독도 마을어장에서 이루어지는 어업구역과 근해, 그리고 대화퇴어장으로 구분할 수 있다. 마을어장은 일정한 수심이내의 수면을 구획하여 패류·해조류 또는 해양수산부장관이 정하는 정착성 수산동물을 관리·조성하여 포획·채취하는 마을어업의 면허를 받아 어업을 하는 일정한 수면을 말한다. 어장수심의 한계에 대하여 수산업법 시행령 제10조 1항에서는 최간조 시 평균 수심 7m 이내로 정하고 있으나, 도동어촌계에서는 어업관행으로 15m로 정하고 있다(이상욱, 1998: 167). 도동어촌계에서는 수산업법에서 정한 해수면에서 7m를 벗어나서 15m까지로 정해서 어로활동을 하고 있다. 이 점은 어촌계의 특징적인 어로관습을 반영해 주는 사례라 할 수 있다.

울릉도 어민들에게 있어서 독도는 윗대 조상들이 노를 젓는 배(傳馬)로 조업을 하였던 중요한 어로구역이었다. 도동어촌계에서 마을어장관리법에 따라서 관리하는 독도는 마을어업과 협동양식어업이 이루어지는 구역으로 나눠지고 있다. 어장면적을 보면 협동양식어장 94.6ha, 마을어장 90.8ha로 모두 185.4ha이다(<그림 1>, <그림 2> 참조).

채취되는 수산물 종류는 오징어, 전복, 소라, 해삼, 문어, 새우, 미역, 김 등이고 전체 어획량은 92년도에 8,761kg, 93년도에 10,426kg, 94년도에 6,758kg이었다. 울릉군에서는 기르는 어업으로 자원을 조성하기 위해 93년에서 97년 사이에 치패 136,341尾를 살포를 하였다.

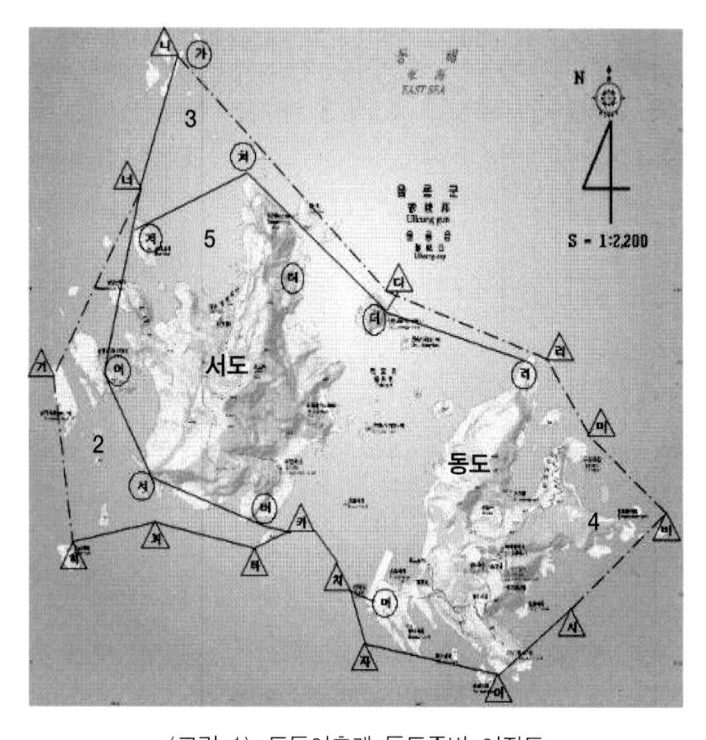

〈그림 1〉 도동어촌계 독도주변 어장도

원지도 출처: (주)동아지도, 독도 1:2,200지도

어업별	수면번호	개발면적(㎡)
계		782,000
협동양식	2	272,000
협동양식	3	299,000
협동양식	4	211,000
마을어업(독도+울릉도)	5	908,000

※ 어장 기점(독도)

나. (가) 기점에서 NS 0° - 00´ 30.0M의 점
다. (나) 기점에서 NS 159° - 30´ 659.0M의 점
라. (다) 기점에서 NS 130° - 00´ 312.0M의 점
마. (나) 기점에서 NS 163° - 30´ 149.0M의 점
바. (나) 기점에서 NS 125° - 30´ 189.0M의 점
사. (나) 기점에서 NS 260° - 30´ 230.0M의 점
아. (나) 기점에서 NS 210° - 00´ 150.0M의 점
자. (나) 기점에서 NS 296° - 00´ 250.0M의 점
차. (나) 기점에서 NS 9° - 00´ 110.0M의 점
카. (나) 기점에서 NS 302° - 00´ 131.0M의 점
타. (나) 기점에서 NS 238° - 30´ 55.0M의 점
파. (나) 기점에서 NS 295° - 30´ 207.0M의 점
하. (나) 기점에서 NS 253° - 00´ 167.0M의 점
거. (나) 기점에서 NS 345° - 30´ 245.0M의 점
너. (나) 기점에서 NS 42° - 00´ 490.0M의 점

※ 어장의 구역: 가, 나, 다, 라, 마, 바, 사, 아, 자, 차, 카, 타, 파, 하, 거, 너, 나를 순차로 연결한 선에 의하여 포위된 수면

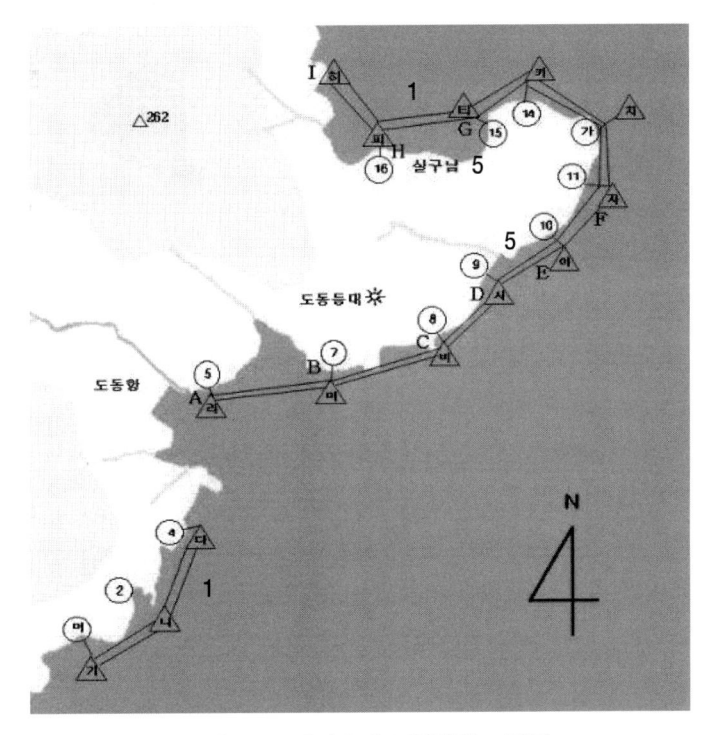

〈그림 2〉 도동어촌계 도동주변 어장도
원지도 출처: 경상북도 Web-GIS (http://map.gb.go.kr/)

어업별	수면 번호	개발면적(㎡)
계		1,854,000
협동양식	1	164,000
마을어업(독 도+울릉도)	5	908,000

※ 어장 기점(울릉도)
가. (머) 기점에서 SE 29° -45′ 65.0M의 점
나. (2) 기점에서 SE 41° -30′ 40.6M의 점
다. (4) 기점에서 SE 83° -00′ 45.0M의 점
라. (5) 기점에서 SE 43° -10′ 23.5M의 점
마. (7) 기점에서 SE 11° -15′ 51.0M의 점
바. (8) 기점에서 SE 7° -00′ 71.0M의 점
사. (9) 기점에서 SE 41° -00′ 75.2M의 점
아. (10) 기점에서 SE 52° -30′ 110.0M의 점
자. (11) 기점에서 SE 58° -40′ 105.0M의 점
차. (12) 기점에서 SE 82° -15′ 22.2M의 점
※ 어장의 구역: 머, 가, 나, 다, 라, 마, 바,
　　사, 아, 자, 차, 가를 순차로 연결한 선에
　　의하여 포위된 수면

〈표 1〉 독도 마을어장 어획량 현황(단위: 수량 -kg, 금액 -천 원)

	1992		1993		1994	
	수 량	금 액	수 량	금 액	수 량	금 액
계	8,761	49,506	10,426	70,197	6,758	60,795
전 복	618	22,246	629	30,137	501	27,490
소 라	1,706	7,536	1,181	5,200	464	2,057
해 삼	3,033	11,188	5,555	28,327	3,531	26,100
문 어	419	1,267	913	2,869	388	1,619
성 게	1,530	3,825				
미 역	1,420	994	2,120	1,844	1,850	1,850
김	35	2,450	28	1,820	24	1,680

독도가 마을어장으로 인가된 과정을 보면 1965년 2월, 경상북도에서는 경북면허 830호로 독도 단독 마을어장으로 인가를 하였고 어업권자는 울릉군 수산업 협동조합이었다. 1977년 7월 29일에 경북면허 128호로 도동어촌계에서 운영하던 어장면적이 185.4ha이었고, 그 어업권자는 울릉군 수협 도동어촌계장이었다. 1987년 6월 30일, 어촌계에서는 존속기간 연장허가를 취득하였다. 그런데 실제 운영은 독도 주민이었던 최종덕씨가 1965년 3월에서 87년 9월까지 어장을 운영하였다.

한상복·이기욱(1987)에 의하면 울릉도 주민 최종덕씨는 독도에 해초 및 채취권을 얻어 15년 동안 미역, 전복, 소라 등을 채취하였고 양식사업을 하기 위해 서도의 해안에 세 채의 움막을 짓고 생활한 바 있었다 한다. 이곳에서 동력선 1척, 무동력선 2척을 소유하면서 사공 2명과 해녀 1명을 고용하여 본인과 딸(당시 19세), 모두 5명이 기거하면서 조업을 했다. 최종덕씨는 제주의 해녀 김정순씨(당시 46세)를 직접 고용하였는데 그녀는 독도 해안의 미역과 패류를 채취하였으며, 한겨울 파도가 센 2~3개월을 제외하고서 연중작업을 하였다. 당시의 노임은 작업 후 생산량의 30%를 나누어 가지는 것으로 대신하였다. 사공은 15%의 몫을 차지하나 식비를 제하였다(한상복·이기욱, 1987: 283).

1987년 9월에서 91년 10월까지 조준기씨(최종덕씨의 사위)가 어장을 운영하였으며, 연간 입어료는 2백만 원이었다. 그가 채취한 해산물의 양은 25톤이며 2천 30만 원의 수익을 올렸다. 1991년 6월 11일에 어촌계 행사료와 행사기간에 관해 도동어촌계와 조준기씨와의 논의 끝에 독도 마을어장에 대해서는 도동어촌계에서 직접 관리하기로 하였다. 1991년 11월에서 현재까지 도동어촌계에서 직영하고 있다. 어업권대표자는 도동어촌계장이며 2006년 현재 어촌계원수는 185명이다. 이러한 어촌계의 마을어장의 관리와는 별도로 김성도씨가 독도주민으로서 1991년 11월 17일 재입도 하였다. 그는 2008년 현재 문어 등의 해산물을 채취하여 생활을 영위하면서 이곳에 영구적으로 거주하고 있다.

3) 어로기술과 해저지형에 관한 인식

독도 주변어장에서 어로작업을 하기 위해서 어민들은 독도의 산 형상을 보고 정치망을 놓는다. 산의 모양, 돌의 모양, 산의 색깔 등을 고려한다. 어민이라도 바다 어디에다 그물을 놓을지 잘 모른다. 또한 배의 위치가 흐르는 조류 속도에 따라서 다르기 때문에 처음 어장이 형성된 곳에 그물을 다시 놓는 일은 힘들다. 독도 주변은 계절마다 조류 속도가 다르기 때문에 더욱 그렇다. 그리하여 우리 어민들은 독도 마을어장에서 이러한 문제를 해결하기 위한 어로기술의 일종인 '산가름법'을 통해 그물을 놓는다. 산가름법이란 우리 어민들이 바다에서 자신의 배가 어디에 위치하고 있으며, 고기가 많이 서식하는 장소를 파악하기 위해 산의 형상, 산등성, 나무, 돌과 산의 색깔, 등대, 해저지질구조상의 특징, 해저 바위의 크고 작은 모양 등의 지상·해저의 지표와 일치시켜 자신의 목표 지점에 맞고 맞지 않음을 헤아려

서 자신이 바라는 표준된 위치나 어장을 인식하는 위치 판단법이자 어로기술이다. 이런 가름법은 동해 울진과 남해 거제도, 제주도 등지의 우리 어민들에게 널리 알려져 있다. 고광민(1992)은 제주도 어민의 가름법을 언급한 바 있다. 가름하는 목표대상물은 산, 집, 나무, 전봇대, 길 등 뭍의 것이라면 철저히 이용하는데 이를 '산가름'이라 하고 식별하기 어려운 바다 밑 모래밭을 이용하는 것은 '물알가름'이라 한다고 하였다. 특히 이 방법은 자리돔을 잡는데 동원되며 그물을 수중 암초에 정확히 붙이기 위해 행하는 제주어민의 어로기술이라 한 바 있다.

울릉도 사람들은 산가름을 통해 바다 밑에 어장이 형성된 것을 알고 있으며 이를 '걸'이라 한다. 걸이란 바다 밑에 위치하고 있는 산을 의미하기도 한다. 어민들은 줄로 바다 밑의 산 높이를 헤아려 동쪽이 높고 서쪽이 낮은지 아닌지를 짐작한다. 해조류가 많고 해안의 굴곡이 심한 곳은 좋은 걸을 형성하기에 안성맞춤이다. 독도 마을어장에는 걸이 형성되어 있다. 독도 근해의 걸은 약 2,500m까지 걸쳐있다. 독도에서 소형어선으로 5~6노트의 속력으로 30~40분 정도 나가더라도 해저에 큰 바위가 있어서 좋은 걸을 형성하고 있다. 이와 같은 걸을 간혹 어민들은 '짬'이라고도 부른다. 섬마다 걸이 있다. 걸의 위치를 파악하기 위해서는 배와 육지가 그 기준이 된다. 대개 어민들은 섬과 배와의 위치를 교차시켜 걸을 파악한다. 어떤 어민들은 물밑에 낚싯줄을 넣어서 파악하기도 한다. 소규모의 걸은 숙련된 경험에 의해서 파악할 수 있다. 걸을 찾을 줄 아는 어민이 따로 있어서 작업할 때 이들의 조언을 얻기도 한다. 걸에 따라서 어족이 다르게 형성되어 있다. 독도 주변의 동도와 서도, 그리고 주위에 산재하고 있는 10개의 작은 암초들이 걸을 파악하는 기점이 된다. 동도와 서도의 각 봉峰을 축으로 잡아서 걸을 파악한다. 몇 분 정도로 근해에 나가더라도 걸이

있다. 낚시선이나 '머구리잡이(잠수하여 전복과 소라를 채취하는 작업)' 하는 이들도 낚싯줄을 넣어서 걸의 동서가 높고 낮은지를 파악한다.

앞에서 말한 산가름과 마찬가지로 주민의 해저지형에 관한 인식은 민속과학(ethnoscience)적 입장에서도 의미가 있다. 어민들은 해저 지질구조상의 특징을 "울릉도 낭떠러지가 길게 바다 밑 속으로 들어가 독도에 넓게 퍼져 있다"고 하고 이를 '걸'이라 하였다. 해저 지형에 관한 이러한 인식은 "독도는 지금까지 화산도로 알려져 왔으나 조사에 의하면 독도는 해저 화산활동에 의하여 점차 성장되어 형성된 화산도가 아니고 육상에서 화산분출물로 형성된 산이 후에 해수면하로 침강되어 산의 정상부가 섬으로 잔류하게 된 것이며 獨島山体도 鬱陵山体와 마찬가지로 상승하는 마그마에 의하여 돔狀으로 융기된 것(Sun Yoon, 1992: 89)"으로 추정하는 해양지질학자의 견해와 일치하고 있다. 어민들에게 걸이란 물속의 바위가 잘생긴 모양을 뜻하며 고기가 집중적으로 모이는 곳이기도 하다. 김성도씨가 "섬 덩어리 옆에 반석이 널려 있다"는 말을 하는 것으로 보아 독도 주변에는 걸이 매우 넓다는 것을 알 수 있다.

독도의 가재바위 부근에는 뽈락과 문어, 진해바위에는 꺽두구 새끼, 엘에스티 바위에는 해삼·소라가 난다. 삼형제굴 부근에는 천초·해삼·전복이 나고 고양이 바위에는 미역·김이, 천장굴 쪽에는 소라·전복이 나며 변소간 뒤에는 소라·전복이 난다. 그리고 춧발('매바리'라고도 부름)에는 우럭·뽈락이 난다. 물골걸에 꺽두구가 난다. 월별로 보면 독도 공동어장 전역에는 1월에서 4월까지 우럭, 흑돔, 노래미, 새치, 뽈낙, 가자미, 광어가 잡힌다. 천장굴 주변에도 한치가 많이 잡힌다. 남동쪽 방향의 걸에는 황열기가 잡힌다. 독도 주위를 돌아가면서 황금어장이다. 가재바위란 물개가 많이 서식하였던 곳으로 우럭이 많이 잡힌다. 게나 새우는 해저 100m 이하에서 잡힌다(<그림 3> 참조).

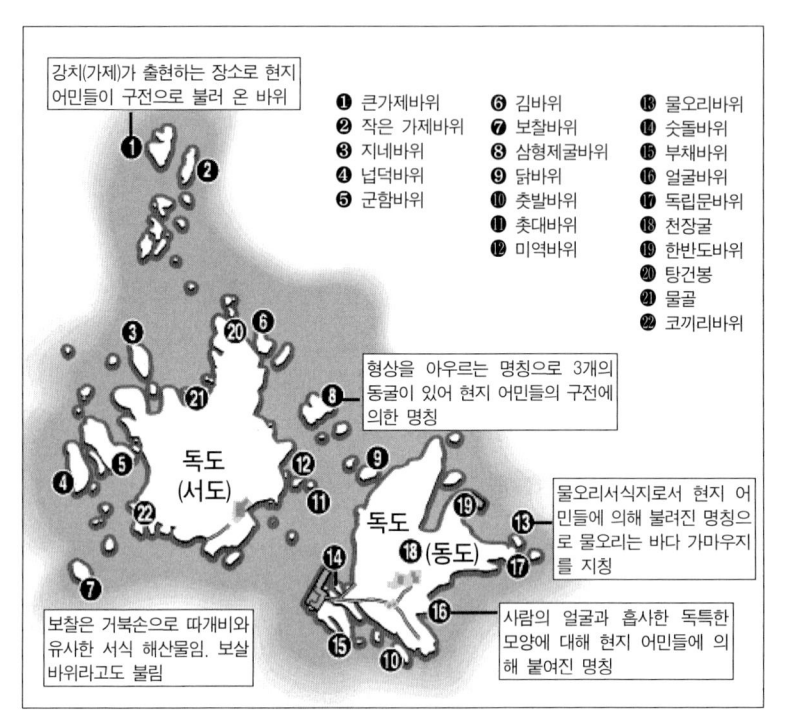

강치(가제)가 출현하는 장소로 현지 어민들이 구전으로 불러 온 바위

❶ 큰가제바위
❷ 작은 가제바위
❸ 지네바위
❹ 넙덕바위
❺ 군함바위

❻ 김바위
❼ 보찰바위
❽ 삼형제굴바위
❾ 닭바위
❿ 촛발바위
⓫ 촛대바위
⓬ 미역바위

⓭ 물오리바위
⓮ 숫돌바위
⓯ 부채바위
⓰ 얼굴바위
⓱ 독립문바위
⓲ 천장굴
⓳ 한반도바위
⓴ 탕건봉
㉑ 물골
㉒ 코끼리바위

형상을 아우르는 명칭으로 3개의 동굴이 있어 현지 어민들의 구전에 의한 명칭

독도 (서도)

독도 (동도)

물오리서식지로서 현지 어민들에 의해 불려진 명칭으로 물오리는 바다 가마우지를 지칭

보찰은 거북손으로 따개비와 유사한 서식 해산물임. 보살바위라고도 불림

사람의 얼굴과 흡사한 독특한 모양에 대해 현지 어민들에 의해 붙여진 명칭

〈그림 3〉 독도 부속 도서 이름

(동아지도 http://www.map4u.co.kr 참조)

도동어촌계가 관리하는 독도 마을어장구역에는 어촌계원들이 머구리배로 3~4시간 잠수해서 어로작업을 한다. 도동어촌계에서 임대를 하였기 때문이다. 그들이 어군탐지기를 사용하지 않았을 때 '뽈뚜'라 하여 벚꽃 열매 비슷한 것이 나면 오징어가 날 때가 되었다고 생각한다. 이때가 양력 5월쯤 된다. 계절적으로 4월에서 10월까지 어로작업을 한다. 어촌계원들은 섬 주위 마을어장에 자라는 미역, 톳, 천초, 파래 등을 채취한다. 해조류는 바위에 부착되어 있는데 미역은 전마선을 타고 가서 수경과 낫으로 채취한다. 김이나 해태는 파도가 치는 곳에 있으며 손으로 채취한다.

독도 주변어장은 수심 7m 이내의 마을어업구역과 수심 7∼15m 구역의 협동양식구역으로 구분되어 있다. 도동어촌계원들은 가재바위 걸, 지네바위 걸 주변에서 잠수선으로 매일 작업을 한다. 잠수부를 '저승사람'이라고도 하는데 잘못하면 물속에서 죽을지도 모르기 때문이다. 채 낚기 어업을 하기도 한다. 어촌계원들은 전복, 소라, 해삼 등을 자체 관리한다. 옛날에는 산소 펌프로 공급하는 산소에 의지하여 잠수를 했으나 요즈음에는 수부들이 현대 장비를 이용한다. 어촌계에서는 저인망으로 조업을 하지 않으며, 삼중망, 이중망을 사용한다. 그물은 꽁치나 회유성 어족을 소규모로 잡는데 사용한다. 오징어의 경우, 집어등과 같은 후광기구를 사용하여 모이게 한 다음 잡는다.

옛날 어부들은 목그물과 광목으로 만든 그물을 사용하였으나 요즈음 어민들은 나일론 그물을 사용한다. 해조류는 낫·수경을 사용하여 딴다. 오징어는 낚시나 산작구, 로울러 낚시 등을 이용한다. 뿔낙은 삼중망, 이중망을 사용하여 잡는다. 독도 전 지역에는 미역이 널려 있다.

언급한 바와 같이 독도의 주변어장은 마을어업이 이루어지는 공간과 협동양식이 행해지는 공간으로 구획되어 법적 규제와 관리가 이루어지고 있다. 이와 같이 수산업법상 정해진 구역 외에도 우리 어민들은 약 2,500m 정도까지 고기가 서식하는 장소로서 민속어로공간인 걸을 인식하고 있다. 이 점은 한국어민들이 독도 주변해양 공간과 독도를 우리의 어업생활권역으로 인식·실천하였음을 의미한다.

과거에 한국어민들은 독도에서 주거어업을 행하였다. 그리고 독도는 해녀들이 해조류를 채취하고 이를 다른 생필품과 교환하기도 하였다. 김성도씨 내외는 독도에서 작업을 하기 위해 저동에 사는 어민 몇 명을 데리고 가기도 하였다. 그는 이곳에서 문어잡이로 수익을 올리기 힘들며 치패류를 채취할 수 있는 어업권을 획득하게 되면 4명의 가족은 충분히 살 수 있다고 하였다. 앞에서 주거어업을 할 수 있음

은 울릉도에 일반인들이 살 수 있는 곳임을 의미한다. 독도에 김성도
씨 외에 울릉도의 다른 사람들이 생활한 적이 있음은 다음의 구술내
용에서도 찾아볼 수 있다.

> 1997년까지 독도에서 주거어업을 하였다. 물골을 넘어서 50여 명이 살기
> 도 하였다. 동서도 전체에서 작업을 하였다. 독도에 김성도씨 외에 배석진씨,
> 이용기씨(부는 잠수부) 등이 물꼴 쪽에 굴 있는 곳에서 살았다. 40년 전에는 해
> 녀들이 이곳에 살았다. 최종덕씨와도 함께 살았다. 특히 독도에서는 상거래
> 가 이루어지기도 하였다. 강원도 담배와 독도 미역을 물물교환을 하였다. 상
> 선이 한 척 있었다(이예○씨 63세, 남).

  울릉도 사람들이 독도에 조업하러 갈 때에는 머구리배로 갔었다.
그들은 4~5명 정도의 인원으로 작업집단을 조직하였다. 해양의 생태
적 조건과 경제적 수익을 감안한 전략이 어업 생산조직에 영향을 주
어 그 규모 자체가 크지 않으면서 합리성을 고려하여 이루어진 것이
다. 해양생태조건의 상이성으로 인해 어민의 인구학적 특징, 생산수
단에 대한 권리, 생산기술과 지식, 그리고 생산집단은 농민에 비해 상
이하다. 그리고 거대한 어장에서 생산되는 수산물에 대한 집중적 이
용에 장애가 되는 것은 빈약한 생산기술지식에 기인되었다(Han Sang-Bock,
1977: X).

  해양생태계가 어로작업조직에 영향을 줄 수 있음은 독도 어로작업
집단의 특성에도 찾아볼 수 있었다. 그 구성원들은 각자 역할이 분화
되어 있었다. 선장, 밥을 준비하는 이, 주낙기, 물속에 들어가서 '물
질'하는 이(수입의 3할 정도를 받음) 등으로 구분되어 있었다. 울릉도 사람
들은 물질하는 이를 "하늘 두 껍데기를 쓰고 들어가는 이"라 부른다.
하늘 두 껍데기란 이승과 저승의 두 세계를 말한다. 바다 밑에 들어
가서 물질을 하는 것이 이승과 저승을 오가는 위험한 작업임을 의미
한다. 선장은 항해를 담당한다. 주낙기는 물밑에서 망태기가 올라오

는 것을 들어 올리는 역할을 하는 이다. 해녀는 '머구리'라 부르는데 수부장이다. 신호하는 줄은 농약 살포기의 줄과 같은데 한 번 치면 망태기가 가득 찼다는 의미이고, 두 번 치면 당기라는 신호이다. 그러나 계속해서 치는 소리가 들리면 물밑이 깊다던가, 산소가 모자란다던가 하는 의미이기 때문에 당겨 올린다. 1997년 당시 물질하는 여자는 약 20여 명이 되었다.

이 당시 독도 주변에는 천초, 미역, 곰피 등의 해초류가 널려 있었다. 해초류의 포자가 그물에 떠내려 왔었다. 독도 주변에는 주문진, 묵호, 부산, 후포 등지의 통발선이 오기도 하였다. 동력선은 1.5t 정도되었다. 울릉도에서 대화퇴 부근까지 진출하였는데 그곳에서 주로 우럭이 많이 잡히기도 하였다.

독도에서 행하는 어로작업 기간은 약 4개월 정도였다. 바람과 기상조건으로 인해 이들은 일단 섬에 들어가면 한 달가량 머물렀다. 그래서 그들은 쌀과 라면, 김치, 파, 무, 된장, 고추장, 간장 등을 미리 준비해서 가지고 들어갔었다. 그들이 그곳에서 식사를 할 때 잡은 고기를 회쳐 먹거나 문어를 반찬으로 해서 먹기도 하였다. 1월에서 4월사이에는 전복, 소라, 뽈락을 잡았다. 해조류의 경우, 1월에는 김을, 4월에는 미역을 채취하였다. 5월에는 별 작업을 하지 않고 6월에서 12월까지 깍다구, 오징어, 문어 등을 잡았다. 특히 독도 근해에서는 오징어잡이를 주로 하는데, 근해 1마일 내외에는 낚시를 한다. 고기를 잡지 않을 때에는 김이나 해조류 뜯는 작업을 한다.

김성도씨는 40년 동안 독도에서 생활을 하였다. 그는 주로 문어만을 잡는다. 김이나 해초는 수입이 안 되기 때문이다. 미역은 많지만 경제적 수익을 올리는 데에는 도움이 되지 않는다. 이것을 채취하기 위해서는 입찰을 해야 하는데 1998년 당시 어촌계에 1,000만 원 정도를 지불해야 하였다. 현재 도동어촌계원은 독도에서 공동작업을 해서

획득한 수익을 분배하고 마을어장을 관리한다. 도동어촌계에서만 독도 공동어장에서 작업을 하고 다른 어촌계의 어떠한 이도 작업을 할 수 없다.

오늘날 독도에는 현행법상 공동어로작업의 주체인 어촌계가 공동어업을 하고 있으며 독도어장에 관한 공동관리와 운영을 하고 있다. 박광순(1978: 189)에 의하면 어업공동체가 존립하기 위한 물질적 기초는 무엇보다도 어장의 공동체적 점취(총유)와 공동경영이며, 어장이란 배타 독점적 지배가 가능한 연안의 암벽이라고 한다. 조사지의 48가구 중 어촌계에 가입한 이는 44명이고 2명은 가입하지 않고서도 공동어업에 참여하고 있었다. 그는 이러한 사실을 통해 공동어업의 주체는 타 어촌과 마찬가지로 어촌계가 아니라 전래적인 어촌공동체라고 주장한다. 이 점은 도동어촌계의 경우에도 동일한 의미를 가진다. 비록 어촌계에 가입하지 않은 주민이라도 마을어업구역에서는 자유롭게 어로작업을 할 수 있으나 밀어자나 스킨스쿠버 다이버가 이 구역에 허가 없이 들어가서 몰래 문어나 해조류 등의 수산물을 채취할 때는 수산물을 빼앗고 입수할 수 없도록 한다. 이러한 특징은 공동체의 구성을 가능케 하는 공동체 조직은 지연적인 입호제도入戶制度가 근간이 되고 있음을 의미한다(박광순, 1978: 189).

4) 어로작업조직

독도 근해에 고기를 잡으러 갈 때에는 음력 설을 쇠고 간다. 어민들은 1월에 조업하러 들어가서 4월 말에 돌아온다. 4월 말 이후는 해삼, 전복, 소라 등의 산란기이기 때문이다. 1월부터 4월까지 독도 근해에서는 해삼, 소라, 전복이 나기 때문에 어로법 11조에 의거하여 도동어촌계에서 공동작업을 한다. 조업은 10마일에서 15마일 사이에 1

시간 내지 2시간 정도로 이루어진다. 어민들은 오징어를 주로 잡는 다. 요즈음에는 도동어촌계에서 당일조업을 하고 돌아온다. 고기를 잡으면 사용한 경비와 수수료를 제하고 나머지를 공동분배 한다.

울릉도 어민의 일반적인 어로작업은 연안유자망, 연안채낚기, 근해 유자망, 근해채낚기, 잠수기업, 연안통발 등의 방법으로 잡어와 오징 어를 잡는 것이다. 그들은 연안유자망과 근해유자망으로 꽁치, 가오 리, 넙치, 망상어, 뽈락, 가자미, 말쥐치, 돌돔, 홍어, 청돔 등의 잡어를 잡는다. 그들은 울릉도·독도 근해에서 조업을 한다. 울릉도 어업의 주종은 오징어잡이에 집중되고 있다(한상복·전경수, 1992: 495). 왜냐하면 동한 난류와 북한 한류 사이에 형성되는 동해의 아한대 극전선 조경 역은 명태, 꽁치, 오징어의 좋은 어장이 되기 때문이다. 울릉도 근해 에서 9월경에 나타나는 냉수괴는 쓰시마 난류와 북한 한류가 접하는 발산성의 와류운동에 기인하며, 이 냉수괴 주변의 난수역은 오징어의 좋은 어장이 된다.

독도 근해에서 오징어 잡는 일을 "독도바리"라 한다. 여름에는 오 징어가 독도 부근에 가장 많이 난다. 가을에는 5~6시간 조업하며 독 도를 보고 작업한다. 독도주변어장은 울릉도민의 주된 조업장이다. 울릉도에서 독도까지 항해시간은 약 4시간 30분 정도이다. 독도에서 일본 어장까지는 3~4시간이 걸린다. 독도 부근은 황금어장이다. 독 도 부근에서 하는 작업을 연근해 어업이라 한다. 강원도 배는 독도 부근에서 하루 동안 조업하고 돌아가는 '당일바리'를 한다. 강원도의 속초배, 삼척배, 묵호배가 직선거리로 온다. 포항배와 구룡포배가 독 도에 온다. 독도가 한국 어민의 조업 중심지이다. 독도 부근에서 조업 하는 선단은 각 면별로 조직된 것이다. 독도는 동해어민의 생명줄이 다. 4~5년 사이에 독도 연안어장에서의 고기수확은 점차 줄어들고 있는 실정이다.

5) 독도 원해遠海조업

독도 원해에는 북쪽으로 대화퇴라는 넓은 어장이 있고 쓰시마 난류와 북한 한류가 교차하는 해역이 형성되어 있다. 봄에 아침 일찍 출발하여 8시간 내지 10시간 정도 가면 대화퇴어장에 도착한다. 이곳은 플랑크톤이 풍부하여 회유성 어족이 많이 서식하기 때문에 울릉도민과 동해어민들에게는 주요한 어장이 되고 있다. 주요 어종으로는 오징어, 명태, 대구, 상어, 볼락, 고래, 연어, 송어 등이 있다. 1991년 현재 연간 출어하는 어선의 수는 천척이 넘으며 어획고는 2만 톤을 좀 넘었다(김학준, 1996: 44-45).

대화퇴어장은 한국어민들의 가장 큰 어장이기도 하다. 특히 오징어가 잡히는 주 어장이다. 면적은 51,000㎢(154억 평)으로 어장형성은 대개 7월에서 12월 사이에 이루어진다. 주어기는 8월에서 11월 사이에 이루어진다. 거리를 보면 울릉도에서 대화퇴까지 407km, 울릉도에서 상대화퇴까지 444km, 울릉도에서 하대화퇴까지 333km, 독도에서 대화퇴 340km이다. 대화퇴어장으로 출어하는 현황을 울릉군 자료를 통해 살펴보면 1983년 하루 평균 128척, 하루 최대 423척이 조업을 하였으며 연간 23,571척이 출어하였다. 총 생산량을 보면 27,286 M/T(651억 원)이었으며 출어 조업일은 180일이었다. 울릉도 선박 외에도 강원도(속초, 주문진), 부산, 포항 선박들이 출어를 하였다. 과거에 강원도 선박들은 북위 37도 43분선을 따라서 344해구를 거쳐 대화퇴어장으로 출어하였으나 요즈음에는 북위 38도선을 따라서 340해구를 경유하여 출어한다. 약 50마일의 거리 단축과 약 5시간의 항로시간을 단축하고 있다.

해도상 대화퇴어장에는 일본과 러시아, 한국 사이에 약 200~600km 까지의 어장이 형성되어 있다. 오징어는 5월 중순에 북상하여 가을까

지 지속된다. 춘계 군과 추계 군으로 나누어진다. 원해에서의 오징어 산란 시기는 12월에서 3월이고 산란 장소는 동해남부, 구주 북서해안, 동중국해이다. 추계 발생군에서의 산란 시기는 9월에서 12월까지이고, 산란 장소는 동해 중남부 및 남해동부이다. 여름 발생군의 산란 시기는 5월에서 8월이고 산란 장소는 동해 남서해역이다. 산란시의 수온은 10도에서 20도이다.

오징어는 우리나라 동해안을 따라 강원 연안을 거쳐 함경북도 연안을 따라서 북상하는 경로와 울릉도 독도 주변을 거쳐 대화퇴 주변 해역으로 북상하여 그곳에 머무르다가 남하하는 경로를 따른다. 또한 일본 서안을 따라 회유하여 북해도 서안까지 북상했다가 남하하는 경로로 나누어진다. 어기는 5월에서 12월이나 주어기는 9월에서 1월이다. 어장은 동해 연안 측에서는 울릉도, 독도 이내의 해역이고 동해 원해 측은 대화퇴 주변해역이다. 대화퇴 부근에서 조업하는 어민들은 고기를 잡은 뒤 이것을 냉동시킨 다음에 당일 귀항하여 수협에 판매하는 '하루발이'를 한다. 8월에서 10월경, 서해 중부해역에서도 소량 생산이 된다. 6월경, 경북과 강원도 근해에서 형성하기 시작하여 7월 초부터 강원도로 이동하며 성어기인 9월에는 경북과 강원도로 거의 양분되고 때로는 서해어장이 형성되는 수도 있다. 주어기는 7월에서 시작하여 9월까지이고 12월에 끝난다. 어군행동은 군집성과 추광성이 강하며 낮에는 수심이 깊은 곳에 머물다가 밤이면 상층 20m에서 50m로 떠오르며 소형어류를 잡아먹는다. 조업방법으로는 낚시를 3~50개를 달아 연결하여 조업하는 수동식 로울러식과 동력식(자동조획기)을 이용한다.

동해어민의 경우 구룡포에서 대화퇴까지 300마일이나 되기 때문에 안전과 어군의 효율적인 탐색을 위해 30척이 선단조업을 한다. 서로 고기가 지나가는 방향을 보고해 준다. 회사의 선주협회에서는 암호로

어황을 보고한다. 마음이 맞는 사람끼리 선단을 조직한다. 심사를 해서 선단 소속여부를 결정한다. 계 조직과 같다. 조업을 하다가 사고가 나면 서로 구조해 준다. 선단구성에 있어서 친인척, 친구관계 등을 고려하지 않는다. 책임자는 작업을 잘하고 능력이 있어야 하며 솔선수범하고 일을 잘 처리해야 한다. 대화퇴 부근에서 잡은 고기는 냉동하여 당일 귀항하여 수협에 판매하는 '하루바리'를 한다.

지금까지 필자는 생활공간으로서의 독도를 울릉도민이나 동해어민의 독도 및 주변 연근해 어업구역의 변화과정과 조업상태, 해저 지형과 어장에 관한 어민의 인식, 주민의 해양공간에 대한 인식, 독도 어장에서의 어로관습 등을 기술하였다. 독도는 한국 어민의 문화, 경제, 어로수역으로 매우 중요한 섬이자 생활영역이다. 독도는 사람이 살지 않는 돌섬이 아니라 한국 어민들의 생활공간으로서 익명의 한국 어민의 역사가 독도와 주변 해양 공간과 관련되고 있다.

우리 어민들은 독도 주변의 공간을 '걸'이라는 민속어로공간을 인지하고 있다. 그들의 인지체계는 조업하는 방법과 방향 인식법에서도 그대로 잘 나타나고 있다.

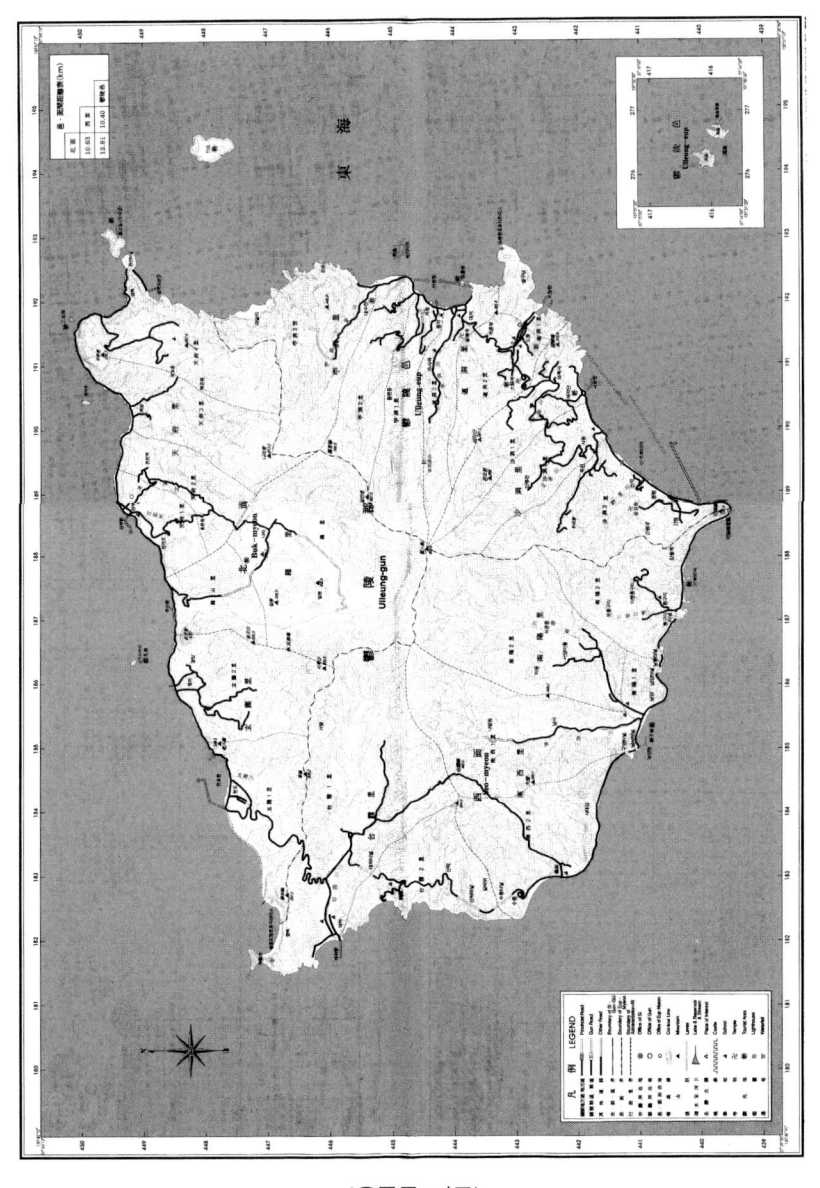

〈울릉군 지도〉

1. 자연·경제환경과 인구

1) 자연환경

울릉도는 동해의 한 가운데 있는 화산암으로 이루어진 오각형의 섬이다. 신생대 제3기 및 4기에 걸쳐 바다에서 용출한 종상화산이 굳어서 이루어졌다. 해저전체를 이루고 있는 현무암과 그 위를 덮고 있는 종상화산의 화산도로 섬은 해저산체를 이루고 있는 현무암과 그 위를 덮고 있는 조면암, 안산암, 응회암 등으로 형성되어 있다(최몽룡 외, 1988: 25).

이로 인해 울릉도는 성인봉(983.6m)을 중심으로 주변에 900m 이상되는 높은 봉우리가 솟아 있고 산맥이 해안가로 이어지면서 대체로 30도에서 60도 사이의 경사지대를 형성하고 있다. 특이한 형상은 동서로 약 1.5km, 남북 약 2km의 나리분지가 해발 250m 지점에 위치하고 있다는 것이다. 울릉도는 지형상 동남부사면, 서남부사면, 북부사면으로 구분되는데 동남부사면이 침식곡의 발달이 적어 가장 단조한 대신 급경사를 이루고 있는데 대해 서남부사면은 하천에 의하여 깊숙이 침식곡이 복잡하게 발달되어 있는 것이 특징이다(서찬기, 1977: 7).

이러한 지리적 특징은 행정권역과 교통로, 취락위치 등에 영향을 준다. 울릉도의 행정권역은 촌락이나 거주지도 크게 남면과 서면, 북면으로 나누어지는데 독특한 지형에 영향을 받았다고 할 수 있다. 오늘날도 도동과 태하리 사이에 국도가 놓여 있지만 겨울에 눈이 오면 주민들의 왕래는 끊어지곤 한다. 더군다나 섬목과 저동 사이의 해안도로는 암벽으로 인해 언제 개통될지 미정이다. 산의 높은 경사도와 돌출한 지형, 폭이 좁고 돌이 많은 하천 등은 여름철에 폭우가 쏟아질 때마다 육지로 유입된 해수가 계곡에서 흘러내려오던 토사와 산사태 등으로 인해 홍수를 일으키면서 하천둑을 범람하여 거주지에 막대한 피해를 입기도 한다. 이때 가파른 사면 언덕과 절벽의 흙이 붕괴되어 도로망을 차단함으로써 주민들의 이동이 제한된다. 자연재해가 울릉도 자연, 문화경관에 지대한 영향을 준다고 할 수 있다. 취락도 일제 이전에는 대개 높은 지대에 위치하면서 화전을 하던 곳들을 중심으로 형성되어 있었으나 이 시기 이후 점차 주민들이 어업에 종사하면서 낮은 해안지대에 거주하는 이들이 증가하게 되었다. 지형·지세가 험하여 육로교통은 근거리 왕래가 주로 이루어졌고 선박은 유일한 교통수단이 되었다.

울릉도는 한서의 차이가 적은 해양성 기후를 나타내며 1998년에서 2005년까지 평균 강수량은 1,636mm로 봄철보다 겨울철에 상대적으로 비교적 많은 다우 지역에 속한다. 상대습도가 73.1%로 저온 다습하다. 일조 시간이 하루 평균 4.8시간밖에 되지 않으며 운량이 많고 센 바람이 자주 분다. 연중 맑은 날은 평균 52일, 흐린 날 137일, 강수일 149일, 안개 낀 날 49일 등이다(울릉군, 1998: 2005). 겨울철 평균기온이 영하 1.5도 정도로 비교적 덜 추운 편이며 여름철 평균기온이 25~26도 정도로 덥지 않다. 울릉도에 눈이 내리는 기간은 긴 편이지만 지면, 지중온도가 영하로 내려가는 경우가 많지 않아 눈 속에서도 산

나물이 자라며 주민들은 배추를 밭에 두고 월동을 시키는 경우도 있다. 연중 비가 오는 날이 많아 습도가 높은 곳이다. 지형상 남부의 날씨가 서북부보다 온화하다. 해안의 경우 앞에서 언급한 바와 같이 화산암으로 형성된 절벽으로 인해 어항으로서 내만이 갖추어야 할 조건이 빈약하여 항구로서의 발전은 더딘 편이다.

2) 경제환경

(1) 개척령 이전부터 조선왕조 말엽까지

울릉도 사람들의 경제생활은 크게 4단계로 구분해 볼 수 있다. 자급자족적 경제단계, 생계경제단계, 식민지경제단계, 상품경제단계가 그것이다. 자급자족적 경제단계는 그 시기가 1882년 개척령이 시행되기 이전의 시기이다. 이규원의 검찰일기(1882년)에는 당시 울릉도에 거주하던 사람들이 조선, 해조류 채취, 채약, 채소경작, 약간의 농경지 경작 등을 행하였음을 보여주고 있다. 주로 생명을 보전하기 위한 식량의 자급자족이 이들의 주된 목적이었다고 할 수 있다.

사람들은 주로 초막을 짓고 살았으며 마을을 이루고 산 것은 아니었다. 산록의 비경과 수목의 울창함 등은 당시 울릉도의 숲이 자연상태로 있으면서 경작지로 변하기 전의 모습이라 할 수 있다. 당시에 산신당이 곳곳에 있었던 것으로 보아 숲과 채약자, 그리고 그들의 민속종교가 함께 어우러져 있었던 상태였다. 소규모 경지나 토지구획체계 등도 없던 시기라 할 수 있다. 검찰일기에 나타나는 '결막', '초막'이라는 용어로 유추해보건대 당시에는 울타리가 쳐진 집이라 보기에는 어렵고 이 집들이 작은 마을단위를 형성하여 공동토지나 삼림을 소유하면서 개인 가족경제를 수행하던 것도 아니었다. 집에 소나 가

금류 등을 돌보던 전통 농촌공동체의 모습을 찾아보기는 어렵다. 이
는 거주자들의 비정착 농경생활과 일정한 기간을 거주한 뒤 육지로
돌아가는 거주방식에 기인되었다. 사람들의 노동력을 근간으로 한 농
경생활이 어떻게 이루었는지를 알 수가 없다.

당시 조선 왕조가 울릉도에 시행하던 수토정책으로 인해 이곳에
입도한 내륙인들이 정착 촌락을 이루기에는 힘들었을 것으로 생각된
다. 2년마다 수토관을 파악하여 거주하던 이를 육지로 쇄환함에 따라
촌락사회를 이룰 수 있는 경제적, 인구학적, 사회적 기반을 상실하였
다. 특이한 것은 전라도 사람들이 배를 짓고 있었다는 사실이다. 배를
건조하면 헌 배를 버리고 새롭게 건조한 배를 타고 다시 귀환하였던
것이다.

울릉도에서 생계경제가 이루어지기 시작한 것은 개척령이 시행된
이듬해로서 육지에 거주하던 이들이 나리분지에 이주하고 나서부터
이다. 이때 울릉도민의 생활에는 한반도 주민이 육지에서 행하던 농
업경작방식이 그대로 적용되었다. 경상도, 전라도, 강원도에서 이주한
이들은 보리와 콩, 옥수수, 감자 등을 경작하면서 필요한 약간의 생필
품을 외부로부터 구하였다. 그들은 화전을 일구어서 밭작물을 경작하
였다. "수풀이 우거져서 곡식을 경작할 곳이 마땅찮아 굵은 나무를
도끼로 잘라 넘겼다"는 주민들의 전언으로 보아 개척령 이후 화전을
하기 위해 나무와 숲을 제거하는데 매우 힘든 노동을 투여하였던 것
으로 추정된다. 주민들은 화전을 함으로써 경작지를 확대하면서 지리
적 이동이 일어나기도 하였다.

개척초기의 경작물은 주로 감자, 보리, 옥수수가 주종을 이루었다.
경사면을 농경지로 사용하기 위해 정리작업을 한 다음에 감자 → 보
리 → 옥수수 → 휴경 → 감자 → 보리 → 옥수수 → 휴경에 이르는 경지
이용방식을 채택하였다. 봄에 감자를 밭에 심고 가을에 이것을 수확

한 다음에 보리를 재배하였다. 이듬해 봄이 되면 보리를 수확하고 이어서 옥수수를 재배하여 가을에 수확하였다. 옥수수를 수확한 밭은 이듬해 봄에 감자를 심을 때까지 농작물을 재배하지 않고 겨울을 넘겨 지력을 회복하는 경영방식으로 농사를 지었다. 대부분의 농가에서는 소유한 밭을 둘로 구분하여 한쪽 밭에는 감자를, 다른 밭에는 보리를 재배하였다. 따라서 농가마다 감자 → 보리 → 옥수수 → 휴경 → 감자 → 보리 → 옥수수 → 휴경으로 이어지는 전작 생산체계와 보리 → 옥수수 → 휴경 → 감자 → 보리 → 옥수수 → 휴경 → 감자로 이행되는 2년 3작형의 작부체계가 시차를 달리하면서 운영되고 있었다(이창언, 2006a: 193-194).

이 시기에 있어서 취락의 형태는 집촌集村이라기보다 산촌散村인 경우가 대부분이었다. 개척령 당시의 마을형태에 대해 "10리 가다, 5리 가다 집들이 있었다"라는 입도민들의 말이 전해오는 것을 보면 산촌散村의 형태를 띠고 있었던 것으로 보인다. 개척령 이후 울릉도 사람들도 고지대의 삼림을 화전으로 바꾸어 경작하기 시작하였다. 급격한 경사를 이루기 때문에 양을 기르거나 다른 가축을 방목한다는 것은 불가능하였다.

1886년경에 입도한 이들은 당시 행정구역상 경남 울산과 경북 일대, 강원도 울진방면에서 옥수수와 감자를 도입하여 재배하였다(울릉군, 1989: 168). 그들이 경작한 그 밖의 농작물은 콩, 조 등이다. 태하리의 한 자료제보자는 "나의 조부가 나선을 타고 태하에 도착한 다음 보리농사를 지었으며, 봄에 누에고치를 키워서 도동에 가서 팔았다"(이○○씨, 남 81세)고 하였다. 이들의 얘기를 고려해보면 좁은 농지와 낮은 농업생산성, 한정된 농작물 종류 등으로 인해 그들이 생존하는 데에 매우 힘든 상황이었다고 할 수 있다. 일반 농촌사회에서와 같이 농번기 때 공동노동력을 교환하던 조직은 미발전된 상태에 있었던 것

으로 여겨진다. 다만 이웃, 소규모 마을사회는 어려운 일이 있을 때 의무적인 협동관계를 유지하면서 생활을 유지하던 사회단위였다. 마을사람들은 호혜적 관계를 유지하였다. 특히 해안지대의 마을에서는 해조류를 채취하는 데에 있어서 공동생산과 소비를 행하였다. 농업경작에 있어서 가족은 노동력을 동원하는데 중요한 단위가 되었다. 그들은 전통적인 농기구인 쟁기, 괭이, 삽, 쇠스랑, 호미 등을 사용하여 농사를 지었다. 약간의 축우를 이용한 경작이 이루어지기도 하였다.

당시에 주민들은 쌀과 보리 등의 식량을 자급자족할 정도로 풍부하게 생산하지 못하여 기근을 면치 못하였다. 이를 해결하기 위해 1890년, 1892년, 정부에서는 두 차례 구휼미를 주민들에게 제공한 바 있으나 제대로 공급되지 못하였다(울릉군, 1989: 168). 주민들은 명이(산마늘)와 깍새로 연명을 하였다. 명이는 나물의 일종으로 이것을 캐어서 삶아 먹거나 김치를 담아서 먹기도 하는데 마늘 냄새가 좀 난다. 이것은 외지인들에게 '울릉도 나물'로 알려져 있다. 주민들은 개척당시 식량이 부족하여 깍새를 잡아먹었다. 어두운 밤에 장작을 해다가 불을 놓으면 이 깍새들이 불에 뛰어 들게 되고 사람들이 몽둥이로 후려쳐서 잡았다. 많이 잡으면 소금을 쳐서 두었다가 양식으로 저장하기도 하였다(울릉문화원, 1999: 128-129). 그리하여 명이와 깍새가 울릉도 주민들의 생명을 이어가는 중요한 구휼음식이 되었음은 오늘날 그들의 얘기 속에서도 나타나고 있다.

(2) 일제 강점기

일제 식민지경제체계에 종속된 울릉도 사람들의 경제는 군량미의 공출로 인해 매우 힘든 상황에 이르게 되었다. 특히 그들은 태평양전쟁 당시 명이, 쑥, 칡 등을 먹고 생명을 이어가는 아주 힘든 상황에 처하기도 하였다. 비록 전작과 양축, 양잠이 농업경영의 3대 지주가

되었지만(서찬기, 1977: 17) 제한된 농작물의 생산량에다 서조鼠蚤의 피해, 그리고 울릉도에 적합한 농작물 재배법과 판로 부재, 육지와의 활발하지 못한 교역, 식민지 지배계급의 경제수탈 등과 같은 미시적, 거시적 차원의 정치, 경제적 문제로 인해 주민들의 삶은 빈곤한 상태로 지속되었다.

무엇보다 정기시장이 없었기 때문에 농산물과 해산물의 유통이 매우 제한적이었고 이것의 판매를 통해 재화를 축적하는 일은 힘들었다. 울릉도 사람들은 채소를, 일본인들은 고기와 쌀을 마을 내에서 서로 교환하기도 하였다. 당시에는 상호 균등한 호혜관계에서 이루어지기보다 정치적 위계로 인해 불평등한 교환이 이루어졌을 것으로 여겨진다. 농산물을 전쟁물자화 하기 위해 일본인들이 식량을 수탈함으로써 주민들의 삶은 더욱 힘들었다.

그러나 이러한 경제적 어려움이 그들의 교역권역을 단순히 울릉도 자체에 한정시킨 것은 아니었다. 1922년, 주민들은 쥐의 피해가 비교적 적은 콩을 육지로 약 6,000근 정도 수출하였고, 후박 5,000근을 대구 약령시에 판매하였다는 사실이 이를 나타내준다(울릉군, 1989: 169-171). 콩과 일부 약재는 울릉도를 벗어난 더 넓은 사회와의 교역대상으로서 역할을 하였다. 시모노세끼 → 부산 → 울릉도를 잇는 화객선이 있어서 울릉도에 소금을 공급하였다는 주민들의 얘기를 빌어보면 일제시대의 울릉도의 교역품은 육지와 일본까지 연결되고 있었다.

그럼에도 불구하고 주의 깊게 생각해 보아야 할 점은 이러한 교역이 울릉도민의 주체적인 경제활동을 통해 이루어진 상품경제의 한 양상으로 파악해서는 안 된다는 것이다. 당시의 경제체제는 식민지경제의 잉여생산을 목적으로 하는 것이어서 주민 자신의 경제적 이윤을 추구하기에는 매우 어려운 사정이라 할 수 있다. 그리하여 일제시대 울릉도의 경제는 수탈과 미발전된 농작물 개량법, 식민경제체계 하의

저급한 농업생산을 근간으로 한 생계경제와 식민지상품경제체계가 공존하는 모습을 띠고 있었다 하겠다.

그 밖의 식민지체제를 유지하기 위한 경제적 이윤의 극대화 전략은 자연유산의 점유와 파괴를 해야 하는 생업과 긴밀하게 관련되고 있었다. 일본인들이 울릉도의 나무를 남벌함에 따라 울릉도의 울창한 삼림은 점차 사라지게 되었다. 그들은 벌목을 위해 오랫동안 울릉도에 머물면서 좋은 나무를 남벌하였다. 울릉도 지명에는 일인들을 위해 나무를 많이 베어 나르던 곳으로 '지겟골'로 불렸던 곳이 있다. 일본으로 나무를 실어가기 위한 배에다 지게로 이것을 나르면서 붙여진 지명이다. 주민들의 얘기에 의하면 지게로 나무를 나르는 일은 일 년 내내 이어졌다 한다.

(3) 해방 이후부터 현재까지

해방 이후 농업생산성이 저하하고 생계유지가 어려운 주민들은 해안으로 내려와서 생활하는 이들이 늘게 되었다. 주민들의 생업도 점차 어업으로 전환하는 일들이 늘기 시작하였다. 이로 인해 촌락은 주로 남면, 서면의 해안가를 중심으로 집중적으로 형성되면서 산간촌도 점차 줄어들었다.

가족은 여전히 농업생산을 지향하는 기본된 사회조직으로서 그 구성원들이 생산과 소비를 담당하는 단위가 되었다. 농업경영의 다양성과 생산조직의 분화가 구체적으로 이루어진 것은 아니었다. 옥수수나 감자를 재배할 때 마을주민들 5~6명이 품앗이를 하여 농업노동력을 교환하였다. 옥수수와 감자는 음력 3월에 파종하여 8월에 수확하였다. 7월은 보리농사를 끝맺는 시기이다. 겨울에는 주로 누에를 치고 새끼를 꼬아서 멍석을 만들었다.

1960년대에는 농가의 부업으로 마을을, 그리고 일부 농가에서는 천

궁, 당귀 등과 같은 약초를 재배하기 시작하였다. 그러나 높은 수입을 올린 것은 아니었다. 각 집들은 생계를 유지하기 위해 옥수수로 밥을 해먹고 살았다. 감이나 사과 등과 같은 과수는 토양으로 인해 재배가 어려웠다. 고지대 주민과 저지대 주민들 사이에는 보리나 옥수수 등과 같은 농산물이 해산물과 교환되기도 하였다. 벼는 1970년대 후반까지 생산되었으나 전호, 취나물, 천궁 등과 같은 작물의 재배가 증가하면서 거의 중단되었다. 이 시기 이후 주민들 중에는 어업으로 생업을 전환하는 이들이 늘어나고 육지의 공단 등으로 진출하면서 군인구도 줄어들기 시작하였다.

1970년대 울릉도에서는 다각형 산간전작농업多角形 山間田作農業이 행해졌다. 그 작부체계를 보면 봄감자와 옥수수 및 대두의 3혼작 방식으로서 전통적인 자급적 일반 전작농업방식이다. 그 외 보리를 수확한 뒤 콩과 옥수수를 혼작하는 1년 2작형이 있었다. 이에 대해 반상업적半商業的 농업으로서는 상품작물인 마늘을 거둔 후에 자급용의 콩과 옥수수를 혼작하는 1년 2작형과 상품작물인 채류와 자급용의 감자를 결합한 1년 2작형이 있었다(서찬기, 1977: 18). 농작물 경작에 있어서 특징적인 점은 1970년 중반 이후부터 벼 생산이 노동력 부족, 수익성 저하 등으로 생산량이 떨어지기 시작한 반면에 1975년 이후 채소경작 면적이 확대되고 있다는 것이다. 당시 전 작물식부 면적의 1/3은 옥수수이고, 그 다음이 감자, 보리였다.

그러나 이러한 작물의 식부면적 외에 배추, 고추, 마늘의 재배면적은 1960년대에 비해 각기 218%, 213%, 569% 증가했다. 이것은 주민들이 환금작물을 중심으로 한 농업경영의 다각화 현상 가운데 하나로 상업적 원예농업으로 지향 발전하고 있음을 의미한다(서찬기, 1977: 18). 1970년대 중반 울릉도 농촌에서는 마늘, 부지깽이 등을 재배하는 농가가 늘어나기 시작한 것이 그 예이다. 주민들은 이러한 나물을 재배

하여 돈을 벌고자 하였다. 산지는 나물경작지로서 변화되기 시작하였다. 높은 지대의 산간촌 주민들은 채소를 재배함으로써 부를 창출할 수 있다고 생각하였다.

이 시기만 하더라도 지형상의 특징으로 인해 모든 농가마다 기계화를 할 수 있는 상황은 아니었다. 산지에서 농작물을 경작하는데 가장 필요한 것은 인력과 축력, 간단한 농기구, 지력이었다. 아주 경사진 지형으로 인해 육지의 농촌과 같이 그 이용도가 높은 것은 아니었다. 산간촌 주민들은 전통적인 농기구로서 '홀찡이(쟁기의 일종)', '소랭이(일종의 쇠스랑)', 괭이, 호미와 같은 것을 사용하였다. 홀찡이는 쟁기와 같은 모양을 하고 있으나 육지의 것보다 날이 얇다. 이것으로 평평한 땅바닥에서는 땅을 두 번 가나, 경사진 데에는 흙이 무너지지 않게 하기 위해 한 번 정도 갈았다. 소랭이는 흙을 파쇄하고 뒤엎는 도구였다. 육지의 쇠스랑과 비슷하다. 호미는 그 목이 길고 굽게 되어 있어서 흙을 많이 얹고 당길 수 있게 고안되어 있었다. 산지에서 나물농사를 지을 때 가장 편리한 도구 중에 하나가 호미이다. 주민들은 운반용구로서 지게를 사용한다. 1970년대 경운기 등의 농기계화가 울릉도 주민의 쌀이나 기타 경작물에 괄목할만한 증대를 가져다주지 못하였다.

산간촌 주민들에게는 농작물을 경작하는데 적합한 흙을 구분하는 나름대로의 방식이 있었다. 흙이 검고 단단한 땅에는 농사가 잘되며 누르고 붉은색을 띤 땅은 '재땅'이라 하는데 퇴비를 사용하여 나물을 재배하는데 적합하다고 한다. 밀가루를 묻혀서 말린 것처럼 매끈매끈하고 진기가 없는 흙을 '깍새질'이라 부르며 잔돌이 섞여 있어서 농사가 잘 안 되는 땅은 자갈땅, 모래가 대부분인 흙은 사질토, 붉은색을 띠는 땅은 '황토땅'이라 한다.

이후 1980년대 중반에 이르면서 당귀, 천궁 등의 약초가 농가의 수

익을 올리는데 기여하였다. 한 주민의 말에 의하면 평균 4,000~5,000 만 원 이상의 수익을 올리는 농가가 있었다고 한다. 농민들은 더 많은 수입을 얻기 위해 논을 대개 밭으로 전환하였다. 특히 취나물은 가장 각광 받는 소득작물이었다. 쌀, 보리 등을 경작하던 많은 이들이 약초 재배업이나 관광산업, 수산업에 종사함으로써 농업의 퇴행현상을 더욱 부추기게 되었다. 주로 취나물, 삼나물, 부지깽이 등의 재배와 오징어 판매를 통한 경제수입을 얻는데 한정함으로써 주민들 스스로 식량을 확보하는데 있어서 어려움을 겪고 있다. 더군다나 마을 자체의 인구감소로 인해 일당 3만 5천 원에서 4만 원 정도를 주고 농사를 지어야 하기 때문에 벼수확을 통한 식량생산은 어려운 지경에 처해 있다. 1980년대까지 식량작물로 논벼와 같은 미곡류와 보리, 밀 등이 생산되었으나, 1988년 이후로 생산이 거의 이루어지지 않고 있다. 옥수수, 조, 감자, 고구마 등의 생산도 거의 미미하다(울릉군, 2007: 421).

1882년부터 현재에 이르기까지 울릉도 경제체계를 개괄해보면 자급자족적 경제와 생계경제, 식민지 상품경제를 지나 오늘의 후기 산업사회의 경제체계를 맞고 있다고 할 수 있다. 무엇보다도 오늘날 주민들의 경제생활은 이윤추구를 주목적으로 하는 후기산업사회의 경제체계에 속해 있으면서도 가족의 식량생산과 가족원의 노동력에 대한 지체된 보상을 통해 삶을 영위하는 저발전된 상태가 지속되고 있다.

3) 인구변화

울릉도 인구는 육지 인구의 변화과정을 따르는 점이 있는가 하면 섬 자체의 특징적인 점이 있다. 조선왕조 말기에는 인구의 자연증가율과 사망률을 비교할 수 있는 자료가 없어 알 수 없지만 정부의 수토정책으로 인해 섬 자체의 정상적인 인구성장이 이루어지지 않았던

것으로 생각된다. 이규원 검찰사가 섬에 들렀을 1882년 4월 당시의 인구를 보면 결막한 주민수가 한국인 141명, 일본인 78명으로 합계 219명이었다(울릉군, 2007: 1105). 이들은 채약採藥, 예죽刈竹, 벌목조선伐木造船, 채곽採藿, 채어採魚 하는 이들이었다.

개척령이 선포되고 난 이듬해인 1883년 4월에 약 30명이 내륙에서 입거하고, 뒤를 이어 20명이 입거하였다. 두 차례에 걸쳐 입거한 숫자는 16호 54명이었다. 이들은 대황토포(태하, 16명), 곡포(남양, 5명), 추봉(송곳산, 8명), 현포동(현포, 25명) 등에 흩어져 터전을 잡고 개간과 영농에 종사하였다(송병기, 2007: 152-153).

이러한 사료들은 19세기 말엽 울릉도의 인구가 어떠하였는지를 짐작하게 한다. 그런데 언급한 자료가 정확하게 울릉도 인구수를 나타내준 것으로는 생각되지 않는다. 수토관이 2년에 한 번씩 울릉도에 오던 때를 피해 이곳에서 살았던 이들은 이 자료에서 나타나지 않고 있다. 자료제보자들은 개척령이 시행되기 전부터 살았던 이들의 후손들이 울릉도에 있다고 하였다. 태하리의 경우만 하더라도 구한말 이전에 16호가 살고 있었다(박성용, 2003: 395-396). 이러한 점을 감안하면 공식적인 국가 자료에서 제시한 인구기록과 실제 거주한 이들의 수에 어느 정도 차이가 날 수 있다고 할 수 있다.

특히 일제시대인 1922년에는 총 호수가 2,051호, 인구수 8,101명(한국인 호수 1,870호, 한국인 7,510명, 일본인 180호, 588명, 중국인 1호, 3명)이었다. 1940년대 중반 이후 점차 어업에 종사하는 이들이 늘어나면서 인구증가도 이루어지게 되었다. 1945년도의 거주 호수와 총인구를 보면 2,276호에 13,944명이던 것이 1949년에 2,514호, 14,715명이었다. 1956년에는 총 호수 3,582호, 21,696명이었다. 1960년에 이르면서 섬 호수와 인구는 지속적으로 증가하여 3,021호, 인구수 17,932명(남 9,093명, 여 8,839명)으로 점차 증가하였다(울릉군, 1998: 81-82).

1970년에는 4,243호의 23,248명, 1979년에 4,426호, 19,386명으로 호수와 인구수가 약간 감소하였다. 이것은 어업 등으로 인해 계절별 단독 세대의 이주노동자들은 증가하였으나 주민들 중에는 가족 전체가 이촌향도離村向都 하는 이들이 증가하면서 야기된 현상이라 할 수 있다. 이러한 감소 추세에서 찾아볼 수 있는 특징은 1975년까지 완만한 인구증가를 보이다가 이 시기 이후부터 점차 감소추세를 보이고 있다는 것이다. 이것은 국가에서 시행한 가족계획의 영향으로 자연증가율이 감소되었을 뿐만 아니라 주민들의 척박한 경제생활이 도시로 이주를 부추기는데 한 몫을 하였을 것으로 생각된다. 이 당시의 주민들은 주로 해안가인 도동과 저동, 그리고 남양, 천부 1리 등을 중심으로 거주하였다. 이는 그나마 울릉도에서 편리한 생활과 경제적 수준이 비교적 높은 읍과 면 소재지에 대한 주민들의 선호의식에서 비롯된 것이라 할 수 있다.

1985년에 이르면 총 4,716호에 인구 수 8,924명으로 점차 감소 추세를 보이다가 1990년 초부터 말기에 이르기까지 다른 한국의 촌락사회와 마찬가지로 울릉도 농촌사회에도 주민들이 도시로 이주함에 따라 인구가 감소하는 현상이 발생하였다. 1990년에 4,418세대 총인구 16,172명(남 8,427명, 여 7,745명)이던 것이 1998년에는 3,948세대, 10,730명(남 5,541명, 여 5,189명) 감소하였다.

다음은 울릉도 주민의 경제구조를 파악하기 위한 한 사례이다. 1998년 서면의 농어업 가구별 속성을 보면 서면 전체 170가구 중 27가구는 경작지를 소유하고 있었으며 143가구는 농지를 전혀 소유하지 않았다. 이들 가구 중 가구 소득의 전부나 일부를 농어업 부문에서 획득하는 농어가는 82호이고 그 나머지는 모두 비농어가였다. 농어가 82호 가운데 가구소득의 전부를 자신의 농업 소득이나 수산업과 관련된 오징어 건조작업을 통한 수입에 의존하는 전업농어가가

25호이고, 가구소득의 일부나 또는 대부분을 농어업소득에 의존하는 겸업농어가는 57호이다. 이들 겸업농어가의 겸업 내용을 보면 대부분 가구주나 또는 가구주의 부인이 오징어 성수기에 오징어의 가공·건조와 관련된 단순노동에 종사하고 있었다(조강희·조승연, 1998: 307).

이러한 사실은 울릉도 주민들의 취약한 경제적 기반을 나타내준 것이다. 이와 더불어서 낙후된 의료시설과 기술, 자녀교육문제, 태풍 등의 심각한 자연재해 등은 육지로 이주하는 이들을 더욱 증가하게 하였다. 2005년도의 총 세대 수와 인구수를 보면 4,078세대, 9,588명(남 4,990, 여 4,548명)이다. 1998년에 비해 세대 수는 증가하나 인구수는 감소하였다. 이것은 태풍 피해로 인해 파괴된 도로 복구와 항만공사 등으로 인해 이주한 노동자들로 인해 통계상 그 세대 수가 증가됨에 따라 나타난 양상이다. 현재에도 주민들이 포항, 대구, 서울 등의 대도시로 이주하는 추세는 갈수록 늘어나고 있다.

2. 가족의 구조화과정과 적응전략
-태하리의 사례-

1) 가족구조와 국가경제의 변화

울릉도는 동해 한 가운데 있는 폐쇄적인 섬이 아니라 이보다 더 큰 사회·경제체계에 영향을 받으면서 역동적인 변화를 경험하고 있는 섬이라는 점을 간과해서는 안 된다. 울릉도의 가족구성도 어업을 기반으로 한 어촌사회의 자연환경·경제적 기반과 긴밀한 관련을 갖는 동시에 거시적인 국가경제의 변화에 영향을 받는다.

현재 울릉도의 어업은 외국 수산물의 국내 수입량 증가, 한·일 어업협정에 따른 어장 축소, 해수오염에 따른 어획고 감소 등에 따라 "수산업부문의 저발전이 심화"(전경수, 1992) 되면서 소어가는 생계 위기를 맞고 있다. 또한 육지로의 인구이동이 심하게 일어남에 따라 어업인구가 감소하게 되었고, 그럼으로써 기존의 어업생산조직이 해체되면서 어민들은 생계유지를 위해 가족규모를 축소하지 않을 수 없는 상황에 이르게 되었다.

이러한 점을 감안하면 주민의 인구구성, 가족구성형태, 혼인연대 등은 급격하게 변동하는 외부사회에 영향을 받을 뿐만 아니라 해양생태계와 관련된 주민의 규범과 행동, 적응전략이 복합되어 있다고 할 수 있다. 그리하여 필자는 태하리의 가족구성과 해양생태계에 대한 내적 적응과정과 전략, 그리고 개방경제체계 하에서 소어가 경제가 점진적으로 약화되는 과정을 복합다층적으로 관련시켜 논의하려 한다. 언급한 문제의식에 따라 태하리 가족의 실상을 거시적인 국가경제사의 추동력과 어촌사회보다 더 큰 사회의 지배적 영향과 가치관,

규칙, 그리고 자연환경에 대한 주민의 적응과정에 나타난 상이성을 부각시키려고 한다.

이러한 점과 더불어서 울릉도민의 가족구성은 어촌 주민의 가난한 경제생활의 한 단면을 반영하고 있으며 구성원들 간에 가난을 분할하고 이에 적응하는 과정의 산물이기도 하다. 따라서 이 연구는 태하리 주민의 가족구성과 적응전략을 이해하기 위해 "환경에 반응하거나 환경을 변화시킬 수 있고 이를 발전, 수정할 수 있는 행동(Boss & Doherty et al, 1993: 406)"의 차원에서 민족지적 자료를 분석하고 이와 더불어서 위기에 처한 각 가족구성원이 삶을 영위해 가는 실천방식을 포괄적으로 이해한다. 그 주된 연구내용은 다음과 같다.

첫째, 개척령 이후 전국에서 입도한 이들의 구술사를 통해 마을의 사회사와 가족사를 재구성하고 시대별 그 적응과정을 이해한다.

둘째, 조사지 어민의 가족구성이 어떻게 생태적 환경에 적응하여 왔는지를 살펴본다.

셋째, 가족구성형태와 어업이 갖는 특성을 관련지어 가족집단이 사회 · 경제적 변동에 어떻게 반응하는지를 고찰한다.

넷째, 가족의 구성원의 혼인관계망과 사회적 재생산의 전략을 파악하고자 한다.

2) 조사지의 인문 · 지리적 배경

울릉도의 지형은 대부분 30도 이상 경사져 있으며 60도 이상 되는 산도 있다. 또한 이곳의 중앙부에는 984m나 되는 성인봉을 중심으로 500~900m 안팎의 봉우리들이 솟아있고 북쪽으로 분지가 형성되어 있다. 섬의 대부분 지역이 급격한 경사와 기복을 이루는 조면암과 응회암으로 이루어진 절벽으로 이루어져 있고 바닷가에 사람들이 거주

하는 지역을 제외하고는 삼림으로 덮여있다. 그런가하면 이러한 섬의 지형적 특징으로 인해 내부 지역은 고지대에다 기복현상이 심하여 교통로가 개통되지 않은 곳도 있고 교통망도 도동을 중심으로 이루어져 있을 뿐이다. 그리하여 자동차로 이동하기에 매우 불편하다. 과거에 이곳의 주민들은 먹을 것이 없어서 미역·부지깽이·고사리·고비·삼나물 등을 뜯으러 태하에서 도동까지 약 20km를 걸어갔었다 한다. 1998년 조사를 할 때만 하더라도 태하리는 울릉도에서 가장 서쪽에 위치한 오지여서 일주도로가 나지 않아 여름에는 차편으로 도동에서 남양, 그리고 태하령을 경유해서 승용차로 갈 수 있으나 지형이 험준하여 곳곳에 잠시 머문 다음에 나아갈 수 있었다. 당시에 겨울에 눈이 약간이라도 내리면 남양에서 태하까지 승용차로는 다닐 수 없었다. 도동에 있는 울릉중학교, 우산중학교 등에 다니던 학생은 태하로 가는 배가 없으면 4시간 정도 걸어서 오기도 하였다. 주민들은 학생들이 간혹 탈진하여 쓰러지는 경우도 있었다 한다. 전 연안의 해저면이 급경사를 이루고 있으며, 일부 지역은 표토에서 50~60도의 가까운 절벽인 곳도 있다. 해안으로부터 500~1,000m 사이에 바다 수심이 1,000m 넘는 곳이 있다. 이러한 해저지형의 특징과 더불어서 한류와 난류가 교차하는 전선을 형성하고 있기 때문에 어족자원이 다양한 곳이다.

어촌들은 울릉도 해안과 가까운 저지대에 형성되어 있다. 1998년 12월 31일 현재, 울릉도 총 어가 수는 1,039호, 전업 872호, 겸업 167호이다. 총 어민 수는 2,785명으로 남자 1,434명, 여자 1,351명으로 호당 평균 2.7명이다(울릉군, 1999: 88-89). 태하리에서 어업에 종사하는 이들은 거주이동이 별로 심하지 않는 반면에, 이곳에서 특별한 직업을 구하지 못한 이들은 대도시에 노동자 생활을 하기 위해 전출하는 경우가 많다. 특히 교육상 대도시로 이동한 이들이 많은 곳이기도 하다.

현재 대도시의 중·고등학교, 대학교에 가서 수학하고 있는 학생 수
는 64명이나 된다. 이들이 거주하는 지역과 학생 수를 보면 포항 16
명, 대구 14명, 경산 11명, 부산 5명, 경주 4명, 서울 2명, 대전 2명,
울산 2명, 마산 1명, 창원 1명, 영주 1명, 왜관 1명, 구미 1명, 기타 1
명이다. 포항에 주로 많이 거주하는 이유는 배편을 이용해서 가장 빨
리 갈 수 있는 곳이고, 이미 윗대부터 포항에 거주하는 친척들이 있
었기 때문이다. 대구와 경산에 학생들이 많이 진출하는 것은 학군과
대학이 많이 있는 곳을 택하다 보니 그렇게 되었다.

특이한 점은 부모세대와 자식세대의 교육정도가 많은 차이를 보이
고 있다는 점이다. 주민들이 자식에게 높은 교육을 시키는 것은 높은
교육이 지위를 상승시킬 수 있는 사회적 재생산의 전략으로서 역할을
할 수 있기 때문이다. 주민들은 자식들이 도시에 살면서 더 많은 공부
를 하여 사회·경제적 지위를 획득하기를 바라고 있다. 젊은이들이 대
도시로 이주하다보니 대개 20대에서 60대까지 어업에 종사하던 연령
층이 점차 감소하게 되어 어로작업에 참여하는 이도 노령화되고 있다.

3) 이주민의 정착과정과 사회·경제생활

(1) 개척령 이전 선주민의 사회·경제생활

구술사를 통해 자료제보자의 가계와 정착과정을 관련짓는 작업은
이주과정에 나타난 가족구성형태와 사회관계의 변화과정, 그리고 섬
의 환경적·사회적·경제적 변동과의 포괄적 관련성을 이해하는데
필요하다. 무엇보다 이주민들이 울릉도에 정착하면서 뿌리를 내리게
된 역사적 과정은 울릉도를 고립된 바다 속의 화산도로만 이해할 것
이 아니라 거시적인 국가정책과 경제변동 과정 및 해양환경의 제어

요소가 작용하여 형성한 결과라는 사실임을 주지할 필요가 있음을 시사한다.

이주민들이 울릉도에 정착하는 과정은 크게 개척령 이전과 이후, 현대로 구분해 볼 수 있다. 개척령 이전의 울릉도에 관해 언급한 이규원의 '鬱陵島 檢察日記(1882)'를 보면 "4월 30일 소황토구미에서 영주인의 영접을 받으면서 전라인 船幕에 유숙한 후 다음날 산신당에 기도를 드린다"라는 기록이 있다. 그리고 그는 "5월 2일에 全生員 瑞日(全錫奎)을 만나 담화한 후 山行周覽에 동행하기로 약속하고 登山喩嶺 하여 대황토구미에 이르니 路傍에 4방을 작은 돌로 괴고 넓은 돌을 덮어놓아 古人의 石葬이라 일컫는 것을 많이 발견하였으며, 포구에 이르니 평해의 破船船主 崔聖瑞가 인솔한 사람 13명이 結幕留接하는가 하면 경주인 7명은 結幕採藥하고 延日人 2명은 結幕하고 있다"고 기록하였다. 이러한 자료를 보아 큰황토구미와 작은 황토구미에는 개척령 이전에 이미 선주민先住民들이 거주하고 있었음을 알 수 있다. 아마도 이주한 이들은 난을 피하고 비결에 나타난 이상향을 찾아서 입도한 이들이거나 경제적으로 너무 가난하여 새로운 지역에 농사를 짓기 위해서 온 이들, 도피자들, 採藥하러 온 이들 등이었으리라 여겨진다.

그러나 이 당시에 태하에 정확하게 어느 정도의 선주민이 살았는지는 불분명하나 이규원의 천거로 모시조개에 살던 전석규가 초대 島首가 되었고 관아가 현재 태하의 '관사거리'로 불렸던 곳에 있었던 것으로 보아 구한말에 이미 몇 가구가 살고 있었던 것으로 추정할 수 있다. "해일로 인해 묻혀진 바닷가의 바위를 헤쳐 보면 개척령 이전에 이곳을 찾았던 사람들의 성명과 직책이 새겨져 있다(경상북도, 1968: 705)"는 기록으로 보아 1880년대 이전부터 이곳에 주민이 살았던 것으로 추정할 수 있다. 다음은 당시의 상황에 대해 한 자료제보자가

그의 할아버지로부터 들은 얘기를 필자가 다시 옮긴 것이다.

‖ 사례 1 ‖

　개척령 이전에 본토의 죽변과 삼척에서 가장 가깝고 오가기 쉬워서 이곳 사람들은 바람을 이용한 범선을 타고 울릉도에 왔었다. 처음 몇몇 집은 북면 백운동(600m)과 같이 높은 곳에서 숨어서 화전을 일구면서 살았는데 대부분의 조선사람들은 바닷가 가까이에서 살지 않았다. 집들은 높은 산지에 흩어진 채로 있다가 구한말 전에 천부로 옮겨 왔었다. 당시 태하에는 약 16호 53명이 살았다(이○○씨, 태하초등학교장, 64세).

구한말 이전에 16호가 있었다는 자료제보자 부친의 구승口承과 증언이 어느 정도 정확한지는 헤아릴 수 없지만 1938년에는 12호로 이씨, 서씨, 송씨, 김씨, 조씨 등이고 이들은 의흥, 강릉, 울산, 의성, 경주, 언양 등지에서 입도하였다는 한 향토사 자료(문보근, 1981: 102)와 비교해보면 비록 거주한 호수가 차이가 나지만 약 10여 호 이상 거주하였던 것으로 추정할 수 있다. 이들의 출신은 앞의 지역 외에 울진, 장기, 경산, 청도, 영천, 밀양 등지에서 입도한 이들도 있었다(경상북도, 1968: 705).

그런데 한 가지 짚고 넘어가야 할 사실은 언급한 바와 같이 당시의 주민들이 바닷가 저지대에서 지금과 같이 살았다고 생각해서는 안 된다는 점이다. 울릉도 사람들이 말하는 바이지만 개척령 이전의 선주민들은 저지대에 사는 경우가 간혹 있었으나 600m나 되는 산지(예: 석문동)에서 화전을 일구거나 과일·산채·칡뿌리·깍새 등을 식량 대용으로 사용하면서 살았다. 이러한 생업환경의 영향으로 인해 울릉도 주민의 주 거주지는 높은 산지였다. 농민들이 어업에 주로 종사하기 시작한 것은 일제시대에 일본인의 영향을 받아 낮은 해안지대에 거주하면서부터였다 할 수 있다.

(2) 개척령 이후 주민의 사회 · 경제생활

개척령 이후 경상도, 강원도, 전라도, 강원도, 충청도 등지의 사람들이 나리분지와 인근 구릉지대에 집단으로 거주하기 시작하였다. 이들은 육지에서 식량생산을 위해 적용하던 농업경작방식을 통해 밀, 옥수수, 감자 등을 경작하거나 산지에 나는 '명이'를 채취하여 생계를 유지하였다. 이때 농업생산의 단위는 가족단위가 중심이 되었다. 비록 마을을 이루기는 하였으나 삼림, 공동어장, 동산洞山과 같은 공동재산도, 마을 간에 경제교환조직으로서 정기시장도 없었다. 이주민들이 농업생산을 통한 경제적 이윤을 추구하는 일은 거의 불가능하였고, 가족을 위한 식량생산을 위해 의무화된 무상의 노동을 하던 전자본제적 사회였다. 급격한 경사로 이루어진 절벽과 성인봉을 중심으로 형성된 산지로 인해 나리분지와 해안에 약간의 논과 밭을 경작할 수 있는 공간을 제외하고 경작지대는 거의 없어서 주민들은 산에다 화전을 경작하였다.

그 후 일제시대에는 농업에 종사하는 이들이 일본인들에게 어로기술을 습득하여 일본식 소규모 어선을 제조하거나 어로 작업에 참여하여 오징어를 잡는 이들이 조금씩 생기게 되었다. 그러나 대부분의 주민들은 전통적 경제체계를 근간으로 하는 농업에 종사하였다. 이상에서 언급한 섬 주민의 입도과정에서 정착하기까지의 과정과 새로운 사회 · 경제환경에 대해 적응하는 과정을 다음 사례를 통해 살펴보고자 한다.

‖ 사례 2 ‖

울릉도에 입도한 나의 선조는 증조부이다. 그는 울산에서 이곳으로 입도하였다. 입도 당시에 증조부모와 장남, 차남, 장녀, 큰며느리, 손자, 손녀 8명이 태하등대가 있는 산비탈, 즉 향목(향나무 군락지 근처)에 처음 정착을 하였다. 입도 시기는 1913년경으로 추정한다. 작은 아버지(이○관씨, 85세)께서는 입도한

해를 1914년이라고 한다. 이○관씨의 생년월일은 1916년인데 향목에서 태어났다. 그리고 또 한 분의 작은 아버지이신 이○룡(1918년생, 83세)씨도 이곳에서 태어났으며, 이○관씨의 고모도 여기에서 결혼하였다. 증조부모가 살아계셔서 모두 9명의 식구가 한 곳에서 생활하였다. 향목에서는 8~9년 정도 옥수수·감자농사를 지으면서 생활하였으나 물이 부족하여 농사를 짓기 못하자 식량을 자급자족하기 어려워 1923년에 지통골로 이주하였다. 이때 큰아버지(이○이)가 대구에 나가 살게 됨에 따라 작은 아버지인 이○관씨가 부친인 이○락씨를 모시고 이곳에서 67년 동안 거주하였다. 셋째 작은 아버지인 이○룡씨는 1940년에 혼인을 하고 1941년에 지통골 인근 골짜기로 분가하여 살았다. 이 당시만 하더라도 쌀이 없어서 명이와 옥수수를 넣어서 끓인 죽을 먹다보니 그 독성으로 인해 얼굴이 퉁퉁 붓기도 하였다. 작은 아버지 되는 이○룡씨는 1942~43년에 본동으로 이주하여 움막을 짓고 살았다.

해방이 된 이후부터 1960년까지 가족 모두가 농사를 지었다. 그러다가 사라호 태풍으로 농작물 피해를 입은 뒤 어업으로 완전히 전환하였다. 두 분의 작은 아버지(이○룡씨, 이○관씨)와 그리고 조카 되는 이○길, 이영○, 이홍○, 그리고 이○걸, 이청○ 등이 어업에 종사하게 되었다. 나의 부친도 농사를 짓다가 이때부터 어업에 종사하게 되었다. 60대 이상은 거의 대부분이 농업에 종사하던 이들이다. 40대 중반과 50대 중반의 주민들은 어업에 종사하였다. 학력은 초등학교 졸업이 대부분이며 15~18세 때부터 배를 탔다. 이때 배는 길이가 5~6m 되며 노를 짓는 '강고'라 불리는 배였다.

이○룡씨와 이○근씨가 가족 중 가장 먼저 배를 타고 어업에 종사하였다. 조카들도 어업에 종사하였다. 그들은 직업을 농업에서 어업으로 전환하였다. 나의 부친도 본동에 움막을 짓고 농업을 하다가 어업에 종사하기 시작하였다. 1985년에 증조부인 이○락씨(당시 95세)가 작고를 하여 묘소를 지통골에 썼다. 지통골에 계속 살다가 1990년에 가족 모두가 태하로 이주를 하였다.

당시에 3부자는 통통배를 타고 오징어를 잡았다. 1970년 이전에는 식량이 매우 귀하여 살기가 매우 어려웠다. 이 시기 이후부터 점차 나아지기 시작하였다. 노를 짓는 배에서 동력선으로 바뀌면서 생활이 조금씩 향상되기 시작하였다. 집안의 형제는 8남매인데 그중에 막내는 대구 중앙상고에 다녔다. 그는 대학에 진학하지 못하고 전투경찰로 근무를 하였다. 본인이 공부를 하게 되면 형제들이 장가를 가지 못하고 일을 해야 할 상황이므로 공부를 더 한다는 것은 엄두도 못내는 일이었다.

나에게는 또한 세분의 누님들이 계신다. 모두 도동, 천부, 남양 출신의 총각과 혼인하였다. 큰 형은 미혼이고 둘째 형은 황간, 셋째 형은 강원도, 본인은 도동 출신의 여성과 반 연애 반 중매로 혼인을 하였다. 울릉도 처녀들은 육지 총각을 선호하는데 그 이유는 울릉도에 사는 것이 불편하기 때문이다. 수입이 없어도 육지로 가려고 한다. 울릉읍의 직장 처녀들 가운데에는 노처녀들이 많다. 대개 공무원들끼리 혼인을 한다. 육지생활을 하던 사람은 어쩔

수 없이 살지 섬에 살려고 하지 않는다. 이곳 여자들은 공부를 아예 시키지 않았다(이○길씨, 42세, 남).

‖ 사례 3 ‖

나는 1926년생이고 본은 興陽이다. 조부께서 강원도 속초(분명치 않음)에서 배를 타고 친구분들과 함께 태하에 도착하셨는데 그때 부친의 나이는 7세였다. 당시에는 강원도와 전라도 출신들이 태하에 들어왔다. 조부는 강원도에서 농사를 지었기 때문에, 울릉도에 오셔서도 농사를 지으셨다. 봄에 누에를 많이 쳤고 누에고치를 도동에다 가져가서 팔았다. 당시에 부모님은 보리농사를 지으셨고, 소를 먹이셨다. 또한 태하에 일본인들이 있어서 함께 살았으나 골짜기에 큰물이 나면서 동네가 모두 떠내려갔기 때문에 일인들은 도동으로 모두 이주하였다. 이때 나의 나이는 6살(1932년)이었다. 당시에 일인들은 '기계배'를 가지고 있어서 이 배를 이용해 나무를 실어 나르면서 장사를 했다. 일인들이 도동에 살면서 태하의 나무가 좋다고 해서 이곳의 나무를 실어 갔었다.

나의 나이 9세(1935년) 때 일인이 학교에 다녀야 한다고 해서 태하에 있는 일본학교에 다녔다. 당시에 집안의 사정이 어려워서 학교를 갈 수 있는 입장이 못 되었다. 1~2학년 때에는 조선인 선생님이, 그리고 3~6학년까지는 일본인 선생님이 가르쳤다.

나의 형제는 누나 4명과 남동생 4명 등 모두 8남매였다. 누나들은 학교 다니면 일본인들이 군인들 밥해 주는데 데리고 간다고 해서 학교를 다니지 않았다. 남형제들은 학교에 다니면 훌륭한 사람이 된다고 해서 모두 학교를 다녔다. 형제들은 초등학교를 졸업한 후 태하에서 모두 농사를 지었다. 당시에 논 3마지기(1마지기=150평)와 밭 15마지기(강냉이와 감자)를 경작했다. 당시에 이 정도이면 부자에 속했다.

어머니께서는 내가 학교를 졸업할 무렵 40여 세의 일기로 돌아가셨다. 아버지께서는 여름철이면 조그마한 배로 오징어를 잡았으며, 우리들도 자라면서 오징어를 잡았다. 4~5월이면 이 배로 고등어를 잡기도 하였다. 초등학교를 졸업한 후 어머니가 돌아가셨기 때문에 상급학교로 진학하지 못하고, 소 먹이고 누에를 치고 오징어를 잡아 말려서 팔았다. 일본인들이 주로 오징어를 말렸다.

나의 큰 누님은 18세(1944년) 때 중매로 구암동 정씨댁으로 시집을 갔다. 매형은 안동농립학교를 졸업한 후 초등학교 교사를 하였으며, 그 후 부면장과 면장을 역임하셨다. 조카는 현재 구암동 어촌계장이다.

둘째 누님은 큰 누님이 혼인한 지 3~4년 뒤에 중매장이 소개로 북면 현포동에 사는 전주 이씨의 총각과 혼인을 하였다. 이 집은 오징어잡이와 농업에 종사하였다.

셋째 누님은 둘째 누님이 혼인한 해로부터 3~4년 뒤에 중매장이의 소개로 북면 신촌(평리)의 임씨 댁으로 시집을 갔다. 매형은 본토에서 학교를 다닌 후 일본까지 다녀왔으며, 부산에서 일본사람 밑으로 들어가서 일을 하여 돈을 잘 벌었다. 그래서 첩을 얻어서 살았는데 누님은 이를 모르고 살았다. 누님은 본래 재주가 뛰어났지만, 남편의 구박 때문에 혼자서 고생하면서 장사를 하여 근근이 살았다.

넷째 누님은 셋째 누님이 혼인한 뒤 3~4년이 지나서 남양에 사는 김씨 댁으로 시집을 갔다. 매형은 영덕농림학교를 졸업하였으며, 혼인할 당시에 면 서기였는데, 태하에 출장을 갔다가 누님을 만나서 혼인하였다. 나중에 매형(김○희씨)은 서면 면장을 역임하였다.

나는 어머니가 안 계셨기 때문에 누님이 시집을 모두 간 뒤 이른 나이인 17살에 결혼을 하였다. 아내는 도동에 거주하던 21세의 배씨였으며, 혼인한 후 남양동의 나발등으로 이사하였다.

그 후 감포로 집 전체가 이사를 하였다. 이곳에서는 잘 살았으나 전쟁이 일어나자 다시 충청도 괴산으로 이사하려고 하였다. 그러나 이사를 가다가 소개를 하였던 사람과 불화가 있어서 포항으로 다시 이삿짐을 옮겼다. 그 뒤 다시 감포에 재이주하여 건축업자(목수)가 되었다. 감포로 집을 옮기는 데에는 경북 군위군 부계면에 살던 종형의 권유가 도움이 되었다. 감포에서의 생활은 아주 좋았다.

그 당시 일본인은 내가 학교에 다녔다고 해서 목수일을 가르쳐 주었다. 일인에게 일을 배우기 시작한 지 3일 만에 자전거를 배우게 되었다. 당시에 자전거를 탄다는 것은 아주 특별한 경우였다.

그러나 목수일을 배우던 것을 1년 만에 그만 두었다. 동생들이 이곳의 생활이 울릉도보다 못하다고 해서 동생 3명과 함께 모두 울릉도로 돌아왔다. 당시에 셋째 동생이 울릉도에서 꽁치를 잡았다. 둘째 동생은 울릉도에서 머슴살이를 하였다. 그때 감포에 사시던 아버지께서도 다시 울릉도로 오셨고 자식들도 울릉도로 돌아왔다. 모든 식구들이 울릉도에 모여들자 친척들도 울릉도가 살기 좋다고 머물 것을 권유했다. 가족들이 울릉도에 정착하기로 결정한 후 누나와 매형이 살고 계시던 남양동 사발등으로 이사를 하였다.

나는 이곳에서 이미 배웠던 목수일을 다시 하였다. '강고'라 하는 노 젓는 오징어 배 만들기를 3년 동안 하다가 수입이 시원찮아서 그만 두었다. 그래서 장사를 시작하기로 하고 현재 살고 있는 남양동의 집으로 이사하였다. 10년 간 잡화상을 하였다. 조(청조)를 사기 위해 제주도까지 갔었다. 이것을 팔아서 돈을 많이 벌었다. 이것을 밑천으로 하여 다시 본토를 다니면서 12년 정도 장사를 하였더니 부자가 되었다. 이후에 다시 오징어 장사를 시작하였다. 울릉도와 포항 간 정기 여객선인 청룡호가 다닐 때 본토로 다니면서 오징어 장사를 하였다. 이때 서울이나 강릉 등지로 다니면서 미역을 마늘과 교환하였다. 또한 전라도 광주와 고성 등지로 다니면서 오징어를 판매한 값으로 쌀을

사서 부산으로 가서 팔고 삼천포에서는 멸치를 구입해서 다른 지역에 판매하는 등 여러 곳을 다니면서 다양한 상품을 취급하였다. 이 시기에 돈을 제법 벌었다.

사업이 날로 번창하게 될 무렵인 1962년에 다시 독도에서 미역을 따서 판매하는 사업을 하기로 하였다. 배 4척을 빌리고 제주도 해녀를 13명이나 고용하였다. 그러나 이 사업에 손을 댄 후 큰 손해를 보았다. 손해액은 당시에 1,600만 원이나 되는 큰돈이었다.

손해를 본 다음에도 5월이 되면 독도에 가서 나는 작은 오징어를 잡기 위해 7t 정도 되는 배를 이용하였다. 당시에 일본 배들이 4~5월경에 독도에 와서 오징어를 잡아갔다. 독도 주변 수역에는 운해가 낄 때가 많았다. 당시에 우리는 독도라고 불렀지만, 일인들은 죽도라고 불렀다.

독도에서 일하기 시작할 때, 아내는 '물이 바짝 말라버린 샘'을 꿈꾸었다. 그래서 아내는 나의 사업을 말렸지만, 나는 그것을 무시하였다. 그래서인지 그 사업은 부도가 나면서 곧 망하게 되었다. 사업에 실패하게 되자 아내는 술을 자꾸 먹기 시작했다. 어느 날 아내가 술을 마시고 오다가 넘어져서 죽었다. 나는 범띠였고, 아내는 쥐띠였다.

아내와 사별한 후, 57세가 되던 해에 동생과 아들, 딸들의 권유로 당시 47세이던 현재의 안식구(李○○)와 재혼을 하였다. 현재의 안식구는 당시 저동에 거주하였다. 인척들은 모두 대구로 이사 가서 살고 있다. 재혼 당시만 하더라도 나는 술을 많이 마셨다. 기독교인도 아니었다. 독신으로 살고 있던 현재의 부인을 만나면서부터 그녀와 혼인하기로 마음먹었다. 그래서 술을 마시지도 않고, 교회도 열심히 다니겠다는 거짓말을 한 뒤 그녀와 결혼을 하였다. 지금은 민박집을 운영하면서 같이 잘 살고 있다.

자식으로 3남 3녀를 두었다. 20살 때 낳은 맏아들(현재 53세)은 울산에 살던 고모가 중매를 하여 23살 때 울산의 이씨(本은 모름) 처녀와 결혼하였다. 맏아들은 현재 현대조선 기계검사원으로 근무하고 있다. 맏딸은 17살에 저동에 살던 채씨(본은 모름) 집안으로 출가하였다. 사위는 현재 포항노조에 근무하고 있다. 둘째 딸은 현포에 살던 김씨(본은 모름) 집안으로 출가하여 오징어잡이를 하고 있다. 둘째 아들은 포항에 살던 서씨(본은 모름) 집 딸과 혼인하였고, 그들은 현재 포항에서 기계 대리점을 경영하고 있다. 셋째 아들은 포항노조에 근무하며, 아직 미혼이다. 막내 자식인 셋째 딸은 울산에 거주하는 유柳씨 가문으로 출가하였으며, 사위는 삼양전기에 근무한다. 나는 돈을 제법 많이 벌면서 동네 사람들이나 주변의 많은 사람들과 자주 교제를 하였다. 그래서 많은 사람들이 나를 좋은 사람이라고들 한다. 나의 바로 아래 남동생(이○하)은 나와 두 살 차이가 나며, 남양동의 나발등으로 이사를 와서 같은 마을에 거주하던 이씨 집안의 처녀와 혼인하였다. 제부와 나는 오징어잡이를 같이 하던 아주 친한 사이였다(이○○씨, 73세, 남).

앞의 사례에서 본 바와 같이 농업에서 어업으로 괄목할만하게 생업이 전환된 한 시기는 1960년대 이후이다. 사라호 태풍으로 울릉도의 전 농작물이 피해를 입게 되자 주민들은 어쩔 수 없이 어업으로 전환하게 되었다. 간혹 오징어가 풍년이어서 약간의 부를 축적한 이들도 있었지만 불규칙한 가격변동과 수요·공급의 불균형으로 인해 자본의 축적이 매우 어려웠다. 적기에 적량의 생산을 할 수 없어서 가격 조정이 불가능하였다.

소어가들은 약간의 농사를 짓기도 하여 반농반어적 성격을 띠었다. 이들은 이곳에서 생활하기가 매우 어려워 포항, 대구, 삼척, 울산 등과 같은 대도시에서 노동자로 일하였다. 태하리의 대부분 주민들이 전출한 지역은 대구, 부산, 울산, 서울, 구미, 마산, 영일, 포항, 영천, 마산 등지이다. 이러한 곳에는 산업공단이 있어서 공업노동자로 일하기가 용이하다. 이에 비해 선주, 선원, 숙박업, 생활보호대상자, 농업경작자는 농번기와 어로조업시기에 전출·전입이 앞의 경우에 비해 거의 없는 편이다. 경제적으로 이곳에서 상위에 속하는 이들은 어업과 농업에 종사하면서 생계를 유지하고, 또한 경제능력이 없어서 생활하기 어려운 빈곤한 하위 경제계급의 주민들은 오징어 할복과 건조작업에 종사하면서 어느 정도 생계를 유지한다. 그런데 여기에서 한 가지 고려해야 할 사실은 상위경제계급에 속하는 주민들은 오징어잡이가 끝나는 12월부터 4월 말까지 대개 대도시에 일시적으로 이주한다는 것이다. 이 점은 어로생활이 어민의 계절별 거주 양식에 영향을 주고 있다고 할 수 있다.

주민들은 오징어잡이가 시작되는 3월부터 11월 말까지 대개 마을에 거주하다가 12월부터 다음해 2월까지 도시에 있는 자식들의 집에 거주하는 경우가 많다. 오징어 생산주기가 가족구조에 크게 영향을 주고 있다. 또한 가족조직은 어로작업조직으로서 중요한 역할을 하기

도 한다.

　이러한 상업주기에 따른 대도시 이주현상과 더불어서 가족성원들
은 특징적인 사회·문화 실천전략을 행한다. 즉 앞의 두 사례에서 본
바와 같이 새로운 세대에 대한 그들의 높은 교육열은 부모세대와 자
식세대 간의 학력 불평등 현상을 심화시키고 있다. 섬의 지리적 제약
으로 인해, 경제계급별 수입이 많고 적음에 따라 교육정도에도 많은
차이를 보인다. 같은 섬 내에서도 경제적 불평등은 교육의 불평등과
직결되고 있다. 주민들은 누구나 경제적 능력이 되면 자식들을 대학
에 입학시키기 위해 대도시에 보낸다. 부모들은 자식들이 대도시의
직장에 취직하여 안정된 경제적, 사회적 지위를 획득할 수 있기를 바
란다. 어민들이 자식들에게 많은 교육을 시키려고 하는 것은 문화적
자산을 확보하기 위해서이다. 그들은 사회적 지위를 상승시키기 위해
교육을 통한 문화적 자산을 자식들에게 전승시키려고 노력한다.

4) 인구구성과 직업

　2000년 1월 현재, 태하 1리의 행정통계 자료를 보면 198가구, 남성
515명, 여성 267명으로 구성되어 있다. 태하 2리는 28가구로 남성 61
명, 여성 28명이다. 행정구역상 태하리는 태하 1리와 2리로 구분되어
있지만 세 지역의 자연촌 즉, 큰 황토구미黃土邱尾(태하동), 작은 황토구
미(학포), 서달령으로 이루어져 있다. 큰 황토구미는 본래 황토가 많이
나는 곳이라 해서 큰 황토구미로, 소황토구미는 황토가 많이 나지만
동리가 작다고 해서 불려진 지명으로 학포라 하기도 한다. 학포는 학
이 앉아 있는 모습과 꼭 같은 바위가 있는 포구라 해서 학포동이라고
도 한다(울릉문화원, 1998: 58). 서달령은 태하동에서 700m 정도 깊은 골
짜기에 서달래라는 사람이 살고 있었던 고개라 해서 그렇게 불렸다

(울릉문화원, 1996: 57-61).

　개척 당시 태하는 울릉의 군청소재지였으나 일제가 1914년 군청을 도동으로 이전함에 따라 서면에 속하게 되었다(울릉문화원, 1996: 57). 이곳에 처음으로 이주한 이는 울릉도 해주 최씨의 입도조가 되는 최재응이다. 그는 1836년에 태어나서 1916년에 사망한 것으로 족보에 기록되어있다. 주민들은 그를 처음 입도한 이라고 하는데 이들의 말로 미루어 보아 개척령시대에 처음으로 학포에 이주한 이로 여겨진다. 그 외 학포에 대한 역사를 재구성할 자료는 별로 보이지 않는다. 비록 전술한 바와 같이 태하의 인구에 관해 간략하게 언급하였지만 이곳의 인구변화과정에 관한 자세한 자료를 찾을 길이 없다.

　인구통계에 관한 대부분의 자료들은 최근의 것인데 울릉군(1999: 42)이 발간한 1998년 12월 31일자 인구통계를 보면 태하 1리와 2리를 모두 합쳐 224가구(큰황토구미 160가구, 서달령 36가구, 작은 황토구미 28가구)에 총 인구 595명으로 남자가 306명, 여자가 289명이다. 2000년 6월 30일 현재 연령별 인구현황을 보면 다음과 같다.

〈표 1〉 연령별 인구현황

구 분	남	여	합 계(%)	구 분	남	여	합 계(%)
0~4	11	8	19(3)	45~49	24	20	44(7)
5~9	19	19	38(6)	50~54	23	26	49(8)
10~14	14	18	32(5)	55~59	23	26	49(8)
15~19	25	19	44(7)	60~64	19	17	36(6)
20~24	28	12	40(7)	65~69	16	26	42(7)
25~29	7	13	20(3)	70~74	19	16	35(6)
30~34	15	18	33(6)	75~79	6	8	14(2)
35~39	27	21	48(8)	80이상	5	7	12(2)
40~44	24	16	40(7)	기 타	·	·	·

　이 자료에서 65세 이상 74세 이하의 연령별 인구분포 비율이 각각 6%, 7%인데 그 이유는 "이곳에서는 노인들도 노력만 하면 살 수 있

다”는 주민들의 말처럼 주민들이 6월 말에서 1월 중순경까지 한 달 평균 약 20일가량 오징어 할복작업이나 건조작업에 참여함으로써 어느 정도의 경제적 수입을 올릴 수 있고 이것이 생활기반이 되기 때문이다.

태하 1리 160가구의 가구주를 중심으로 이들의 직업을 보면 선주 17가구, 선원 15가구, 오징어 건조업 17가구, 오징어 중매인 17가구, 오징어 상인 2가구, 오징어 냉동창고업 3가구, 군인 및 군무원 6가구, 유치원 및 초중등 교사 9가구, 공무원(동사무소직원, 환경미화원, 우체국 직원) 9가구, 농업 6가구, 건축업(공사장 인부 및 벽돌공장) 5가구, 운수업(택시기사 및 화물업) 4가구, 서비스업 2가구, 목사 2가구, 상업(가게운영) 3가구, 숙박업 3가구, 음식점 2가구, 등대지기 1가구, 무직 및 생활보호대상자 37가구 등이다. 이 가운데 고령자라서 노동에 직접 참여하지 못하는 가구와 최하위 경제 37가구를 제외한 123가구 중 어업과 직·간접으로 관련되어 이에 종사하는 주민 수는 58%나 된다. 실제 운수업이나 농업, 서비스업, 숙박업에 종사하는 이들은 시간이 있을 때마다 부업으로 오징어를 건조하는 일에 참여한다. 외지인으로서 군인·교사·공무원 등을 제외하고 주민들의 거의 대부분이 오징어를 건조하는 일이나 판매, 그리고 선주 등과 관계를 맺고 있다. 이와 같이 부업으로 오징어잡이와 관련된 가구가 많은 것은 손쉽게 직업을 전환할 수 있는 사회적 여건, 즉 오징어어업이 불황이면 언제든지 다른 일로 노동력의 전환이 가능하기 때문이다(한상복·전경수, 1992: 469). 큰 황토구미와 작은 황토구미의 주민들은 어업에 종사하는 이들이 대부분인 반면에 서달령의 36가구는 거의 다 농업에 종사하는 이들이다.

현재 태하리 가구주는 30성씨로 구성되어 있다. 김씨 43가구, 이씨 25가구, 최씨 15가구, 정씨 10가구, 박씨 9가구, 오씨 5가구, 강씨 2가구, 배씨 1가구, 황씨 5가구, 전씨 1가구, 서씨 7가구, 변씨 4가구, 하

씨 1가구, 도씨 4가구, 방씨 1가구, 남씨 2가구, 안씨 5가구, 홍씨 2가구, 조씨 2가구, 임씨 2가구, 백씨 3가구, 장씨 4가구, 손씨 2가구, 곽씨 1가구, 한씨 1가구, 송씨 2가구, 윤씨 1가구, 주씨 1가구, 허씨 2가구, 우씨 1가구 등이다.

5) 가족의 구성형태

필자는 울릉도의 가족구성형태를 분석하기 위해 먼저 캠브리지 그룹(Cambridge group)의 라슬렛(Laslett, 1972: 861)이 제시한 바 있는 6가지 가족유형의 범주를 언급하고(<표 2> 참조) 이를 통해 조사지의 가족구성형태를 범주와 하위 범주로 분류하여 빈도수를 검토하고자 한다.

다음의 가족구성형태 분류에서 알 수 있는 바는 먼저 가족을 형성하기 위해서는 아이가 있든 없든 간에 두 배우자가 있어야 하고 홀아비와 홀어미의 경우에는 자식이 있어야 한다. 독신자는 가족의 핵을 형성하지 못한다. 예를 들면 한 홀어미와 자식이 함께 있을 때에는 핵가족을 이루나 홀로된 여성과 손자, 숙모와 조카의 경우에는 가족구조를 형성하지 못한다. 단순가구(핵가족)는 혼인한 부부와 자식, 홀아비와 자식, 과부와 자식의 경우로 이루어진다. 확대가구는 부부가족을 중심으로 직계의 자식이나 친척과 같은 부차적 성원들로 구성된 가구이다. 이 가구에서 부차적으로 포함되고 있는 성원이 가장보다 윗세대이거나 아랫세대 혹은 방계세대일 때 윗세대 확대가족, 방계세대 확대가족, 아랫세대 확대가족으로 구분한다. 그리고 복합가구의 경우, 한 핵가족이 부차적으로 관계를 맺은 2차 핵가족이 윗세대, 방계세대, 아랫세대의 성원으로 구성될 때 윗세대, 아랫세대, 방계세대 복합가구로 구분된다.

〈표 2〉 라슬렛의 가족구성형태 분류

범 주	하위범주
1. 독신가족	a) 홀아비, 홀어미 b) 불확실한 배우자 신분이나 독신자
2. 가족구조를 형성하지 못하는 가구	a) 친척 공동거주자(형제나 자매) b) 친척이 아닌 공동거주자 c) 명확한 인간관계가 없는 개인들
3. 단순가구	a) 혼인한 부부 b) 혼인한 부부와 자식 c) 홀아비와 자식 d) 홀어미와 자식
4. 확대가구	a) 윗세대 확대가구 b) 아랫세대 확대가구 c) 방계확대가구 d) 윗세대 및 방계확대가구
5. 복합가구	a) 윗세대를 포함하고 있는 두 핵가족 b) 아랫세대를 포함하고 있는 두 핵가족 c) 방계세대를 포함하고 있는 두 핵가족 d) 형제·자매 공동가족 e) 기타
6. 어떠한 친족관계를 포함하고 있는 잠정적 구조를 가진 가구	a) 직계가족 b) 공동가족

여기에는 공동가족과 다수의 핵가족으로 이루어진 가구도 포함된다. 마지막으로 어떠한 친족관계를 포함하고 있는 불확실한 구조를 가진 가구에는 직계가족과 공동가족을 포함시키고 있다. 직계가족은 노부모와 가산 상속자인 아들과 그의 처, 그리고 손자녀로 구성된 가족이다. 이러한 라슬렛의 분류에 따라 조사지의 가족구성형태별 빈도수를 제시하면 다음과 같다(<표 3> 참조).

〈표 3〉 태하리의 가족구성형태별 빈도수

가족유형범주	하위범주	가구수	%
독신가족	홀어미나 홀아비	15	9%
	직업으로 인한 독신	9	6%
	가족구조를 형성하지 못한 가구	0	0%
핵가족	자녀가 없는 부부가족	22	14%

	부부와 자녀로 구성된 가족	87	55%
	부부 중 1인과 자녀로 구성된 가족	9	6%
	부부 중 1인과 자녀, 그리고 일시적인 동거인	3	2%
직계가족		13	8%
복합가족		0	0%
확대가족		0	0%
전 체		160	99.5%

　가족구성형태 인구수를 보면 독신자 24명, 핵가족 359명, 직계가족 68명으로 나타난다. 각 가구별 평균 인구수는 독신자 1명, 핵가족 3명, 직계가족 5명이다. 자료에서 핵가족이 차지하는 비율은 75%로서 다른 가족구성형태보다 높다. 이러한 태하리의 가족구성이 시사하는 바가 무엇인지를 이해하기 위해 다른 촌락사회의 가족구조와 태하리의 가족구조를 비교해 볼 필요가 있다. 필자가 조사한 바 있는 울산의 농촌인 종동의 가족구성형태는 독신자 2.7%, 핵가족 48.6%, 확대가족 32.4%, 직계가족 16.3%로 나타났다(박성용, 1996: 697). 문옥표(1993: 122)가 조사한 도시근교 농촌으로서 경기도 파주군 J마을의 경우, 핵가족 66.2%, 직계가족 15.9%, 복합가족 6.6%, 비혈연가구 2.0%의 비율을 보였다. 이창기(1999: 169)가 1995년에 조사한 제주도의 경우를 보면, 1인 가족 16.1%, 과도적 가족 2.2%, 부부가족 71.6%, 직계가족 10.1%로 나타났다. 태하리의 독신자나 핵가족이 차지하는 비율은 일반 농촌의 가족구성형태보다 월등히 높은 것으로 나타나는 반면에 제주도의 독신자 비율과는 어느 정도 비슷하다. 핵가족의 경우 태하리가 가장 높으나 직계가족의 비율은 울산, 파주, 제주도보다 낮다.

6) 환경적 · 경제적 제어와 가족구성

(1) 가족구성형태와 사회 · 경제적 논리

① 독신가족

독신가족은 심각한 경제적 위기로 인해 가족구성원들이 본토로 이주하거나 부부 중 한 명이 사별함으로써 혼자 생계를 유지하고 있는 가족이다. 혼자 살기 때문에 가족이나 친족관계가 경제적, 환경적 압박을 벗어나게 할 사회적 · 경제적 기반을 제공하지 못하고 있다. 가난한 경제생활로 인해 독신가족은 다른 이웃주민과 사회적 연대도 강하지 못하다. 이러한 독신가족의 대부분은 섬 사회의 경제적 · 환경적 제어요인과도 관련되고 있음을 다음 사례에서도 찾아볼 수 있다.

║ 사례 4 ║

나는 생활보호대상자이다. 큰 아들은 17세 때 반 연애 반 중매로 혼인을 하여 포항에서 산다. 둘째 아들은 19세에 반 연애 반 중매혼을 하였다. 큰딸은 도동에 사는데 초등학교를 졸업하였다. 시집을 갈 때 옷가지 하나 변변치 못하게 보내었다. 둘째 딸은 이혼하고서 포항에서 생활한다. 막내는 중학을 졸업하고 18세 때 결혼을 하였다. 오징어를 할복하는 5월부터 11월까지 몸이 아프지 않는 날에 일을 하여 약간의 생활비를 번다. 도시에서 돈을 벌기가 어려워서 오징어를 손질하는 작업을 한다. 이것은 막노동보다 쉽다. 노인들의 소일거리로 알맞다. 오징어 1마리 할복하는데 300원, 그 귀를 세우는데 200원, 훑는데 200원, 발을 떼어놓는데 200원, 탱기를 치는데 200원, 묶는데 200원, 기타 작업을 하면 300원을 받는다. 이러한 작업은 매일 잠을 2~3시간 밖에 잘 수 없는 중노동이어서 할복할 때만 참가한다(김○○씨, 80세, 여).

사별로 인해 독신이 된 이도 있지만 어로작업 도중에 사고가 나서 혼자된 이도 있다. 독신자는 응집성이 강한 사회관계망을 가지고 있지 못하기 때문에 삶을 영위하는데 매우 어려움을 겪는다. 독신가족의 직업은 무직 및 생활보호대상자, 오징어 건조업, 냉동업, 어업 등

이다. 이 가운데 무직으로서 생활보호대상자가 되는 이의 비율이 46%
(11/24)나 되는 것은 빈곤한 경제생활과 배우자관계의 붕괴에 따라 핵
심적인 가족집단을 형성하지 못하고 있음을 시사한다. 특히 독거노인
의 대부분은 생활보호대상자로서 오징어 건조작업에 참여함으로써
약간의 생계비를 벌어서 생활할 뿐이다. 특히 생활보호대상자가 24가
구나 된다는 것은 태하리의 경제가 빈곤의 극에 이르고 있음을 나타
내주는 것이다. 이러한 사례와 더불어서 언급한 통계자료에서 육지보
다 태하리에서 독거하는 이의 비율이 높게 나타나고 있음은 가장 특
징적인 현상이다.

1980년대 울릉도가 관광지로 본격적으로 개발되기 전에 태하리의
주민들은 오징어를 육지의 대도시 가게에 판매하고 필요한 생필품을
구입하는 상품경제체계 속에 있었지만 극도의 빈곤을 면하기는 어려
웠다. 노후에 사별이나 사고로 배우자의 관계가 붕괴됨으로써 혼자
사는 이가 증가하게 되고 이들의 마을 내 사회·경제적 유대도 약화
되었다. 비록 각 가족이 인척관계를 이루고 있지만 강력한 관계망을
유지하지 못하기 때문에 독신자에게 노동력을 제공하거나 주민과 이
들 간에 사회·경제적 지원망을 형성하지 못한다.

② 핵가족

태하리에 있어서 핵가족의 비율이 매우 높은 것은 가족구성원들이
경제적 빈곤을 벗어나기 위해 그 규모를 축소시킬 뿐만 아니라 직계
가족이나 확대가족보다 핵가족이 적응에 더 유리하다고 판단하여 가
족을 분화하려는 선택적 전략이 가족구조에 반영된 것이라 여겨진다.
이러한 양상은 한국의 여느 어촌과 유사한 현상으로 국가차원의 사
회·경제체계 변화와 역동적인 관계를 맺으면서 빚어진 양상이라 할
수 있다. 태하리의 경제체계는 자본주의 생산체계 하에 저발전된 상

태로 남아 있는 전통경제체계와 긴밀하게 관련을 맺고 있어서 가난한 생활주기와 저발전된 경제구조에 종속되어 있기 때문에 열악한 생업 수단과 낮은 생산성, 불규칙한 어로작업, 계절별 이동이 심한 인구문제 등이 핵가족화 하는데 영향을 주었다. 이점은 다음 사례에서도 찾아볼 수 있다.

‖ 사례 5 ‖

나는 태하중학교를 졸업하였다. 집값은 형이 주었다. 경제적 어려움은 자기 자본이 없기 때문에 수협과 농협에 2억 5천 정도의 돈을 대부받아서 7.3t의 배를 구입하여 생활을 꾸려 나가고 있다. 오징어잡이를 6월과 12월 사이에 하는데 연간 생산액이 1억 원이 되지만 생활하기가 매우 힘들다. 매년 이자를 3,000만 원 정도 지출하고 생활비로 1,000만 원, 정기적으로 검사를 하는데 1,000만 원, 수선비 2,000만 원, 2명의 선원 월급 4,500만 원을 지불한다. 이렇다보니 원금상환은 엄두도 못내는 형편이다. 대도시에 교육시키기 위해 보낸 큰 아들에게 매달 100만 원씩을 보낸다(서○○씨, 41세, 남).

‖ 사례 6 ‖

7월 중순에서 12월 초순까지 오징어 건조작업에 참여한다. 오징어를 할복하는 작업을 주로 한다. 자본금이 없다. 자기 자본으로 한다. 오징어를 건조하지만 살기가 힘들다. 오징어를 할복하는데 손이 많이 간다. 하루 3~4시간 정도 밖에 잠을 자지 못한다. 자식들을 모두 대도시에 교육시키러 보내었다. 5년생, 6학년 때 모두 보냈다. 부모는 매우 어렵다. 철따라 나물재배, 오징어 장사, 선박업, 숙박업 등에 종사하고 있다. 이런 업종에 종사하는 인구는 많고 장삿길은 어렵다(김○○씨, 40세, 여).

‖ 사례 7 ‖

우리 두 내외는 오징어 판매로 생계를 유지하고 있다. 나는 대구에서 출판업에 종사를 하다가 사업에 실패하여 오징어잡이를 하였다. 그러나 어로작업을 하다가 대형사고가 나서 선원에게 보상을 해주고 나니 살기가 매우 힘들게 되었다. 대구에 거주지를 두고 있으며 큰 아들은 포항고등을 졸업하고 경북대학교 법대에, 딸은 근화여고에 재학 중이다. 울릉도가 관광지로 되면서 조금 오징어 장사가 되는 편이다. 아내의 고향은 경북 영천이다. 오징어 철에 맞춰서 돈 벌러 오고 끝나면 대구에 나간다. 오징어를 말려서 육지에 보내면 운반비, 구전, 도소매 과정에서 돈을 가져가서 이익을 남길 수 없다(정○○씨, 59세, 남).

‖ 사례 8 ‖

부친은 4남 8녀 중 둘째이고 모친은 태하에 거주하셨다. 나는 25세에 연애 결혼을 하였다. 처는 대구 출신이다. 20세부터 본격적으로 배를 탔으니 조업 경력이 18년이나 된다. 형수의 오빠·동생 되는 사람과 함께 배를 탔었다. 오징어 조업은 어렵다. 건조할 수 있는 오징어 양의 한계 때문에 많이 잡히면 가격이 폭락한다. 그래서 많이 잡으면 버리는 경우도 있다. 태하의 배가 총 14척이나 되는데 많이 잡으면 건조할 능력이 없다. 잡아오면 수협에서 입찰을 하는데 대량으로 잡히거나 비가 오면 가격이 하락한다. 17~18년 전에 1축당 입찰가격은 25,000원 정도 했으며 작년에는 최고 17,000~18,000원까지 갔었다. 겨우 끼니를 이을 정도의 수입으로 생활한다(김○○씨, 38세, 남).

‖ 사례 9 ‖

나의 나이는 72세이고 처는 70세이다. 나는 2녀 3남을 두었다. 큰 딸은 현재 48세, 맏아들은 45세, 둘째 아들 44세, 셋째 아들 42세, 막내딸 40세이다. 처의 고향은 영양 창수면인데 장인이 도동에 와서 살 때 중매를 하여 결혼하였다. 부산 범일동에서 오징어 장사, 연탄 장사 등을 하였다. 둘째 아들이 17세가 되던 1974년에 동해시 태백에 있다가 울릉도에 들어왔다. 이곳에 들어올 때 백부, 삼촌, 3명의 아들이 함께 들어왔다. 조상들은 풍기에서 대대로 농사를 지었다. 5대조가 강릉 북계에 살다가 풍기에 들어오게 되었다. 7대조는 가선대부의 벼슬까지 하였다. 1960년에 가첩을 정리하여 '대구 서씨(달성 서씨)'라 하였다. 맏아들은 국민대학교를 나와서 29세 때 서울 출신의 아가씨(당시 26세)와 연애혼을 하였다. 큰 아들은 서울에 법률사무소를 운영하고 있다. 둘째 아들은 삼성전기회사에 다닌다. 큰 딸은 21세 때 군위 출신의 25세였던 총각과 혼인을 하였다. 작은 딸은 27세 때 28세 되는 울릉도 출신의 총각과 결혼을 하였는데 현재 통구미에서 식당과 버스를 운영하고 있다. 아이들을 교육시켜 이것으로 성공하겠다는 의지를 가졌다. 박사 며느리를 보았다(서○○씨, 72세, 남).

‖ 사례 10 ‖

오징어를 건조하여 하루 2만 원 정도 번다. 육지에 가서 노동을 할 수 없다. 도시에 삭월세가 25~30만 원씩 하니 방 하나 얻기가 힘들다. 3명이 도시에 살려면 120만 원이 든다. 30년 정도 승선을 하였다. 농사를 지을 형편이 못된다. 오징어를 말리는 작업으로 밤을 세울 때가 많다. 7월, 12월이 가장 바쁘다. 딸은 경산여고를 졸업하고 영남대학교를 다닌다(김○○씨, 53세, 남).

‖ 사례 11 ‖

큰 딸은 포항 영진전문대학을 다닌다. 둘째는 가사를 돕고 있다. 아들은 포항고등을 졸업하고 항공대학에 재학 중이다. 현재 세 살림을 산다. 남편은 55세, 본인은 51세이다. 1960년대 초까지 보리, 감자를 먹고 살았다. 자급자족하였다. 요즈음 논농사를 짓는 이는 드물다. 수지가 맞지 않는다. 휴어기 동안 품팔이를 한다. 12월 말에서 1월 초까지 오징어 발이가 끝난다. 6월 말까지 6개월 동안 쉰다. 수입이 없기 때문에 가계부를 쓸 필요가 없다(박○○씨, 51세, 여).

앞의 여러 사례들에서처럼 어업생산성이 극도로 낮은 어민들에게는 직계가족보다 핵가족이 적응하는데 유리하다. 핵가족은 확대가족의 경우에 생길 수 있는 잉여노동력을 최소 생계단위로 분산함으로써 생계활동에 생산성을 높일 수 있기 때문이다(이기욱, 1992: 44).

생산의 사회조직은 직계가족이나 두 핵가족이 모여 있는 복합가족의 형태를 기반으로 이루어지는 경우는 드물고 친척이나 선후배, 동년배끼리 계약적인 관계에서 행해진다. 농촌에서처럼 대규모 친척집단을 토대로 품앗이와 같은 노동력교환집단을 형성하는 것이 아니라 각 개인의 경제적 합리성을 기초로 형성된 관계에 의해 그 단위가 형성된다. 긴급하게 공동체적 노동을 필요로 하기보다 이윤을 추구하기 위한 소수집단의 노동분업 정도와 전문화를 요구하는 경제적 이해관계의 메커니즘이 작동하기 때문이다. 그리하여 어민의 가족구성형태에서 핵가족이 주된 비율을 나타내 보인다.

어로작업은 가족과 독립적인 방식으로 이루어지는데 주로 계약관계를 맺은 2~3명이 단위가 된다. 각각의 지위와 역할은 선장·기관장·선원으로 구분된다. 그러나 간혹 승선하는 이들의 관계가 형제, 부자, 부부인 경우가 있다. 형제간에 승선하는 것은 타인을 고용해서 지불하는 비용을 절약하여 소득을 올리기 위해 그렇게 한다. 또는 선원을 구하기 어렵기 때문에 그렇게 한다. 가능한 혈연·인척관계가 있는 이들 사이에는 같이 승선하지 않으려고 한다. 장인과 사위가 같

이 타고 조업을 나갔다가 배가 뒤집히는 바람에 장인이 헤엄을 치지 못해 죽은 경우가 있었다. 다른 선원은 보상을 해주면 되지만 형제관계, 가족, 친척관계는 평생 지속되는 관계이기 때문에 사고가 나면 모두에게 너무 힘들게 된다. 대개 선후배, 동기끼리 탄다. 형제간에도 간혹 타는 경우가 있으나 전통적으로 승선하지 않는 것이 원칙이다.

③ 직계가족

직계가족을 구성하고 있는 이들의 직업별 가구수를 보면 택시 운전수 1가구, 선주 2가구, 교사 3가구, 공무원 2가구, 선원 2가구, 오징어 건조업 2가구, 건설노동자 1가구이다. 직계가족을 구성하고 있는 이들은 마을의 다른 주민에 비해 비교적 부유한 이들이다. 경제적 부가 가족구조를 형성하는데 결정적인 요소는 아닐지라도 제한적으로 가족구성형태를 조건화하고 있다고 할 수 있다.

‖ 사례 12 ‖

나의 조부 때 이곳으로 이주하였다. 부친은 4남 2녀 중 둘째이다. 장녀는 경주에서 직장생활을 하고 있다. 장남은 함께 살다가 군에 입대를 하였다. 5,000평의 밭에 취나물을 재배하고 오징어 건조도 한다. 취나물은 1년에 3번 정도 베는데 1번에 700만 원 정도의 수입을 올린다. 자녀들에게 교육을 많이 시키려고 하는 것은 부모가 교육을 받지 못하였으니 자식이라도 시켜서 힘든 섬 생활을 벗어나도록 하기 위해서이다. 취나물 재배농가는 본동에 30세대, 1세대 평균 5,000평 정도 된다. 20년 전에는 전 면적의 30% 정도만 취나물을 재배하였다. 80년대 초만 하더라도 1년 먹는 식량을 재배하면 잘사는 편에 속하였다. 당시 대학 출신은 2명이었으나 최근에 교육수준이 급상승하였다. 자녀들이 육지에 가 있으니 이중생활을 한다. 눈이 오면 마을을 떠나 자녀가 있는 육지로 간다. 태하는 울릉도에서 취나물을 가장 많이 재배하는 곳이다. 다른 마을에서는 취나물을 연작해서 피해가 발생하였는데 이곳에서도 마찬가지 현상이 일어나고 있다. 취나물재배는 농사로서는 고소득이다(이○○씨, 52세, 남).

‖ 사례 13 ‖

　나는 2남 1녀 중 맏이이다. 나는 학포에서 태어났으며 20년 전부터 태하에 거주하고 있다. 처와 함께 16년 동안 울릉도 각 곳의 우체국에 근무하다 이곳으로 왔었다. 처의 고향은 태하인데 26세 때 연애 반, 중매 반으로 혼인을 하였다. 부모와 함께 생활을 하고 있다(이○○씨, 36세, 남).

　전술한 민족지적 정보에서 알 수 있는 바는 태하리의 가족구성형태는 개척령 이후부터 지금까지 섬이 가지는 지리적 고립성에도 불구하고 더 큰 외부사회와의 다양한 정치·경제 관계와 상황에 따라 변화되고 있음을 시사한다는 것이다. 직계가족이지만 그 구성형태상 장남이 부모를 모시는 경우는 드물다. 경제적인 기반이 뒷받침되어 부모를 모실 수 있으면 누구나 모실 수 있다. 육지의 양반가문에 있어서 장남이 봉제사접빈객奉祭祀接賓客 하고 문중을 돌보기 위해 부모를 모시는 경우와는 상이하다.

7) 가족구성원의 어로작업과 적응전략

　어로환경에 적응하기 위한 어민들의 전략은 가족구조에 영향을 준다. 태하리 주민들은 오징어를 건조하는데 종사하거나 대개 7.6t 이하의 소형 어선으로 오후에 출항하여 다음날 4~5시에 입항하는 연안어업(오징어 통발업)에 종사하고 있다. 출어하는 수역은 울릉도 근해, 독도 근해 등이다. 소형어선을 이용한 어로작업에는 대개 2~3명의 선원이 참여한다. 대형어선에서 소형어선으로 전환하는 이들은 사업에 실패하였을 때 그렇게 한다. 노령화로 인해 사업규모를 줄이기 위해 그렇게 하는 것은 아니다. 경제적 이해를 따져서 배 톤수를 정한다. 타인을 승선시키면 친·인척보다 수입을 올리기 위해 더 경쟁적으로 어로 작업에 참여한다. 4.9t, 5t, 6t의 경우 모두 혼자서 조업을 하는

경우가 많다. 10t의 배에 3명이 승선할 경우 선장, 기관장, 선원 등으로 역할을 구분한다. 현재 60세 되는 노인들은 거의 대부분이 노를 젓는 배를 타고 다녔다. 유리강화플라스틱(FRP)로 된 소형어선을 혼자 타고 어로작업을 하기도 한다. 이 경우에 경비가 들지 않는다. 뱃삯은 공동부담을 원칙으로 하는데 선주가 46%, 선원(기관장, 선원)이 나머지 54%를 부담한다.

기계화가 이루어진 것은 어로 생산성의 향상을 통한 수입을 증대하기 위해서이다. 소어가의 경우 선주와 선원의 생산에 대한 일정한 책임과 공유자원에 대한 사적점유에 의해 주도된다. 이러한 특성은 조업에 실패할 위험을 경제주체에 남겨두는 동시에 기계화, 자동화를 통해 수익도 좀 높일 수 있기 때문이다. 그러나 어로 기술 도입비용은 선주에게 돌아가기 때문에 영세한 자본으로 어선을 운영하는 이들에게는 큰 영향을 준다. 목선 3t의 경우, 기계화가 되지 않았기 때문에 1인 이상 승선할 경우, 수입의 15% 이상이 줄어든다. 소어가들은 어로장비와 기술에 더 많은 투자를 하려고 한다. 따라서 자본의 축적은 거의 불가능하다.

선주, 선장, 기관장, 갑판장 4명이 승선할 경우, 연간 수입이 약 8,000만 원 정도가 되면 선박수리비 약 3,000만 원을 제외하고 선주가 50%, 선원 3인이 50%를 갖는다. 그런데 2명이 공동선주가 되기에는 매우 어렵다. 바다는 예측하기 어려운 기후로 인해 1년 어로작업이 불황이어서 수입을 유지하지 못할 경우에 선주들 사이에 갈등이 발생할 수 있기 때문이다.

이곳에서는 전통적으로 조업의 위험상 친형제 간에는 승선을 하지 않으나 간혹 형제간에 승선을 하는 경우도 있는데, 그 이유는 경제적으로 소득을 좀 더 올리기 위해서 또는 선원을 구하기가 어렵기 때문이기도 하다. 그 밖의 형제 사이에 공동조업을 하면 다른 사람과 조

업하는 것보다 경비절감을 하는데 유리하다. 형제간에 조업을 하는 가구수는 2가구이다. 이러한 특징은 어민들이 일련의 규범과 제도, 다양한 형태의 사회관계망을 이용하여 발생 가능한 위험이나 불확실성을 축소하려는 전략(Acheson, 1981: 307)에서 비롯되었다.

울릉도에서는 "경영주체와 어로 생산주체가 미분화 되는 경우(박경용, 1992: 183)"도 있다. 전 자본주의 경제체제의 생활전략이 자본주위 체계 하에서도 여전히 존속하고 있는 사례는 형제가 승선하거나, 조업을 하여 지체된 보상을 하는 경우이다. 경영규모축소, 가족노동, 선원감소 등으로 인해 가족성원들의 생계유지는 어려운 편이다. 소어가 어민들이 이용하는 배는 7.93t이 대부분인데 약 2억 5천만 원 정도 한다. 배의 선주는 농협에 융자를 얻어서 배를 건조한다. 배건조를 위해 공동투자를 하는 경우는 없다. 선주와 선장을 분리하는 경우가 있는데 그 이유는 바다에서의 수산물 어획량이 예측하기 어렵고 불규칙하여 같이 투자를 하여도 소득분배에 문제가 발생할 수 있기 때문이다.

이처럼 형제가 승선하는 경우 이외에 처남·매부 간에 승선하는 경우도 있다. 그러나 가까운 친·인척끼리 승선하였다가 사고가 나면 대가 끊어질 뿐만 아니라 텅 빈 배로 돌아올 때 서로 불화가 생기기 때문에 가능한 서로 잘 아는 사이를 유지하고 있는 이들과 함께 어로작업을 한다. 특히 오징어 할복작업은 선주를 중심으로 한 마을 내의 친밀한 관계를 이루고 있는 이들의 노동조직을 근간으로 이루어지고 있다. 이러한 작업은 전체 촌락민들을 재조직한다. 오징어를 할복할 때의 노동조직은 촌락공동체적 단위의 사회조직이라기보다 많은 손을 필요로 하는 오징어 건조작업시에 필요한 노동력을 보완하는 일시적 노동조직이다. 이는 구성원들의 친소관계에 따라 구성된다.

가족구성원들이 함께 조업하러 가는 경우는 드물지만 오징어를 건조하는 작업에는 참여한다. 그 과정마다 손이 많이 가는 노동이 따른

다. 오징어를 건조시켜 상품으로 만들기까지에는 바다에서 오징어를 잡음 → 할복 → 20마리를 한 꼬챙이로 끼움 → 바닷물에 씻음 → 리어카에 실음 → 덕장에 올라옴 → 한 마리씩 폄 → 탱기를 침 → 마르는 과정에 오징어 귀를 젖힘 → 붙은 발을 뗌 → 오징어 귀를 모음 → 귀를 폄 → 전체 귀를 같이 모음 → 꼬지에서 뺌 → 반듯하게 훑음 → 다시 널고 말림 → 축을 만듦 등의 17단계의 작업을 거친다. 이러한 과정에는 집약적 노동력이 필요하다. 여성들은 6개월 동안 하루 2~3시간 정도 잠을 자면서 이러한 노동을 하는 이도 있다. 최고 하루 50꼬지(10만 원) 정도 꿰는 작업을 한다. 가장 많이 작업을 하는 이는 한 달 평균 20일 정도로 6개월 동안 작업을 한다. 오징어 건조업에 종사하는 이는 육지의 상점들과 상업망을 형성하고 있다. 생활보호대상자와 오징어 건조업자, 노동자는 오징어잡이가 이루어지는 계절마다 친소관계망을 기반하여 작업을 한다.

8) 혼인관계망과 사회적 재생산

태하리의 경우, 가족과 친척관계를 독립적으로 다룰 수 없는 면이 있다. 주민들은 혼인연대를 통해 그들의 사회관계를 구조화하면서 구성원을 재 집단화하고 통합하여 왔다. 주민들은 개척령 이후부터 서로 섬 내혼을 함으로써 서로들 간에 인척관계를 형성하여 왔다. 즉 배우자를 거의 마을에서 구하거나 인근 마을, 또는 섬 전체에서 구한다. 혼인을 통해 이루어진 인척관계는 마을 내 통합성을 보존하고 경제적 문제를 해결하는 사회적 안전장치가 되기도 하였다. 그리하여 인척관계는 어로작업을 같이 하러 가는 동업자가 되거나 오징어 건조작업시에 작업반으로서, 어촌계의 일원으로서 공동작업을 하는 사회적 기반이 된다. 친척집단간의 상호협동이 어로생산주기에 따라서 이

루어지고 이들 간에는 연대의식이 다른 집단보다 강하게 작용한다. 주민들이 "태하리 전체가 사돈 8촌이다", "동네에서 누구를 욕하면 뒤통수 맞는다", "기분이 좋을 때는 촌수를 찾고 기분이 나쁠 때는 남이다", "얽히고 섥혀 있다", "모르고 욕하다 보면 들은 이가 고해 받혀 싸움이 일어난다", "육지에서 최근에 온 사람은 촌수관계가 없다" 등의 말을 하는 것으로 보아 이곳 주민들은 마을내혼을 함으로써 '인척관계로 이루어진 마을'이라 할 수 있다. 그리하여 태하의 160가구의 대부분이 이러한 관계를 맺고 있다. 이러한 사회관계망(social network)이 어떻게 이루어져 있는지를 사례를 통해 보면 다음과 같다.

‖ 사례 14 ‖

우리 집안은 나의 증조부 때 입도하였다. 본관은 흥양 이씨이며 고향에는 6촌 친척들이 살고 있다. 형제는 4남 4녀이다. 나는 21세에 결혼을 하였다. 처의 고향은 저동이었으나 태하에서 살다가 혼인을 하였다. 나와 처는 초등학교 동기였으나 중매로 혼인을 하였다. 1남 5녀의 자식을 두고 있다. 자식들은 중학을 졸업한 후에 모두 대도시로 공부하러 갔다. 태하에 거주하는 가까운 친·인척들은 이종사촌 정○태, 여동생 이○분, 둘째 사돈 이○우, 장질조카 이○하 등이 있다. 동생인 이○두는 오징어 건조를 하고 있으며 처는 동백장 여관을 운영하고 있다. 그는 16세 때부터 배를 탔다. 1970년 초부터 배를 소유하면서 15년 간 조업을 하고 있다. 이때 선주는 연 1,000~1,500만 원 정도 수입을 올렸다. 선원은 약 500만 원 정도 벌었다. 1980년대 천궁재배를 하면서 집의 경제생활이 윤택해졌다. 2000년까지 선주로서 오징어잡이에 종사하였다.

특히 밭 5,000평 정도 소유하고 있으며 울릉도내 농가에서 수입이 가장 높은 기업농이다. 미역취(취나물)와 같은 특용작물을 재배하고 있으며 한창 바쁜 시기에는 40~50명의 인력을 동원한다.

혼인을 하는데 학벌을 따지지 않으나 가정형편은 비슷해야 한다. 50대 이상 되는 이들은 배우자를 구하기가 어려워 혼인하는 것이 쉽지 않았다. 당시에는 육지에 나가서 혼인하는 것이 어려웠다. 옛날에 종방간이라도 사돈이 되는 경우도 있었다(이○두씨, 60세, 남).

‖ 사례 15 ‖

본관은 김해 김씨이며 5남 5녀 중 맏이로 태하 2리 학포에 태어났다. 24년 간 배를 탔었다. 선장으로 있다가 91년 9월 1일 사고로 다쳐 의족을 하고 있다. 형제들은 육지에 있으며 태하에 친·인척들이 살고 있는데, 동생 김○곤 (46세), 처제 김○기가 있다. 처가는 저동이다. 슬하에 1남 3녀를 두고 있으며 사위는 도동교육청에 근무하고 있다. 삼남은 경주공고를 졸업한 후에 경주에서 결혼하여 태광산업에 근무하고 있고, 막내딸도 경주에 있으나 미혼이다. 중매한 이는 학포에 살던 김○조씨의 부인이다.

현재 오징어 중매인으로 오징어를 사고 할복하는 일에도 종사한다. 활복비는 한 축에 300원, 건조비는 작은 오징어 한 축에 1,800원, 큰 오징어 한 축당 2,000원씩 한다. 오징어 경매 때 입찰을 하면 15일 이내 값을 지불해야 한다(김○씨, 62세, 남).

‖ 사례 16 ‖

조부 때 이곳에 이주하였다. 조부의 형제는 울산에서 살았다. 나의 부친은 4남 2녀 중 둘째였다. 처의 고향은 현포이고 현재 51세이다. 맏딸은 태하의 박○래와 결혼을, 장남은 남양 처녀와 결혼하였다. 현재 선주로서 7.97t을 소유하고 있다(송○○씨, 55세, 남).

‖ 사례 17 ‖

증조부 때 북면의 형리로 입도하였다. 1976년에 중학교를 졸업하고 부산에서 직장생활을 1년 하다가 석유파동으로 다시 이곳에 들어와서 살게 되었다. 여기에 거주하는 친척으로 마을에 이모, 외사촌, 외5촌이 있다. 25세 때 연애결혼을 하였으며 처의 고향은 대구이다. 20세부터 배를 탔다. 6년 전부터 기계화된 배를 타고 있다. 작년에는 박○○씨와 같이 배를 탔었고 올해에는 기관장으로 배를 타고 있다. 여름에는 고기를 잡기 위해 16:00시에 출항하고 06:00~09:00시에 입항한다. 겨울에는 빨리 어두워지기 때문에 13:00시에 출항하고 08:00~09:00시에 입항한다. 항구가 없어서 배를 현포에 정박하기 때문에 일찍 서두른다(김○○씨, 40세, 남).

‖ 사례 18 ‖

나의 고향은 울릉도 남서동이다. 서○○씨가 처삼촌이다. 결혼은 29세 때 도동에서 하였다. 나는 6남 3녀 중 맏이이다. 아내는 2남 4녀 중 막내이다. 나의 다른 형제는 전부 대구에 살고 있으며 남서동에 4촌, 6촌이 살고 있다. 맏아들은 66년 생으로 대구에 거주하고, 둘째 아들은 68년 생으로 영남대 무역학과에 재학 중이다. 셋째 아들은 74년 생으로 경북고등학교를 졸업하고

인천서 해군 중사로 복무하고 있다. 딸들은 모두 한 마을에 있는 총각들과 혼인을 하였다. 철물점, 낚시점을 운영하다가 3~4년 전부터 14t의 배를 운영하고 있다(김○○씨, 64세, 남).

위의 사례를 보면 두 가족 간의 혼인관계를 맺는 일은 확대된 친·인척관계 속에서 이루어짐을 알 수 있다. 즉 상대방의 경제적 이해, 친구관계, 어로작업에 공동으로 참여하는 관계 등에 의해 혼인관계가 이루어졌다. 이러한 혼인관계는 단순히 한 남자와 여자간의 사랑에 의해서 이루어지는 것이 아니라 대개 반 중매, 반 연애를 하면서 상대방의 가정형편과 배우자의 능력 등을 고려한 다음에 혼인을 하였다.

이 어촌의 마을 내혼비율은 일반 농촌보다 놀랄 만큼 높다. 이는 가족들 사이에 상호관계를 강화하는 계기를 마련한다. 전체 160가구 중에 일시적으로 거주하는 공무원과 군인·교사 24가구를 뺀 주민 136가구 중 106가구, 즉 78%가 혈친과 인척관계로 이루어져 있다는 사실은 이를 나타내준다. 이 점은 가거도 주민의 혼인을 조사한 한상복(1977)의 사례에서와 같이 지리적 격리성 때문에 마을내혼의 비율이 80.4%에 이른다고 한 점과 유사하다.

언급한 바와 같이 이곳은 모두 "사돈의 팔촌이다"라는 말에서처럼 태하리 주민들은 모두 인척관계의 집합으로 이루어져 있다. 배우자의 선택은 이미 구조화된 연계망을 근간으로 해서 이루어진다. 그리하여 가까운 이웃이나 마을 내 주민들이 혼인의 일차적인 대상이 되었다. 주민들 사이에 이러한 사회관계가 이루어진 것은 울릉도가 갖는 생태학적 특성에도 기인하지만 태하리가 오지에 있기 때문에 마을 내혼의 비율이 다른 곳 보다 높은 것이 아닌가 추정해 볼 수 있다. 한정된 혼인인구와 열악한 환경 등으로 인해 태하리 주민들은 육지에서 금혼禁婚으로 여기고 있는 동성동본불혼이라든가 여성 가계로 8촌 이내의 성원들은 남자가계의 같은 세대에 입가하지 않는 것과는 달리 별 문

제없이 입가할 수 있었다. 구체적인 사례를 추적해보아야 하겠지만 "종방간에 사돈이 된 경우가 있다"라는 말은 혈친이 인척으로 전환될 수 있음을 의미하는 것이다. 이러한 사례는 육지에서는 찾아볼 수 없는 것이다. 배우자의 선정범위나 금기의 규칙이 농촌과 다른 것이다. "가능한 피가 섞이지 않아야 한다", "월삼성 6촌해야 혼인할 수 있다"라는 관념은 거의 희박하다. 겹사돈의 관계를 맺은 경우와 이종사촌언니 사이가 되는 이들이 같은 집에 시집을 와서 동서되는 경우 등이 있다. 같은 집, 같은 대의 자매가 동일한 시집에 입가하는 일, 여성을 맞교환하는 경우가 있었다. 이러한 사실을 보면 육지 농촌에서 혼인시 금기시하는 범주 내의 성원들끼리 혼인이 이루어진 경우가 있었음을 알 수 있다.

육지 농촌의 경우, 시가나 시가 친척에 입가할 수 있는 동일 가계 여성의 범위는 3촌이 한계이다. 이 범위를 벗어나면 같은 집안의 남계 친족성원과 혼인할 수 있다(박성용, 2000: 105). 집안이라는 가까운 혈친의 사회적 범주가 여성이 입가할 수 있을지 없을지를 결정하는 중요한 기준이 되지만 태하리 주민들은 이러한 범주를 반드시 지켜야 한다고 생각하지 않았다. 인척의 사회관계를 중요하게 여기는 태하리에서는 가문의 전통이나 혼반, 양반으로서의 지위 등과 같은 사회적·상징적 유산을 전승하는 단위로서 집안의 역할이 약화되어 있다고 할 수 있다.

주민들이 과거에는 "종방간에도 사돈"이 될 수 있었다고 말한 것을 보면 이러한 사례는 그들이 비록 혼인제도에 있어서 동성동본불혼이라는 부정적 원리(negative rule)를 규범적 차원에서 인식하고 있지만 부족한 혼인인구수로 인해 인구학적 재생산을 위한 전략의 실천과정에서 친척끼리 서로 혼인하였던 현상이라 생각된다. 그리하여 규범적 차원에서의 혼인관계에 대한 인식과 실천되는 차원에서의 행동 사이

에는 괴리가 있었다고 할 수 있다. 이종사촌언니가 한 집에 입가하여 동서가 되고 누이바꿈혼, 종방 사이가 사돈관계로 될 수 있다는 사실은 기존의 혼인규칙과는 다른 것이다. 이 점은 진도 하사미의 경우, 육지와 격리되어 있기 때문에 마을 내혼이 이루어지고 인척으로 맺어진 친척들 간의 혼인에 대한 규제는 없는 점(Chun Kyung-Soo, 1984: 49)과 동일하다.

그러나 필자는 태하리 주민들의 세대적 깊이가 3~4대 정도 밖에 되지 않기 때문에 수 세대를 거치면서 체계적으로 여성을 교환하여 형성한 규칙을 아직 찾지 못하였다. 대개 몇몇 집들끼리 혼인연대를 이루면서 내적 결합을 이루고 있다. 혼인하는 각 개인은 이러한 짜여진 관계망 속에서 위치하고 있다. "어떠한 집에서 청혼이 있을 때 박절하게 거절하지 못한다"라는 말은 이미 구조화된 사회관계망 속에 각 개인이 위치하고 있기 때문에 서로 혼인이 이루어질 수 있음을 의미한다. 집들 간에는 친척관계망에 의해 맺어진 연대의 관계망으로 구조화되어 있어서 어떠한 집은 레비스트로스(Lévi-Strauss, 1990)가 말한 바와 같이 상이한 두 집을 연결하는 '다리'와 같은 중개역할을 한다. 주민들은 이러한 중개자를 통해 마을 주민이나 지역민들 사이에 내혼을 하거나 친척관계망을 통해 서로 배우자를 구한다. 그리하여 한 가족을 중심으로 포도송이와 같은 모습으로 친·인척관계가 짜여지기도 한다.

이들은 마을에서 대개 상위의 경제계급에 속하는 이들이다. 이러한 혼인관계망은 태하리 주민의 경제적·정치적 지위와 깊은 관련이 있다. 이러한 사례를 보면 부자는 부자들끼리 혼인관계를 맺고 있는데 이는 가족들이 재산을 보존하려는 의도적인 목적과 생계유지를 위해 마을 내혼을 선호하는 성향이 반영된 것이라 생각된다. 특히 경제적으로 가난하고 정치적·교육적 자산이 없는 이들은 이러한 연대의

관계망에서 괴리되어 있다. 경제자원이 희소한 어촌에서는 주민들이 혼인관계를 맺을 때 경제적 조건을 고려하여 비슷한 부富를 가진 가족 상호 간에 혼인을 하고자 하였다.

지금까지 필자는 울릉군 서면 태하리의 가족구조와 상이한 가족들 간의 혼인관계, 가족의 사회사와 어로작업 등을 거시적인 국가 경제사의 변화와 조사지가 갖는 생태계의 특성을 포괄적으로 관련 지우면서 주민들이 적응전략을 어떻게 실천하는지 이해하려고 하였다.

태하리의 가족은 사회·경제적 흐름에 반응하면서 확대, 축소, 분화하는 과정을 겪었다. 이곳의 가족의 구조화 과정은 촌락사회, 미시 지역사회, 그리고 더 넓은 국가사회의 변동과 그 궤를 같이 하였다. 개척령 이후에 울릉도에 육지인이 이주하고 이들이 시대의 경제적 변화에 따라 정착·재이출함으로써 가족구조도 통합·붕괴·재구조화 등의 다양한 변화를 경험하였다.

처음 입도한 이들은 전통적인 농업경제 즉, 화전 농업체계 속에 생활을 영위하면서 마을 내에 이주한 이들이나 섬 주민들과 혼인연대를 맺는 지역내혼을 통해 사회관계를 통합하였다. 1970년대 이후로 오면서 울릉도가 관광명소로 알려지고 또한 오징어잡이가 활성화되기도 하였으나 국가에서 포항·대구·울산·구미 등지의 대도시에 공단을 조성하면서 대도시마다 노동시장이 형성되자 주민들이 재이출하였다. 대부분의 농업경작자이던 이들이 상인, 공무원, 선원, 노동자, 교사, 자유업 종사자, 군인 등의 직업을 갖기 시작하였다. 이러한 역사는 가족의 사회사에도 반영이 되고 있었다.

앞에서 제시한 사례에서 본 바와 같이 처음 입도한 이들은 적응을 위한 다양한 사회적 전략을 실천하였다. 촌락사회와 지역사회 차원에서 태하리 주민들은 상이한 출신의 도민들과 혼인을 통해 촌락사회의 사회관계망을 형성하였다. 또한 울릉도가 점차 더 넓은 사회에 개방

되면서 탈지역화현상이 점증함에 따라 이출한 가족구성원들 사이에 구성된 가족관계망은 중요한 적응의 수단이 되었다. 태하리의 주민들은 개척령 이후에 서로 혼인관계를 맺음으로써 적어도 촌락사회 차원에서는 사회통합의 과정을 지향하였다. 과거에는 지역 구성원들 사이에 지역내혼을 함으로써 가족들 간에 인척관계를 맺게 되고 이를 기반으로 뿌리를 내리는 일이 우선하였다.

　그러나 국가경제 위기가 올 때마다 가족성원들 가운데 대도시로 이주하는 이들이 많았다. 즉 이러한 거시적·미시적 변화는 태하리 가족을 다양하게 구조화시켰다. 조사지 주민들의 가족구성을 보면 먼저 독신가족과 핵가족이 높은 비율을 차지하고 있는데, 이는 구성원들이 경제적 빈곤을 벗어나기 위해 가족규모를 축소시킴으로써 어려운 환경에 적응하고자 한 사회적 실천의 결과라 할 수 있다. 낮은 어업생산성으로 인해 직계가족으로서는 빈곤한 경제에 적응할 수 없었기 때문에 핵가족이 높은 비율을 차지하는 요인이기도 하였다. 비록 과거에 태하리 주민들은 가족관계망을 근간으로 삶을 영위하기도 하였지만, 이제는 이러한 관계망이 근간이 되어 부조와 협동을 통해 생활을 영위하는 가족의 역할은 별 의미를 부여하지 못한다. 새로 입도한 이들이 태하리 주민과 혼인관계를 맺는 경우는 드물다. 어촌의 경제적 척박함과 국가의 경제위기가 어민의 일상생활에 영향을 크게 주어서 친척 성원간의 연대도 약화되었다. 미래에 관한 어민의 태도와 사회 경제적 재생산에 관한 전략은 어선의 규모와 재산의 소유 정도에 따라 분화되었다. 어로작업을 통한 어민의 경제수입은 매우 제한적이어서 가족성원들에게 경제재화를 직접 전승하는 일은 매우 드물었다. 이곳의 주민들은 경제적 재화와 문화자본을 포함하는 다양한 유산을 전승하지 못하였다. 세대 간 상속재산은 거의 없는 경우가 많았다.

이상에서 언급한 내용을 요약하면 거시적인 국가경제의 위기가 발생함에 따라 울릉도는 대도시의 공단지대와 노동시장의 노동공급원에 영향을 받게 되었고 이에 따라 이곳의 주민은 삶을 영위하기 위해 대도시로 이출함으로써 가족구조도 변화되었다. 가족구성에 있어서 독신가족과 어느 한 편의 부모가 없는 핵가족이 높은 비율을 차지하는 것도 거시적인 국가 경제사의 변화에 따라 가난을 분할하여 적응을 하려는 과정에서 이루어진 결과라 할 수 있다.

3. 어로기술과 작업조직의 변화

1) 거시적 · 미시적 차원의 접근

한 어촌사회 내에서 어로도구나 어업기술의 변화가 어떻게 생산의 사회조직을 변화시키느냐 하는 문제는 어민들의 어로작업과정과 경제, 사회적 맥락을 상호 관련지어 보는 데서 그 실상을 이해할 수 있다. 어업기술과 사회조직에 관한 연구는 미시적으로 어업기술의 차용과 선택, 기술에너지의 이행과정과 사회조직, 그리고 생산과정이 어떻게 상호 관련되는가를 생각해보는 일과 더불어서 거시적으로 국가의 어업경제사의 흐름이 어떻게 사회 기술체계에 영향을 주었는지를 상보적으로 관련지어서 이해할 필요가 있다.

무엇보다도 어민의 어업기술과 작업조직은 국제사회의 어업협정이나 국가경제구조에 영향을 받기 때문에 필자는 국가사회의 안팎을 관계 짓는 거시적인 국가경제차원과 미시적 차원의 어촌사회 내에서 이루어지는 기술체계와 사회체계의 변동을 동시에 고려하고자 한다. 따라서 이를 이해하기 위해서는 전 자본주의체제에서 산업자본주의체제로 이행하면서 이들의 어업공동체적 사회관계, 어로기술과 장비, 그리고 이에 대한 선택과 도입의 전략, 그리고 어로작업 등의 관계체계가 어떻게 변화되었는가를 살피는 작업이 무엇보다 선행되어야 한다. 그 이유는 거시적인 기술·경제적 체계가 미시적 차원의 사회체계를 변화시키는데 지대한 영향을 주며, 이를 근간으로 각 개인이 기술적 선택을 위한 의도적 실천을 하기 때문이다. 즉 기술선택은 "지역적으로 창출되거나 외부로부터 차용된다"(Lemonnier, 2002: 2)고 할 수 있다.

울릉도 어민의 어업기술은 미시적 차원에서 어선의 동력화·기계화·대형화 양상으로 일어나는 기술에너지의 이행과정이 개입되는가 하면 다른 한편으로 어로작업조직이 거시적인 경제체계의 변화와 직접, 간접으로 관계를 맺고 있다. 어촌의 내외 차원에서 보면 무동력선에서 동력선으로 대체됨에 따라 기존의 공동체적 사회관계는 점차 분화되어 어촌계 운영이나 조업에 승선하는 선원의 경우 개인의 경제적 이해를 우선시하는 사회관계로 재편성되는 과정에 있다. 아울러 어선과 장비가 점차 기계화, 대형화되어 원해조업을 함에 따라 선단조직을 새롭게 형성하여 어로작업을 한다. 이 점은 어촌의 경제적 기반이 도구, 기계, 재료 등의 생산력체계와 생산에 관련된 사회관계의 체계가 상호영향을 주고 있음을 시사하는 현상이라 할 수 있다.

그런가하면 어민의 사회·기술체계의 변화는 국가어업정책과 무관하지 않다. 예컨대 한·일 어업협정이 발효된 1998년 이후 어업권 축소로 인해 어민들은 갈수록 심각한 경제적 위기에 이르면서 어가수가 더욱 감소하고 있는 현상이 그것이다. 정부의 근해 어업에 대한 감척사업의 시행과 더불어서 연안조업의 부진으로 인해 자진 폐업한 어가들이 증대하고 있다. 비록 정부가 1990년대 초부터 잡는 어업에서 기르는 어업으로 어업정책을 전환하였지만 연안오염으로 인해 어자원이 고갈되고 중국, 러시아, 일본 등으로부터 수입활어가 늘어나면서 어업환경이 극도로 악화됨(이춘호·마창성, 2003)은 주지의 사실이다. 그리하여 한국의 수산업은 저발전과 위기에 봉착해 있다고 할 수 있다 (전경수, 1992). 이러한 거시적인 경제체계와 미시적인 기술체계의 변화가 어민의 자체 생산기제를 붕괴시키는 양상을 낳고 있다.

언급한 내부적·외부적 요인에 따른 사회적 결과의 제 특징을 이해하기 위해 이 연구는 먼저 어촌사회에서 생산기술이나 생산도구의 변화가 생산의 사회관계를 어떻게 변화시키고 있느냐에 연구의 초점

을 맞춘다. 이와 같은 관점을 구체화하기 위해 필자는 다음 몇 가지 측면에 대해 검토하려고 한다. 첫째, 거시적인 어업기술·경제의 변화와 미시적인 울릉도 어민들의 어로작업조직을 관련지어 시대별로 변화된 실상을 제시한다. 둘째, 시대별 어민의 어업기술 도입과 실천, 그리고 전개과정이 상이할 것이기 때문에 기업가적 어민과 소형어선을 소유한 어민들, 그리고 아주 영세한 어민 등이 어선을 동력화하거나 장비개선 등을 함에 있어서 어떠한 사회적·기술적 논리를 적용하게 되는지를 탐색하게 될 것이다. 셋째, 울릉도 어민이 수산자원을 사회적 차원에서 전유하는 방식과 기술의 효율성을 극대화하려는 전략을 함께 파악할 것이다. 이를 위해 필자는 울릉도의 남양, 태하, 도동의 사례를 중심으로 연구한다. 이 마을들은 울릉도의 개척역사와 함께 하고 있는 곳으로서 어업기술의 변화과정을 제시해 줄 수 있는 곳이다.

2) 어업기술과 생산의 사회조직

기술이란 인간, 자연, 그리고 물질에 대한 노동수단, 노동도구와 같은 생산수단과 이에 대한 특징적인 인식, 그리고 작업을 하는 인간행위와 태도 등과 관계되어 있다(박성용, 2003: 76). 이 점은 어로작업과 양식업, 어획량의 증대 등에 있어서 도구의 사용과 그것을 제작하는데 관련된 수단과 원료, 그리고 세대를 거치면서 전승된 의식적, 무의식적 기술사용방법에 대한 태도 등으로 구체화된다. 이러한 요소는 상호 관련되어 있어서 어떠한 요소의 변화는 다른 요소의 변화를 조건화하거나 영향을 줄 수 있다.

이러한 점에 대해 모스(Mauss, 1968)는 기술이란 전체 사회적 사실이고 물질에 대한 인간의 행동은 각 사회의 문화적 전통과 관련된다고

하였다. 그는 기술을 "신체의 기술"이라고 하여 인간의 몸과 기술의 관계를 몸의 움직임과 사회적, 심리적, 생물학적 관련성을 통해 이해하고자 하였다. 그의 연구가 기술과 사회관계의 체계를 이해하는데 기여하였지만 한 가지 문제는 몸의 기술과 도구적 기술 사이의 구분을 명확하게 하고 있지 않다는 것이다(Warnier, 2001: 6). 아울러 미시적 차원에 있어서 기술행동, 기술선택, 기술혁신, 기술과정이 거시적 사회 문화체계와 관련되고 있는지를 제시하지 못하였다. 크르스웰 (Cresswell, 1975: 521)은 기술·경제적 행위는 노동력과 생산도구, 원료와의 상호관계가 있으며, 이것이 1차적인 물질적 상태에서 최종 제작된 생산물의 상태로 재료가 변이되는 기술과정을 조작적 연쇄(Chaîne opératoire)라 하였다. 즉 어떠한 사회에 있어서 기술 에너지의 전이과정과 생산관계, 노동력, 생산도구, 원료 등의 각 기술요소 사이에는 유기적 관계가 존재한다는 것이다(박성용, 2003: 78). 각 요소와 부분은 내적으로 서로 관련, 의존하고 있으며 일정한 운동을 통해 에너지가 전달되면서 이에 따른 결과를 생산한다고 할 수 있다.

그러나 언급한 논의에서 간과해서 안 되는 점은 기술전이과정에 관련된 각 부분이 반드시 유기적이지 않을 수 있다는 것이다. 외재적 요인으로서 사회·경제적, 문화적 요소가 각 기술 부분에 선택적으로 적용되며 기술환경, 생산·노동조직, 집단의 경제전략 등에 따라 기술과정이 상이하게 조건화되고 변형될 수 있다는 점이다. 르롸구랑 (Leroi-Gouran, 1973)에 의하면 기술환경이란 물질적 행동수단의 전체와 관련되며 여기에는 내부·외부환경이 있다고 한다. 내부환경은 각 민족별로 기술의 상이성을 띠게 하나 외부환경은 그 동질성을 가지도록 하며 이는 물질적 수단을 제공하는 기술집단과 관련된다고 하였다. 부연하자면 기술환경은 세대를 거치면서 영속성을 가지기도 하나 기술집단은 내부·외부환경과는 별개로 존속할 수 있으며 기술환경을

새롭게 창출할 수 있다고 하겠다.

이러한 점을 감안한다면 어업기술변화에 따른 사회적 결과를 이해하기 위해서는 무엇보다도 이와 관련된 내재적, 외재적 요인을 두루 관련지어 보려는 노력이 요구된다. 즉 내재적 요인으로 어업기술과정과 도구의 물질성(materiality)을, 그리고 외재적 요인으로서의 사회·문화적 변동요인과 어로기술 간의 관계체계를 상보적으로 이해할 필요가 있다. 왜냐하면 어떠한 어구와 기술을 선택, 적용하는 문제는 어구 그 자체가 갖는 물질적 자질과 기존의 사회체계, 기술환경, 그리고 어촌의 외부사회로부터의 기술을 차용하는 전략, 기술적 효율성에 대한 사회적 실천, 독자적인 어로기술발명 등의 요인들이 관련되어 이루어지기 때문이다. 그리하여 어민들이 선택한 기술적 특징을 이해하기 위해서는 물질적, 문화적 맥락, 그리고 다양한 일련의 사회관계 등을 포괄적으로 관련지어 이해할 필요가 있다.

전술한 측면에서 울릉도 어민의 어업기술에 관한 접근을 한 경우는 거의 없는 것 같다. 어업기술에 관한 연구는 주로 서남해안 도서지방을 중심으로 이루어진 바 있다. 예컨대 Han(1977)은 가거도의 어민을 연구하면서 도입된 새로운 나일론 그물과 어선이 동력화됨으로써 전문화되고 더 큰 규모의 작업집단이 요구되어 어민들은 새로운 기술에 의한 이윤을 얻기 위해 어민들 스스로 더 큰 조합을 조직하는 현상이 있다고 하였다. 박광순(1981)에 의하면 수산업은 수계를 생산의 기본 조건으로 하기 때문에 어선은 필수 불가결한 노동수단일 뿐만 아니라 어장 자체가 어선의 대소, 속도 및 항속능력 등에 의해 좌우된다고 하였다. 김홍자(1992: 378)는 비혈연관계로 이루어진 비금도 주민이 어업활동의 한 단위가 되는 작업조직을 연구하면서 객주와 작업조직, 그리고 비어가들 간의 수직적 협동관계를 통해 선단을 구성하고 있는 제 특징을 규명하였다.

　무엇보다도 어업은 "해양환경의 불확실성, 비분화된 바다에서 생산되는 어산물을 채취·점유하고 상이한 어종을 포획하기 위한 특별한 기술과 지식(Acheson, 1981: 276)" 등과 관련된다. 박광순(1981: 187)은 총유와 사유, 어업기술에 대한 서남해안의 경우를 들면서 "어업기술의 발달에 따른 어선의 동력화와 어구의 과학화는 어장을 배타, 독점적 지배관계가 성립할 수 없는 원양과 심해로 확장시킴으로써 어업공동체의 존립기반을 흔들어 놓았을 뿐만 아니라 대형화되고 과학화된 어업생산수단의 장비, 그 자체의 준비에 많은 자본을 투자하게 되었다"고 하였다. 즉 어업기계화는 원양, 근해어업의 분화를 촉진하게 되었고 이는 공동체의 관계변화와 해체에 이르게 하고 사적점취를 증가하게 함으로써 양극화된 사회계급을 심화시키는 결과로 나아가고 있음을 의미한다. 더군다나 그는 어업과 관련된 공동체적 사회관계는 변화하는 기술체계와 관련됨을 간과하지 않았다. 그 이유는 비가시적이며 이동 중인 해양자원을 생산하기 위한 항해, 어로, 저장기술의 변화는 어업생산조직의 변화를 야기하기 때문이다.

　주지하다시피 한국의 어업에는 전통적인 전 자본제적 방식과 상업자본주의적 방식이 공존하고 있다. 전자는 사람과 생산물 사이에 유기적 제일성(organic unity)에 대한 사회적 관념 즉, 효용가치를 중심(Taussig, 1980: 380)으로 하는 반면에 후자의 경우, 인간관계는 사물들 사이에 존재하는 관계가 어떠한 기능으로 변하는 교환가치를 중시한다. 한국어민의 기술체계와 사회체계를 설명하는데 있어서 이러한 두 가지 측면은 엄격하게 분리될 수 있는 것이 아니다. 어민들은 어업을 함에 있어서 한편으로 현대화된 기술을 적용하는가 하면 다른 한편으로 연승어업이나 해조류 채취 작업을 할 때에는 여전히 전통적 어로기구와 기술을 사용하기 때문이다. 그런가하면 어업에 참여하는 구성원 조직을 보더라도 원양어업을 하는 대형선단의 선원들은 작업의 효

율성을 근거로 계약관계를 맺고 어로작업의 대가로 급료를 받으나, 마을공동어장에 대한 어로작업은 가족성원들 사이에 생계를 유지하는데 도움을 주기위한 무상의 노동으로 제공되며, 생산물에 대한 공동분배가 행해진다.

현대화된 상품경제체계 하에서 어선어업은 저발전된 한국의 어민가족들로 하여금 이 양자를 동시에 선택하게 한다. 어민들은 현대화된 어선어업을 할 때 국가의 어선 건조지원에 힘입어 어선을 소유하지만 연안어장에 해조류를 채취할 때에는 어촌계의 각 가구별로 어로작업에 참여하며 전통어구를 사용한다. 울릉도 어민이 어업기술을 선택하는 데에는 변화하는 경제체계의 영향을 받는가 하면 다른 한편으로 어민들이 수자원을 생산하고 모호한 자연환경을 제어하려는 사회·문화적 실천방식이 개입되기도 한다. 이것은 한국어업의 전통적 기술·경제체계와 어업이 차지하는 상대적 불평등 지위, 미분화된 어업의 역할 등으로 인해 한 가족을 중심으로 어업을 경영하게 하는 저발전 구조에 기인한다.

3) 어업기술의 역사적 전개

(1) 1차시기: 개척령 전후부터 1903년까지

울릉어민의 어업기술과 생산조직의 변화는 크게 3시기로 나누어 볼 수 있다. 개척령 이후부터 1903년까지, 1904년부터 1945년까지, 해방 이후부터 2000년대에 이르기까지이다. 1차시기는 1882년 개척령 이후 전라도, 경상도, 충청도 등지의 지역민들이 이곳으로 이주하던 때이다. 이때 이주민들은 음력 3월쯤 '나선(전라도 어선)'을 타고 이곳에 왔다고 한다. 개척민들은 입도하여 음력 7·8월까지 어로작업을

하고 출항하였다. 나선이란 전라도의 배라는 뜻에서 그렇게 불렀던 것인데 나중에는 다른 지역의 배도 그렇게 부르게 되었다(토리이 류우조오, 1996: 184). 전라도 주민들은 주로 고선을 이용하여 울릉도에 개척민을 수송하고 난 뒤 이를 버리고 울릉도에서 새로 건조한 배로 출륙하였다(울릉군, 1989: 297).

이 시기에 울릉도 사람들은 자급자족적 경제를 유지하고 있었다. 이주한 주민들은 주로 높은 산지에서 옥수수, 보리, 밀, 콩 등을 경작하였다. 간혹 이들 가운데에는 저지에 사는 경우가 있었으나 600m나 되는 산지(예: 석문동)에서 화전을 일구어 생활하였다(박성용, 2003: 396). 주민들의 주식은 옥수수, 보리, 감자였다. 이규원의 울릉도 검찰일기(1882)에 의하면 개척령이 있기 전에 새로운 곳에는 농사를 짓기 위해 이주한 이들, 그리고 도피자, 採藥者 등이 살고 있었다 한다. 이들은 먹을 것이 없어서 미역, 부지깽이, 고사리, 고비, 삼나물, 茗草(일명 명이), 칡, 물포구, 산딸기, 섬말나리 뿌리, 호박 등을 채취하거나 '깍새'를 잡아서 먹고 살았다.

이 당시에 어업기술이 어떻게 독자적으로 발전하였는지는 거의 알수 없다. 다만 "해수에 잠긴 나뭇가지나 대를 올려보면 전복, 소라 따위가 올라 왔다"라는 전해오는 주민들의 얘기로 미루어보아 어업기술이 발전되지 못한 상태였으리라 추정된다. 입도한 선조들의 전언을 기억한 자료제보자들의 말에 의하면 개척당시에 해안에서는 정어리, 미역, 해태, 전복, 해삼 등이 났으나 한국인으로서 이를 잡는 이는 몇집 되지 않았다 한다. 주민의 생업은 농업이 주를 이루었고 그 농업생산단위는 가족이 중심이 되었다. 집들이 산재하고 있어서 육지와같은 집촌을 이루지 못하였다. 공동삼림, 동산, 공동어장과 같은 마을공동재산도, 지역사회 간의 경제교환조직으로서 정기시장도 없었다. 이주민들이 농업생산을 통한 경제적 이윤을 추구하는 일은 거의 불가

능하였고, 가족을 위한 식
량생산을 위해 무상의 노
동을 하던 전자본제 사회
였다(박성용, 2003: 397). 이때
주민들은 산에서 칡을 캐
고 바다에서 소라, 생복,
문어, 미역, 김 등 해초를
따다 먹었다. 이들이 울릉
도와 강원도 간을 횡단할

〈사진 1〉 1917년의 떼배(鳥居龍藏의 사진)

수 있는 배를 만들기 시작한(홍순칠, 1997: 13) 것도 개척령 이전일 것으
로 추정된다.

개척령 이후 경상도, 강원도, 전라도, 충청도 등지의 이주민들이 나
리분지와 인근 구릉지대에 집단으로 거주하기 시작하였다. 이들은 육
지에서 식량생산을 하던 농업경작방식을 통해 밀, 옥수수, 감자 등을
경작하거나 산지에 나는 명이를 채취하여 생계를 유지하였다(박성용,
2003: 397). 특히 어민들은 수확한 콩을 날이 좋은 날 돛단배에다 실어
죽변과 삼척에 가서 팔고 필요한 생필품을 사가지고 왔었다. 이는 개
척령 이후 생계경제체계 하에 접어들었음을 시사한다. 대풍령에서
'샛바람'을 타고 270도 방향으로 가게 되면 죽변, 삼척에 이르게 된
다. 이 두 곳은 주민들이 가장 빨리 도달할 수 있는 육지의 항구였다.
돛단배('돛풍')로 육지에 갈 때 위치를 파악하기 위해 밤에는 별의 방향
을 보고, 낮에는 바람의 방향을 이용하여 육지에 갔었다.

그런가하면 어민들은 오동나무로 '떼배'를 만들어서 해조류를 채취
하였다. 이 배는 일본인들이 입도하기 전에 있었던 한국의 전형적인
뗏목과 유사한 형태였다. 규모가 제주도 떼배보다 작고 단순하다. 육
지에서 200~300m에 이르는 해안가에서 주로 미역, 다시마, 김, 곰피

<사진 2> 떼배(1998년)　　　　　　<사진 3> 수경(1998년)

모자반을 채취할 때 사용하였다. 이때 어로도구는 해조류를 베는 긴 낫과 오동나무로 만든 물수경이었다. 그리고 "울릉도 떼배는 동해안에서 쓰였던 배와 그 규모나 형태가 비슷하며 낚시를 이용한 오징어잡이, 손꽁치잡이에 사용되기도 하였다(국립해양유물전시관, 2002: 189)." 이 배에는 가운데 물칸을 두어서 고기를 잡으면 이곳에 넣어두기도 하였다. 주민들은 1960년대 후반까지 해안가에서 어로작업을 할 때 이것을 사용하였으나 오늘날에는 거의 사용하지 않는다. 크기를 보면 길이 약 4m, 폭 3m 정도이고 오동나무 5~6개를 피나무 껍질이나 닥나무 껍질로 엮어서 만든다. 노의 길이는 약 4~5m 정도 된다. 여기에는 3명 정도가 타는데 앞과 뒤에 앉은 이가 노를 젓는 방향을 같게 한다. 승선 인원은 3~4명이며 가까운 친척들이 중심이 되어 작업조직을 구성하였다. 이때 오징어를 잡기 위해 손물레를 주로 사용하였다. 이 당시에는 어선을 이용한 어업이 발전하지 못하였기 때문에 주민들은 춘궁기에 떼배를 타고 미역을 채취하여 생계를 유지하기도 하였다.

(2) 2차시기: 1904년부터 1945년까지

2차시기는 일제시대로서 울릉도의 어업이 일본 수산업의 기술과 통어지침에 지배를 받던 시기이다. 일제가 한국의 수산업 전반을 지배하

였던 때였다. 1904년, 일본은 일본인의 통어구역을 전 영해로 확대하기 시작하였으며, 1908년에는 통감부의 일방적 조치에 따라 어업에 관한 협정을 체결하였다. 1909년 4월 1일부터 일본인이 한국인과 동등한 자격으로 내수면을 포함한 전 구역에서 작업을 할 수 있게 되었고, 면허어업도 할 수 있어서 우리 어장을 탈취하게 되었다(박구병, 2000: 13). 이에 따라 일본인들은 한국해에 출어해서 행하는 어로작업과 어획물 가공, 유통, 운송, 관세과정에 대한 한해통어지침韓海通漁指針(史云研究所, 1999)을 통해, 해업권의 법형식을 빌어 촌락, 또는 촌민이 공동으로 소유하던 어장을 광범위하게 장악하였다(박광순, 1981: 252). 1911년, 일본 境港과 연간 30~40회 왕복하는 범선이 있었으나 이 배는 그들의 생활필수품 구입과 섬 목재, 대두 등의 수출이 목적이었으므로 일반 도민에게는 하등의 편의를 제공하지 못하였다(울릉군, 1989: 298).

일제의 이러한 어업권의 지배는 그들이 한국해에서 생산되는 어획물을 수탈할 수 있는 법적 근거를 통해 이루어졌다. 일인의 통어구역이 한국의 전 해역에 적용됨에 따라 울릉도 근해 조업도 1904년 2월 제1차 한·일 의정서와 동년 8월 제1차 한·일 협약을 강제로 체결한 이후 일본 島取縣, 島根縣 등의 지역에서 다수의 일인들이 입도하여 근거조업 및 통조를 시작하였고 매년 어선이 증가하였다(울릉군, 1989: 194). 특히 1905년 일본인 中井養三郎 등의 강치포획 사업과 수산물 채취를 위한 일본인들의 독도 입도가 공식적으로 시작되었다(홍승근, 1998: 29). 그리고 1914년 2월 24일, 울릉도에 어업협동조합이 설립되어 어획물 판로를 개척하기 시작하였으며 1937년부터 1942년까지 6년에 걸쳐 고등어 연승어업이 이루어졌고 도동, 저동, 태하리에 통조림 공장이 설립되었다(울릉군, 1989: 194). 이러한 일제의 공장설립은 "제국주의적 침략전쟁을 수행하는데 수산물이 심각한 식량사정을 완화하고 양질의 단백질을 공급하기 위한 일종의 군수품(박구병, 1992:

269)"을 조달하기 위해서였다. 울릉도의 수산업사는 일제의 식민지어 장의 점취를 위한 수산물 침탈과정과 긴밀하게 관련된다고 여겨진다. 당시에 수산 가공물과 어획물의 판매과정과 유통과정은 일제 통제 하에 있었으며 울릉도 사람들이 해산물을 채취, 생산하여 상업화하는 과정은 일본인에 의해 지배를 받는 식민지상품경제적 생산방식 속에 살고 있었다.

육지와의 교역활동은 1차시기와 마찬가지로 붕아적 상태에 있었다. 이때 울릉도민들은 거의 대부분 옥수수와 감자 등의 농업에 주로 종사하였으나 일본인들은 어업에 종사하는 이들이 대부분이었다. 울릉도민들에게 있어서 가족은 농업생산단위로서 중요한 역할을 하였다. 그들은 전통적인 농업경제체계 속에 생활을 영위하면서 일본인들의 어업기술을 차용하기도 하였다.

이 당시에 울릉도 어민 중에는 일본인으로부터 배를 건조하는 기술을 배운 이들이 있었다. 주민들은 이들을 '배목수'라 부르는데 3년 정도 설계도를 그리고 배의 각 부분을 제작하는 일을 배워야만 배를 만들 수 있었다고 하였다. 그들이 만든 배는 대개 '강고배(전마선)'로서 돛을 단 배가 주종을 이루고 있었다. "강고배는 20세기 초 일본인이 이주하면서 들어온 개량목선으로 배 부분 명칭 등의 용어는 대부분 일본식 이름으로 불려진다(국립해양유물전시관, 2002: 193)." 과거에는 울릉도에서 생산되는 잣나무로 만들었으나 최근에는 부산에서 삼나무로 제작한다.

배를 건조한 목수 박○○씨(65세)는 그의 백부로부터 일본어로 설계도와 제작방법, 각 부분 명칭 등을 배웠다. 그는 1942년에 처음으로 강고배를 제작하였다. 1970년에 7~8t 정도의 배를 만드는데 목수 2명이 150일 정도 일을 하였으며 그 임금비는 1,800만 원이 들었다. 이러한 점을 보면 일제시대의 울릉도 어민 중에는 일본식 어구나 어선,

어법을 차용하는 이들이 증가하였던 것으로 미루어 짐작할 수 있다. 또한 전통적인 한국의 어선형태가 점차 일본식으로 변화한 시기라 할 수 있다. 약 1.5t급 강고배에는 4명 정도가 승선한다. 갑판장, 선장, 선원 2명으로 구성된다. 1960년대까지 무동력선인 강고배가 울릉도에 주된 어선이었으나 1970년대 이후로 오면서 점차 유리섬유강화플라스틱(FRP) 등으로 전환되었다.

(3) 3차시기: 1945년부터 현재까지

해방 이후부터 1960년대까지 농업은 점차 주된 생업으로 자리매김하기 시작하였다. 가족이 여전히 생업의 단위가 되며 농사를 짓는데 가족의 농업노동력이 근간이 되었다. 그러면서도 농번기가 아닌 시기에 바다에서 꽁치와 오징어를 잡는 이들이 늘어나기 시작하였다. 특히 사라호 태풍이 있던 1962년에 극심한 흉작이 들자 많은 이들이 어업으로 생업을 전환하였다. 이때 완전히 농업에 종사하는 이, 어업에 종사하는 이, 그리고 반농반어에 종사하는 이 등으로 점차 분화되기 시작하였다.

1963년 5월에 청룡호가 포항과 울릉도를 왕래하면서 주민들 중에는 오징어를 말려서 육지에다 팔고 도시에서 쌀, 멸치 등을 구입하여 전국에 팔러 다니는 이들이 늘어나기 시작하였다. 그런가하면 어떤 이들은 독도에서 미역을 채취하여 전국에 팔러 가기도 하였다.

1960년대에 어민들은 목선을 타고 고기잡이를 하였다. 이 당시의 배는 작은 목선이어서 선장, 갑판장, 일반선원 1~2명이 타는 경우가 대부분이었다. 0.5t의 목선은 노를 젓는 배인데, 오동나무로 건조하며 특별한 기술이 필요 없고, 누구든지 만들 수 있었다. 이 배의 동력 근원은 전동기보다 사람의 힘이었다. 1960년대 중반에 이르면 동력화된 목선이 등장한다. 특히 70t 이상 되는 목선의 경우, 16명의 선원이 승

선하였다. 5톤 정도 되는 배에는 갑판장, 선장, 선원(2명)이 승선하였다.

이 시기의 수산인구 및 어가 호수는 약간 변화하는 추세에 있었다. 울릉도 수산인구 및 어가수가 1965년부터 1970년 초까지 증가하다가 1985년 이후부터 점차 감소한다(<그림 1, 2>, <표 1> 참조). 이때의 어업 기술에 관해 주의 깊게 살펴보아야 할 점은 비록 1965년의 한·일국 교정상화에 따른 한·일 어업협정의 체결을 계기로 어업 근대화와 어촌 개발시책이 시행되기도 하였지만 영세한 전통적 조업방식이 주로 행하여졌다는 것이다. 울릉군의 한 통계자료를 정리해본 결과, 1968년 총 어선세력은 동력선 453.3t, 무동력선 329.1t이던 것이 1975년에 이르면 동력선 2,336t, 무동력선 219t으로 동력선이 500% 이상 증가한 반면 무동력선은 30% 정도 감소한다. 1971년의 전국어선세력은 22,765척(50.0%), 230,940t(142.8%)이었다. 어선세력의 증가는 어업 전반에 영향을 주었는데 어획고가 128.3%나 신장하고 연안어업 의존형이던 우리의 어업별 생산구조가 변화하기 시작하였다. 총 어획고의 84.3%를 차지하던 연안어업이 47%로 축소되고 원양어업과 양식어업이 각각 14.8%와 13.7%의 큰 비중을 접하여 바야흐로 근대적 어업으로

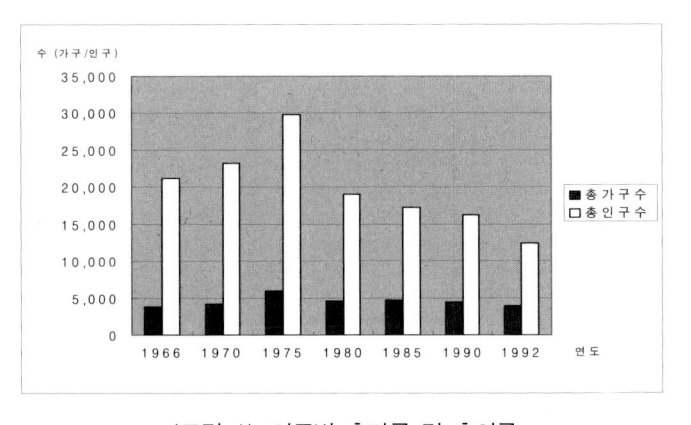

〈그림 1〉 연도별 총가구 및 총인구

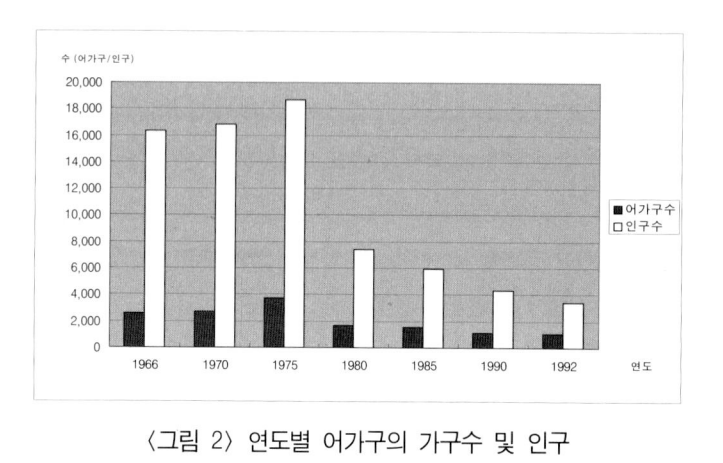

〈그림 2〉 연도별 어가구의 가구수 및 인구

〈표 1〉 울릉도 수산인구 및 호수

구분별 년도	총가구		어가구	
			계	
	총가구수	인 구	가구수	인 구
1966	3,784	21,143	2,585	16,315
1967	3,853	22,317	2,597	16,380
1968	3,849	22,179	2,610	16,454
1969	4,044	22,342	2,637	16,543
1970	4,243	23,248	2,683	16,787
1971	4,453	24,269	2,530	13,005
1972	5,134	27,085	3,006	15,746
1973	5,619	28,582	3,466	17,285
1974	5,933	29,668	3,693	18,653
1975	5,939	29,810	3,704	18,679
1976	5,702	27,468	2,915	13,560
1977	5,408	24,933	2,385	10,859
1978	4,659	20,756	1,870	8,231
1979	4,426	19,386	1,710	7,569
1980	4,519	19,057	1,680	7,415
1981	4,493	18,810	1,665	7,102
1982	4,833	19,890	2,020	8,246
1983	4,845	19,243	1,708	6,613
1984	4,832	18,866	1,657	6,642
1985	4,716	17,276	1,559	5,923

1986	4,673	16,527	1,501	5,772
1987	4,672	16,763	1,509	5,907
1988	4,602	16,629	1,302	4,902
1989	4,535	16,401	1,305	4,655
1990	4,418	16,172	1,144	4,322
1991	4,331	14,623	1,142	4,010
1992	3,968	12,463	1,068	3,448

방향이 전환되기 시작하였다(한규설, 2001: 412).

그러나 여기에서 간과해서 안 되는 점은 울릉도의 경우, 비록 미미하지만 무동력선이 1993년까지 조업에 사용되었으며, 10톤 미만의 소형동력선이 울릉도 어선의 주종을 이루고 있다는 것이다. 어선의 톤수를 보면 소형어선이 주종을 이루고, 30t에서 50t 사이의 어선이 그 다음을 차지하였다. 1t 이하의 경우 1985년에 61척이던 것이 2001년에 17척으로 감소한 반면에 5~10t 사이의 배가 33척이던 것이 110척으로 증가하였다(<표 2> 참조).

<표 2> 연도별 어선톤수의 변화

연도	합계	전년대비	소계	동력선													무동력선		
				1t 미만	1 ~ 5	5 ~ 10	10 ~ 15	15 ~ 20	20 ~ 25	25 ~ 30	30 ~ 50	50 ~ 80	80 ~ 100	100 ~ 150	150 ~ 200	소계	1t 미만	1 ~ 5
85	418		344	61	165	33	10	3	8	2	31	11	8	10	2	74	72	2
86	505	87	451	62	250	34	11	4	10	2	44	14	8	10	2	54	52	2
87	507	2	461	58	270	30	9	6	7	1	45	17	8	8	2	46	44	2
88	503	-4	457	56	272	28	10	6	5	5	43	15	7	8	2	46	46	
89	514	11	470	57	281	30	9	6	7	6	43	14	7	8	2	44	43	1
90	522	8	489	56	298	34	10	5	7	7	41	14	7	8	2	33	33	
91	535	13	506	53	314	42	12	7	7	7	35	14	6	8	2	29	29	
92	546	11	515	48	310	54	15	11	5	9	34	14	6	8	1	31	31	
93	538	-8	509	40	309	56	12	15	7	9	31	16	6	7	1	29	29	
94	474	-64	473	29	276	73	15	12	9	11	23	14	5	5	1	1		1
95	445	-29	441	21	233	88	14	15	8	22	20	12	3	4	1	4	3	1
96	436	-9	433	19	218	95	13	12	11	23	20	13	4	4	1	3	3	

97	433	-3	419	18	203	96	14	11	11	24	21	12	4	4	1	14	14
98	424	-9	411	17	194	102	14	12	11	22	18	12	4	4	1	13	13
99	408	-16	397	16	180	107	14	12	10	22	17	10	4	4	1	11	11
00	388	-20	378	17	173	110	11	14	9	21	14	5	1	2	1	10	10

1970년 이후 울릉도 어선의 기계화양상을 보면 소형동력선이 점차 디젤선이나 유리강화섬유플라스틱으로 제작된 어선으로 대체되기 시작하였다. 그러나 완전히 현대화된 어선으로 전환된 것이 아니라 언급한 바와 같이 무동력선과 동력선이 공존하는 모습을 이루었다. 그리고 떼배도 여전히 사용되었고 해조류를 채취할 때에는 전통적인 낫을 사용하였다. 1975년 이전만 하더라도 여름한철 성어기에 한정된 소형채낚기 방법과 자동조획기가 일부 사용되기도 하였다.

1980년에 들어오면서 정부주도로 어선대형화를 위한 계획조선이 추진되었다. 이때 이곳의 어민들은 수산업협동조합에서 대부를 받아서 7t급 배를 구입하였다. 한 어민의 말에 의하면 4~5년 정도 노력하면 빚을 갚을 것으로 생각하였으나 빚을 낸 2억에 대한 이자가 2,000만 원, 교육비, 생활비, 부조금 등 각종 모임에 지불되는 비용을 제하고 나면 원금 중 1,000만 원을 상환하기 힘들었다 한다.

1980년대에는 어업기술의 과학화를 지향하는 정부시책으로 오징어 유자망 및 채낚기 어선이 수온에 따라 회유하는 오징어를 잡는 신 어구, 어법이 도입되었다. 어선의 설비, 건조는 정부의 계획 건조사업의 일환으로 추진되었지만 자부담을 전제한 조선이기 때문에 어가의 경제적 부채는 더욱 늘어나는 시기에 접어들게 되었다.

어장이 더욱 원격화 되고 항해일수가 늘어남에 따라 오징어 채낚기선에 냉동장치를 설치할 필요성이 증대되었다. 선해일수와 전천후 조업의 증가에 따라 어획물 모두를 동결하는 추세에 있게 되고 이에 따라 채낚기선의 중장비화는 갈수록 증가하였다. 그 이유는 어민들이 생산한 자원을 효율적으로 저장하는 기술은 이를 분배하고 유통하는

과정과 긴밀한 관계가 있기 때문이다(Geisdoerfer, 1984).

어선을 건조할 때 사용하는 재료를 보면 1975년경부터 유리섬유강화플라스틱을 이용하였으나 1990년 이후부터 대부분의 배는 이것으로 건조되었다. 1990년대 어업기술에 있어서 일어난 가장 큰 변화는 조상기가 자동화 되었다는 것이다. 이전에는 승선하는 인원이 많았으나 자동화 이후에 사람의 노동력이 필요가 없기 때문에 어로작업 하는 선원 수에도 변화가 야기되었다. 대형어선은 70t 정도가 되었으며 약 30명의 선원이 승선하였다. 선원으로서 친척이나 형제를 태우기도 하지만 거의 대부분이 친척관계가 아닌 이들이 중심이 되었다. 어선이 대형화 되는 추세는 한 자료제보자의 얘기에서도 찾아볼 수 있다.

‖ 사례 1 ‖

나는 1950년대 0.5t 되는 목선을 3명이 함께 탔었다. 가족이나 형제간에는 타지 않았고 마음 맞는 마을 사람들 중에서 함께 승선하였다. 그러다가 배 톤수를 좀 확대해서 7t 목선을 탔었다. 이때 18명이 탔었는데 마을 사람들과 강원도에서 돈벌이 하러 온 사람들과 함께 탔었다. 그 당시에 좋은 배를 타기란 매우 힘들었다. 어획량이 많으면 자신에게 돌아오는 수익이 많기 때문에 서로 좋은 배를 타려고 하였다. 선장, 기관장, 갑판장, 본 선원(배를 관리하는 사람), 선원이 있었다. 이때 '씨울질' 하던 것을 물레로 대체하였다. 그러다가 한·일 어업협정으로 보상을 받으면서 국가에서 뱃삯의 40%를 지원하게 되자 30t급 배를 타게 되었다. 이 배에는 25명이 함께 탔으며 당시에는 선박이 부족하였기 때문에 서로 타려고 하였다. 나는 선주여서 경비와 수리비를 제하고 나면 그렇게 많은 이익을 남기지 못하였다. 그 이후 1978년 박정희 대통령 시절 수산업 발전을 위한 계획조선이 시작되면서 70t을 타게 되었다. 전두환 대통령 시절 이 배에는 30명이 승선하였다. 바다에서 10일 이상 조업할 수 있었고 냉장시설이 되어 있었기 때문에 오징어 가격을 제대로 받을 수 있었다. 당시 오징어 1축에 18,000원~20,000원 정도였다. 이때 쌀 한말 가격이 3만 원이었으니 괜찮은 편이었다. 150t급 배는 집어등, 추진기계, 냉동기계 등을 갖추어야 한다. 바다에서 한두 달을 머물면서 잡은 고기를 150도로 급냉한다. 부산에서 선원을 모집하는데 이 배는 두 달을 목표로 작업을 하기 때문에 이 기간에 맞는 식량을 한 배에 싣는다. 고기를 냉동실에 두지 못할 정도이면 운반선이 와서 옮겨 가기도 하였다. 냉동시설은 장기조업을 하는데 좋다(박○○씨, 68세, 남).

앞쪽에서 제시한 통계자료(<그림 1, 2>, <표 1, 2>)를 보면 어가구와 어선톤수의 변화는 거시적인 국가경제사의 변화에 기인함을 알 수 있다. 첫째, 1980년경에 어가수가 감소한 것은 국제유가변동으로 인해 어민들이 어업으로 생계를 유지하기에는 매우 어려운 사정에 처하였기 때문이다. 또한 정부에서 포항, 대구, 울산, 구미 등지의 대도시에 공단을 조성하면서 대도시마다 노동시장이 형성되자 주민들이 재이출하였기 때문이다(박성용, 2004: 452). 둘째, 어가구가 점차 감소하는 요인 가운데 하나는 1999년 1월 한·일 어업협정이 발효되면서 배타적 경제수역(EEZ)에까지 조업하던 어로구역이 축소됨에 따라 어획고가 감소되었기 때문이다. 셋째, 연안오염과 조업부진으로 인해 어획고가 갈수록 감소하는 추세에 처하게 되자 어민 스스로 감척을 함으로써 일어난 현상으로 여겨진다. 넷째, 공산품 가격에 우위를 두는 국가 경제정책은 어민들의 생산품에 대한 가격결정을 통제하기 때문에 어업이 저발전적 생산구조를 벗어나지 못하고 있는 것도 한 요인이다.

특히 축적되지 못한 경제자본과 오징어 가격의 불규칙한 변동, 저가로 인한 이윤율의 하락, 수요와 공급의 불균형으로 인해 어민들의 생업전환은 급격하게 일어나고 있다. 소어가들은 경제적 이윤을 추구할 수 있는 생업구조를 이루고 있지 못하기 때문에 어업경제활동이 가족을 위한 생계유지의 차원에 한정되고 있으며 경제적 재생산을 위한 투자는 불가능하다. 어업과 타 산업과의 상대적 격차가 심화되어 영세한 소어가들은 시장경제의 변화에 적극 적응하지 못해 경제의 점진적 약화현상이 증대되고 있다. 이에 비해 자본가 어업은 어로기술 및 장비에 더 많은 투자를 한다. 기술자본에는 자신의 경제적 수준이상으로 투자를 한다. 따라서 울릉도 어민의 어업기술은 국가사회의 다양한 정치, 경제적 체계의 변화에 직접 영향을 받고 있다고 할 수 있다.

최근에 이르러 수입을 좀 더 올리기 위해 여러 명이 공동출자를 해서 대형화된 배를 마련하는 추세가 있다. 이러한 배는 원해에 나가서 오랫동안 조업을 할 수 있기 때문이다. 어민들은 오징어가 많이 나는 대화퇴에 가서 조업한다. 이곳의 수심은 평균 300~500m 정도이다. 이곳까지 1시간당 10노트 속도의 배로 25~26시간을 가면 대화퇴 아래 해역에 도착한다. 해구도와 위치판독기(GPX)의 좌표를 보고 선장의 판단에 따라 항해하며, 조업은 선단을 구성하여 행한다. 대화퇴에는 물이 세게 흐르기 때문에 그물을 사용할 수 없다. 2~3일간 조류를 따라 배가 흘러가면서 채낚기를 한다. 이곳에서 어업을 할 때는 어업지도선인 복귀 모선이 따라간다. 복귀 모선은 하루 2회 어선들의 위치를 점검하며, 어선들은 복귀 모선에서 2~3마일을 벗어나지 않는다. 잡은 고기는 즉시 냉동 보관한다. 장비가 좋지 않았을 때에는 친한 이들끼리 선단을 구성하였다. 그리고 안전조업이 가장 중요하기 때문에 선단들 간에 서로 정보를 교환하고, 복귀 모선은 선단을 통제한다.

그 밖의 어구발전에서 빼놓을 수 없는 것은 집어등과 낚시찌이다. 70년대 후반까지 전구를, 80년대 초반에는 백열등을, 현재에는 가로등을 사용한다. 집어등의 광력을 정부에서는 어선의 톤수에 따라 제한을 두고 있다. 오징어 낚시찌는 크기에 따라 구분된다. 8cm~15cm까지 차이가 있다. 70년대 이후 현재까지 크게 모양의 변화가 없이 색깔이 다르다. 오징어를 채낚기만 하고 그물을 사용하지 않는 것은 신선도 때문이다. 오징어는 연체동물이기 때문에 그물망으로 잡게 되면 서로의 몸이 부딪쳐서 터져 상해버리기 때문이다. 채낚기를 하기 전에 어민들은 낚시를 양쪽에 연결하여 잡기도 하였다.

1970년대에 손물레를 주로 사용하였다면 1980년대에는 조상기를 사용하였다. 1983년에 일본에서 이를 수입하여 사용하였으나 성능이

좋지 못하여 손물레를 더 많이 사용하였다. 90년도에 들어오면서 자동화된 조상기를 사용함으로써 어획고가 증가되었다. 특히 그물의 선이 엉키고 오징어가 튕기기도 하여 사용에 불편이 많았다. 그물도 시대를 따라 많이 변화하여 옛날에는 목그물과 광그물을 사용하였으나 오늘날에는 나일론 그물을 사용함으로써 썩지 않는다. 해조류는 여전히 수경과 낫을 이용하여 채취한다.

특히 오징어 조업은 집어등의 빛이 굴절되는 각을 이용하여 어군을 채낚하는 어로방법으로 불빛에 집어한 어군은 선체하부의 그늘진 곳에 운집, 회유하게 하는 것이 그 특징이다. 그리고 난 뒤 바다의 인광이 어구가 오르내리는 동안 물과 마찰로 인해 푸른빛을 발광함으로써 오징어가 마치 먹이로 오인하여 낚시에 걸리도록 하고 이를 조상하는 것이다. 집어등의 강력한 불빛과 동물플랑크톤, 오징어를 동시에 집어시켜 놓고 빛의 굴절을 이용하여 먹이처럼 오인시켜 걸어 올린다. 집어등의 광력은 선박의 대소와 선형에 따라 적정광력과 적정전등, 그리고 전등의 종류에 대한 효율적 이용방법 등이 필요한데 이러한 고려 없이 해마다 경쟁적으로 증가하는 경향을 보였다. 어선 광력을 비교해보면 1962년에서 1973년 사이의 그것이 1980년 이후 보다 3.5배나 증가하였다(이현수, 1979: 13).

4. 어업기술과 사회관계의 변화

1) 연·근해어업과 사회관계

인류학자들은 어촌을 연구할 때 주로 어로조직, 어업권, 협동조직, 생업방식, 어로도구, 의례·정치과정 등에 관해 이해하고자 하였다. 특히 해양생태계의 특성에 기인한 사회조직과 제도, 규범 및 생활양식에 관한 연구는 그곳에 살고 있는 주민들의 생존전략과 적응의 문제가 중요한 관심사가 되지 않을 수 없었다. 그럼에도 불구하고 어업기술의 변화에 따른 어촌주민의 어로작업조직에 관한 연구는 드문 편이다.

해양생태계를 기반으로 하는 울릉어민의 어업조직은 어업기술과 긴밀한 관계를 가지고 있다. 박광순(1981: 104)에 의하면 어업기술의 진보 및 어장비율의 제고와 더불어 어장은 내수면, 연안어장 → 근해어장 → 내수면, 연안어장에 있어서의 특수적 양식장 → 원양어장 → 심해어장 → 천해에 있어서의 일반적 양식장 등으로 확대되며 그로 인하여 연안의 단순한 채조포구업, 원근해의 어로업, 천해의 양식업이라는 분업이 전개될 것이라고 하였다. 또한 이와 같이 어업내부에 있어서의 분업과 함께 각개 어촌이 지니고 있는 입지여건 여하에 따라 농업, 상공업, 그 밖의 산업이 정착하여 하나의 국지적 사회분업체계가 확립될 것이라고 하였다. 이러한 지적은 기술의 발전과 어업권의 확대 및 분화에 대한 앞으로의 변동과정을 예측하고자 한 것이다.

그런데 이러한 접근에서 주의해야 할 점은 기술도입과 어장변화의 과정은 단선적 변화과정만을 거치는 것이 아니라 국가경제사의 흐름과 지역민의 경제사정, 그리고 해수환경 등에 따라 다양한 변화가 야

기될 수 있다는 것이다. 울릉도 어업만 하더라도 연·근해어업뿐만
아니라 원해어업, 그리고 미역이나 전복 등을 채취하는 잠수기사업
등이 있다. 연안어업은 대개 20~30마일 정도로 1~3시간 정도 걸리
는 해역에서 이루어진다. 근해어업으로서 오징어잡이는 독도 근해에
서 이루어진다. 울릉도에서 독도까지는 약 4시간 30분 정도 걸린다.
속초, 삼척, 묵호 등지의 어선들이 와서 하루 만에 작업을 해서 돌아
가기도 한다. 원해어업은 주로 대화퇴어장에서 이루어진다. 이곳의
특징적인 어업 가운데 하나는 양식업이 크게 발전하지 못하고 있는
것인데, 그 이유는 해류의 이동이 급박하여 패류의 부화가 잘 되지
않기 때문이다. 이러한 거시적, 미시적 변화의 조건들은 기술환경과
함께 어로작업조직의 특징을 낳게 되는 배경이 된다.

한국의 연안어업은 안강망어업, 일체조어업一體釣漁業, 유자망어업,
정치망어업 등으로 구분된다. 근해어업은 주로 대형선망어업大型旋網漁
業, 대·중형 기선저인망어업, 트롤어업 등이다. 울릉도 어민은 연안
유자망, 연안채낚기, 근해유자망, 근해채낚기, 잠수기업, 연안통발 등
의 방법으로 잡어와 오징어를 잡는다. 울릉도에는 파도가 세고 조류
의 변화가 심해서 정치망으로 고기를 잡을 수 없다. 어민들은 연안유
자망과 근해유자망으로 꽁치, 가오리, 넙치, 망상어, 뿔락, 가자미, 말
쥐치, 돌돔, 홍어, 청돔 등의 잡어를 잡는데 울릉도·독도 근해에서
조업을 한다. 울릉도 어업의 주종은 오징어잡이에 집중되고 있다(한상
복·전경수, 1992: 495).

어민들은 7월 중순부터 이듬해 1월 중순까지 오징어잡이에 종사한
다. 1월 말에서 4월 초순까지는 휴어기로 마을어장에서 채취한 미역,
김, 소라 등의 이익을 분배하고 주로 봄나물을 채취하는 작업에 참여
한다. 4월 중순부터 6월 말까지는 오징어잡이 준비기이다. 같이 배를
탈 사람을 구하기도 하고 후포나 포항에 가서 배를 수리한다. 본격적

으로 오징어잡이가 시작되면 대개 낮 1~2시에 출항해서 다음날 6시~8시에 돌아온다. 겨울에는 해가 짧기 때문에 15시간 정도 조업을 한다. 조업은 1시간에서 3시간 사이에 이루어지고 오징어 이동에 따라 다르다. 이곳의 어민들은 하루 만에 조업해서 되돌아오는 것을 '당일바리'라 한다. 강원도의 속초와 삼척, 묵호 등지에서 출발하는 배는 이곳까지 직선거리로 항해해서 도달하며, 포항과 구룡포 등지에서 오는 배들도 많이 있다. 이들은 모두 독도를 중심으로 선단을 조직하여 조업을 행하며, '당일바리'를 하고 있다. 최근 4~5년 사이에는 연안어장의 조업이 거의 없어졌다. 소형어업의 경우 조업을 하는 승선인원이 대개 5명 정도이고 역할이 나누어져 있다. 밥을 준비하는 이, 사공, 물질하는 이(2명) 등으로 구성된다. 이들은 대개 영세한 어민으로서 빈곤한 상태를 벗어나지 못하고 있다.

‖ 사례 1 ‖

1970년대 독도에 조업을 하러 갈 때 5명이 한 팀이 되었다. 역할이 나누어져 있는데 밥을 준비하는 이, 사공, 해초나 뒷 작업을 도와주고 물속에 들어가서 물질하는 이 등이 있다. 선장은 항해를 담당하고 다른 한사람은 물밑에서 망태기가 올라오는 것을 들어 올리는 역할을 하였다. 수부장은 해녀이다. 신호하는 줄은 농약 살포기의 줄과 같은 데 한 번 치면 물밑이 깊다든지 산소가 모자란다는 신호이고 두 번 치면 당긴다. 당시에 물질하는 해녀가 독도에 약 30명 정도 있었다(김○○씨, 60세, 남).

‖ 사례 2 ‖

82년에는 작은 배를 사서 조업을 하였다. 이 작은 배로 친구와 동업을 하였으나 1년 만에 그에게 모두 넘겼다. 수익을 배분하는데 있어서 서로 열심히 일해도 꼭 같이 배분하는 것이 서로 불만족스러웠다. 그 이후 3,000만 원을 주고 2t의 배를 구입하였다. 3년 정도 조업하였으나 연해에서 조업하다 보니 오징어 어획이 좋지 못하여 빚을 지게 되어서 그만 두었다. 94년에 노후선을 대체하기 위한 작업비(600만 원)와 7t 배를 사기 위해 2억 원을 대부받아서 구입하였다. 처음 시작할 때에만 해도 1년에 6,000~7,000만 원의 수입을 올린다면 4~5년만 고생하면 빚을 갚고 배가 한 척이 남을 수 있다고 생각하였

다. 그러나 연간 생산총액이 약 5,000만 원 밖에 되지 않는데다가 빌린 2억에 대한 이자가 매년 2,000만 원 정도 되고, 유류비 2,000만 원, 어구 수리비 400만 원, 조상기 수리비 800만 원, 배수리비 200만 원, 자녀 교육비 1,000만 원이 지출되었다. 이로 인해 원금 1,000만 원을 갚기가 어려웠다. 다행히 황토구미에서 안식구가 장사를 하여 1,000만 원 정도 수익을 올리게 되어 거의 적자를 메울 수 있었다. 자식들은 모두 육지에 가서 생활한다. 조상기의 도입에 영향을 받았다. 승선하는 이는 선장, 기관장, 선원들로 구성된다. 간혹 형제간에 타는 경우도 있지만 전통적으로 친형제간에는 승선을 안 한다. 부자, 부부는 어로작업을 할 때 같은 배를 잘 안탄다. 관습상 여자들이 타는 것을 꺼린다. 안전을 위해서이다. 대개 선후배, 동기끼리 탄다. "○○를 데리고 둘이 같이 놀아도 배는 두 사람이 같이 타기 어렵다" 한다. 왜냐하면 2명이 모두 선주하기가 어렵기 때문이다. 바다는 예측할 수 없기 때문에 공동출자하여 운영하더라도 의리를 상할 수 있다. 현재 형제간에 타는 것은 어려움을 감수하고 소득을 좀 더 올리기 위해서, 그리고 선원 구하기가 어렵기 때문에 그렇게 하기도 한다. 텅 빈 배로 돌아오면 의리가 상한다. 오징어를 말려서 판매한 수입으로 생활한다. 자녀들은 서울, 부산, 대구 등지에서 공부를 하고 있다. 나이가 많은 이는 농사를 특별히 짓는 이가 없다(서○○씨, 45세, 남).

‖ 사례 3 ‖

아버지는 본래 농사를 지었지만 잘되지 않아서 배를 타게 되었다. 중학교 때부터 일명 '풍선'이라는 목선을 탔었다. 여러 명이 함께 타는 배는 친척이나 형제들을 태우기도 한다. 그러나 친척이나 형제들이 있으면 다른 사람들을 통솔하기가 힘들다. 친척이나 형제들이 내는 비용은 모두 같다(이○○씨, 35세, 남).

‖ 사례 4 ‖

처음에 혼자서 3t급 목선을 운영하였다. 이 배는 멀리 나가서 조업을 하지 못하니 수입을 올릴 수 없어서 2년 전에 가진 돈과 빚을 내어서 5t급 배를 구입하였다. 100% 자부담으로 운영할 경우 수입이 괜찮지만 대부분의 선주들은 영세하기 때문에 그렇게 구입하는 사람은 거의 없고 수협에서 융자를 얻어 구입한다. 그렇다 보니 빚이 늘고 해서 원금을 상환할 방법이 없었다. 그래서 임금비를 줄이기 위해 부부가 함께 배를 타게 되었다. 다른 사람을 고용하였을 때 수지타산이 맞지 않기 때문이다. 누구라도 배를 타면 수익의 30%를 주어야 하는데 이럴 경우 배를 운영할 수 없다. 일 년 총 수입이 어림잡아 약 8,000만 원가량 되는데 이중에 경비나 기름값 1,200~1,500만 원을 제하고 나면 5,000만 원 정도의 수입이 된다. 만약 다른 사람에게 30%를 주게 되

면 3,000만 원으로 일 년 동안 생활하기에는 무척 힘들게 된다.

선원이 부족하기 때문에 여성들도 조업에 참여할 수밖에 없다. 부인은 배에 관련된 일과 가정일을 동시에 해야 하기 때문에 매우 힘들다. 남편은 배를 접안한 뒤 오징어 상자를 내려놓으면 끝나지만 부인은 상자관리, 오징어 판매, 식사준비 등 일이 너무 고되다. 과거에 어촌에서는 여자들이 배를 타면 부정탄다고 배에 발도 붙이지 못하였다. 요즈음에는 이러한 관념도 많이 바뀌었다(이○○씨, 51세, 남).

‖ 사례 5 ‖

우리는 2차 개척시대에 들어왔다. 나선(전라도배)을 타고 입도하였다. 모친은 3남매를 두었다. 아들 3명이 모두 선원이다. 1950년 이후 줄곧 배를 타고 다녔다. 0.3t, 0.5t을 타고 다니다가 1965년, 66년에 5t 되는 배를 탔다. 1971년에 30t, 1978년에 70t 되는 배를 타고 다녔다. 배는 묵호시에 두었고 아들을 대구에서 공부를 시켰다. 3년 전부터 병으로 울릉도에 들어와서 산다. 수협 융자 90%, 자부담 10%인데 이자주기에도 벅차다. 경영이 어렵다.

배에서는 질서가 중요하다. 사무장(선장)의 지시에 따라야 한다. 계산은 선장, 반장의 책임 하에 사무실에서 하게 되어 있다. 선주와 다른 선원들 간에는 위계가 있다. 선원으로는 지방민을 구한다. 인척관계가 많다. 3시에 식사를 하고 밥과 참기름, 술, 부식 등을 준비한다. 8시에 오징어 회와 함께 아침식사를 한다. 부식을 얼음에 채워서 가져간다. 부식은 멸치, 빵, 고등어 등이다. 밥을 해먹는다. 야식으로 라면을 먹기도 한다. 아침에는 술과 커피 등을 한 잔씩 마신다. 입이 마르기 때문이다. 10시에 식사를 하기도 한다. 오후 2시에 식사를 한다. 여러 척이 선의의 경쟁을 한다. 오징어 잡는 것도 문제이지만 냉동비도 수월찮다. 어민의 희생이 이루 말할 수 없다. 7.93t의 경우, 1년 생산고가 1억이면 기름, 전구, 장갑 등으로 3,000만 원이 든다. 6,500만 원은 선주 몫인데 이듬해 작업준비 2,500~3,000만 원(조상기 수리, 집어등 교체, 기계수리, 병원, 배의 칠)이 든다. 수산업협동조합에다 이자를 지불하고 자식의 학비를 제외하면 이자를 갚기도 바쁘다. 5,500만 원 중 선장 20%, 기관장 20%, 사무장은 나머지를 가진다(박○○씨, 68세, 남).

언급한 자료를 통해 승선하는 유형을 보면 혼자서 승선하는 경우, 부부 또는 친구가 승선하는 경우, 임금을 계약한 선원들이 승선하는 경우 등이 있다. 첫째, 대체로 승선하는 이들은 가족관계가 아닌 경우가 많다. 힘든 일이기 때문에 욕을 하기도 하여 형제간에는 힘들고 친척끼리 타더라도 수익배분에서 의견이 충돌할 수 있어서 잘 타지

않는다. 또한 생산량이 적을 경우 가족관계로 맺은 이들 모두에게 손해가 될 수도 있다. 그래서 6t, 5t, 4.9t 배 중에는 혼자서 승선하는 이들이 많다. 소규모 어선을 구입해서 새로운 투자를 하면서 감가삼각비를 제외하고 이윤을 창출하기에는 어려운 점이 많을 뿐만 아니라 경제수익이 재투자되지 못하고 있다. 특히 2~3t 정도의 배에는 혼자 승선하는 경우가 대부분인데 경비가 들지 않기 때문이다. 2인이 타게 될 경우, 배 운영에 드는 비용과 선원의 몫을 제하고 나면 전혀 수익이 없다.

둘째, 2인이 승선하기도 하는데 2000년대에 이르러 경제적 불황으로 선원들이 가계경제를 유지하기가 어렵자 이러한 경우가 늘어났다. 남자 선원 둘이서 탈 때 월급을 주고 나면 손해이기 때문에 부부가 타는 경우가 늘어난다. 한 자료제보자가 "처음에는 혼자서 3t의 목선을 운영하였다. 수입이 맞지 않아서 2년 전에 빚을 내어서 5t으로 바꾸었다. 100% 자부담으로 사면 수입이 괜찮지만 영세하기 때문에 이렇게 배를 구입하는 사람은 거의 없다. 모두 수협에 융자를 낸다. 그리하여 원금을 상환하는 것이 무엇보다 급선무이다"라고 한 내용을 보면 경제적 수입을 고려해서 부부가 승선하게 되었다고 할 수 있다.

5t의 배를 운영하기 위해 타인을 고용하면 수지타산이 맞지 않는다. 수입의 30%를 타인에게 주어야 하는데 이렇게 되면 운영이 매우 힘들다. 일 년에 총수입이 어림잡아 8,000만 원 되는데 이중에서 감가삼각비, 기름값 등 1,500만 원~2,000만 원을 제하고 나면 약 6,000만 원 된다. 이중에서 약 2,000만 원을 주고 나면 4,000만 원을 가지고 다음해를 위해 어구준비, 장비손질을 하고 생활비로 사용하기에 부족하다. 7.9t의 배를 운영하는 한 선주도 자기 자본이 없기 때문에 경제적 수익을 올리기에 매우 힘들다고 한다. 7.9t의 배를 건조해서 운영하려면 수협과 농협에 2억 5,000만 원의 돈을 대부를 받아야 한다. 오

징어가 주로 잡히는 6월에서 12월까지 생산액은 1억 5,000만 원 된다. 이중 2,000~3,000만 원이 이자이다. 생활비가 1,000만 원, 장비를 점검·수리하는데 1,000만 원, 조상기 1대가 380만 원인데 10대를 사용하니 3,800만 원, 수리비 100만 원, 대도시에 생활하는 자식 생활비로 연간 1,200만 원이 들어간다. 선원 지불금액 3,000만 원을 제하고 나면 원금상환이 불가능하다.

이와 같은 경제적 이유 이외에 심리적 측면에서도 부부가 배를 같이 탔을 때 안정감을 가질 수 있음이 장점이다. 힘든 조업 때 서로 위로가 되기 때문이다. 남편은 주로 기계와 관련된 일을 담당하고 아내는 컴퓨터를 작동한다. 아내는 오징어가 올라올 때 실이 감기는 것을 풀어주고 상자에 담는 것을 도와준다. 가끔 남편이 졸리면 아내가 키를 잡기도 한다. 특히 잠이 많이 올 때 서로 자리를 바꿔가며 상황을 살피기도 한다.

옛날에는 여자들이 배를 타면 부정을 탄다고 하여 타지 못하였으나 요즈음에는 같이 조업을 하는 이들이 늘고 있다. 과거에 같이 타면 남편이 얼마나 못났으면 여자를 배에 태워 일을 시키느냐고 하였으나 요즈음에는 경제적인 문제를 어느 정도 해결할 수 있으니 같이 배를 탄다. 그러나 어린 애들이 있으면 같이 승선하기가 힘들다. 아내는 배일과 집일을 함께 해야 하기 때문에 힘들다. 아내는 오징어 상자를 관리하고 팔며 집에 와서 남편 밥까지 준비해 주어야 하니 더욱 힘들다.

셋째, 친척, 형제가 승선하는 경우가 있다. 형제, 처남, 장인과 사위 간에 배를 탈 때에는 소모품을 불필요하게 낭비하지 않으니 경제적으로 도움이 된다. 서로 믿을 수 있고 선장과 기관장의 역할을 동시에 번갈아서 맡으니 불편한 점이 적기 때문이다. 그러나 가능한 가족이나 친척관계가 있는 이들과 승선하지 않으려고 한다. 힘든 일이기 때

문에 욕도 나올 수 있다. 형제관계나 친척일 경우 통솔하는데 힘든 경우도 있다. 어획량이 적을 경우 가까운 관계에 있는 이들이 경제적 손해를 볼 수 있다. 3인이 탈 경우, 이익배분 방식은 운영경비로 20%를 제하고 난 나머지 금액을 40%씩 갖는다. 타인이 승선할 경우 선주는 유류비와 감가삼각비 등을 제외한 수익 중 최소한 30% 이상을 지불해야 한다. 형제간이나 친척간에 탈 때는 이러한 경우 보다 경제적 수입을 더 올릴 수 있다는 점에서 같이 승선한다.

넷째, 선원관계가 계약을 통해서 이루어지는 경우가 많다. 타인과 승선할 때 경쟁적으로 작업에 임할 수 있다는 이점이 있다. 바다는 예측하기 어려워 서로 경비를 내어서 운영하더라도 의리를 상할 수 있기 때문에 경제적 손실이 있지만 선원을 고용한다. 그리고 형제간이나 가까운 친척끼리 조업을 하다가 죽게 되었을 경우 전체 가족이나 친척에 미치는 영향이 매우 크기 때문에 가능한 친족들끼리 타는 일은 꺼린다. 그리고 친구나 타인과 같이 승선할 경우 이익을 위해 경쟁적으로 조업할 수 있기 때문이기도 하다. 간혹 친구와 동업을 할 경우에도 경제적 배분문제로 마음이 상할 때가 있다. 간혹 본인은 열심히 일하는데 친구는 일하지 않고서도 같이 배분할 때 문제가 생기기도 한다.

이상에서 승선하는 이들의 사회관계를 보면 불규칙한 어획고와 경제수입의 불확실성으로 인해 경제적 이윤 추구를 위한 전략에 의해 혼자 승선하는 이, 부부관계, 친구, 친척관계, 계약 선원관계 등으로 분화되었다. 어로장비의 기계화로 인해 과거 개인의 노동역량에 따라 차별적으로 지급되던 비용이 자동화된 기계작업으로 인해 소수인원이 승선하는 추세로 나아가고 있다. 이러한 어로작업에 있어서는 육체화된 노동이 기계화된 노동으로 변화함에 따라 손노동이 점차 줄어들게 되었으나 어획물을 상품화하는 과정에는 여전히 많은 손노동이

따르고 있다. 특히 오징어를 건조하는 과정에 동원되는 임노동 조직은 소규모 노동단위로 변화하는 과정을 겪고 있다. 사회관계의 선택도 경제적 이해를 감안하여 이루어지며 경영의 다양화와 어로생산조직의 다양성은 어로기술의 변화와 영세 어가의 경제환경에 적응하기 위한 전략의 실천에서 비롯되었다.

주민들은 대개 7월 중순에서 12월 초순까지 오징어 작업에 매달린다. 오징어 할복하는 작업을 주로 한다. 8월 초순경에 오징어 가격이 괜찮다. 오징어를 할복하는데 손이 많이 간다. 하루 3~4시간 정도 밖에 자지 못한다. 오징어 건조과정에 참여하는 이들은 대부분 여성들로서 매우 힘든 노동을 하고 있다. 한 젊은 여성 자료제보자의 말에 의하면 "오징어 철이 되면 잠을 못잘 정도로 바쁜 나날을 보내야 한다. 그래서 이 시기를 오징어와 사람이 같이 마르는 시기"라 하였다. 오징어를 마을 내외에서 입찰을 한다. 그다음에 오징어 배를 가른 후에 날씨가 좋을 때에는 밖에 널고, 날씨 좋지 않을 때에는 공장에서 말린다. 오징어를 손질하는 과정을 보면 먼저 잡아온 오징어를 씻어 덕대에 꿰고 이것을 햇볕에 말린다. 어느 정도 말려지면 발을 모두 탱개로 치고 귀를 들어 펴서 젖힌다. 이것을 다시 뒤집어서 편 다음에 모여진 다리를 떼어놓는다. 대개 이러한 손질을 거친 뒤에 덕장이나 공장 안에서 12시간 정도 말린다.

공장에서 말릴 때에는 아침에 오징어를 넣어 두고 더운 바람을 계속 불어넣은 후 저녁이 되면 오징어 다리를 바로 편다. 다음날 아침이 되면 다시 오징어를 말리는 작업을 되풀이한다. 이와 같은 건조를 '불건조'라 한다. 여성들의 노동력을 이용한 할복과정과 건조과정이 이루어지기도 하지만 할복기계가 도입이 되어서 3~4일이나 소요되던 시간을 줄여서 건조하는 데까지 걸리는 시간이 약 2일로 단축되었다.

〈사진 1〉오징어 할복 광경　　　　〈사진 2〉덕장에서 오징어 말리기

　덕장에서 말린 오징어가 상품화되기까지 가공과정에 드는 비용을 보면 오징어 12마리를 손질하는데 1,600원 정도 한다. 할복하는데 300원, 귀를 세우는데 200원, 훑는데 200원, 발을 떼어놓는데 200원, 탱개를 치는데 200원, 묶는데 200원, 그 밖의 작업을 하는데 300원을 준다. 6월에서 12월 사이에 120일 정도 일을 한다. 여자들은 이러한 손작업으로 인해 신경통이 많다. 오징어를 그냥 오래두면 녹아 버리는데 발이 이러한 상태까지 가지 않아야 좋다. 직접 선주가 말리는 경우도 있지만 다른 선주로부터 오징어를 사서 말리는 경우가 대부분이다. 피대기는 잡은 오징어를 하루 정도 말리면 된다. 오징어를 품삯 대신에 주기도 한다.

　동네 여성들은 힘든 이러한 일을 6개월 동안 하기도 한다. 약 600만 원에서 1,000만 원의 수입을 올린다. 잠이 부족하여 수시로 졸기도 한다. 일 년 평균 각 가구당 오징어 수입은 1,600만 원에서 2,500만 원이 된다. 오징어가 난류성 어족인데 해마다 출하가 늘어나고 있는 상태이다. 노인들은 특별한 기술이 없지만 오징어를 손질하는 작업은 용이하기 때문에 작업에 참여한다.

‖ 사례 6 ‖
　오징어 건조로 하루 2만 원을 번다. 육지에 나가서 노동을 할 수 없다. 농

사를 지을 형편이 못되어서 오징어 말리는 작업을 한다. 양력 7월~12월이 가장 바쁘다. 이곳은 수심이 얕아서 큰 배가 들어오지 못한다. 이곳은 깨끗한 물에 오징어를 씻어서 말리나 도동은 그렇지 못하다. 관광손님은 택시 기사 말만 듣는다. 냉동오징어는 당일바리와 다르다(김○○씨, 45세, 남).

‖ 사례 7 ‖

안식구는 여관을 하고 나는 오징어 중매인의 역할을 한다. 오징어 창고를 가지고 있다. 그리고 영업용 택시를 운영하기도 한다. 울릉도에는 생활보호 대상자가 가장 많다. 노부부 세대가 많다. 도동은 젊은이의 직장을 가질만한 것이 없다. 다들 대도시로 나갔다. 화물운수업, 가게, 유류취급소 등에서 일을 한다. 그 밖에 관공서, 다방, 식당업에 종사한다. 어로작업에 한 5개월 정도 종사하면 약 2,000만 원을 번다. 쉽게 돈을 벌다 보니 돈을 쉽게 쓴다. 낮과 밤이 바뀐다. 폭풍우 치는 날 대개 고스톱을 친다. 씀씀이가 헤프다(이○○씨, 51세, 남).

‖ 사례 8 ‖

대구에 거주지를 두고 있다. 현재 집사람과 함께 태하에 살면서 오징어 판매로 생계를 유지하고 있다. 나는 대구에서 출판업에 종사를 하다가 사업에 실패를 하고 선주로 오징어잡이를 하였다. 그러나 사고로 선원에게 보상을 해주고 나니 매우 힘들었다.

오징어 장사는 울릉도가 관광지로 각광을 받으면서 주위 사람들이 모이게 되고 이로 인해 생활비를 벌 수 있다. 오징어는 건조 과정에 맛이 생긴다. 수협에 입찰을 볼 때 수수료로 4%를 뗀다. 임금비가 약 1,000만 원 든다. 영세한 이는 장사를 한다. 울릉수협은 적자를 보고 있다. 수협의 조합원과 중매인이 있다. 오징어는 울릉도, 포항, 전국으로 유통이 된다. 경쟁이 치열하다. 농민들은 나물재배, 오징어 장사, 선박, 숙박업 등에 종사한다. 종사인구는 많고 수입은 적다. 고정적으로 잡히지 않으니 문제이다.

이곳 사람들은 돈을 좀 벌면 자식들은 모두 육지로 보낸다. 95% 이상이 육지로 간다. 직업이 없다. 부모는 어렵다. 수협의 중개인들은 새벽 6시부터 시작해서 8시에 끝난다. 태하수협은 1년 통계 10억에서 15억 정도 된다. 1월에 철수한다. 5월에서 12월에는 오징어 사업이 이루어지는 때이다. 온도가 상승하면 고기가 북상을 한다. 대개 19도에서 22도 사이에 이루어지는데 8, 9월에는 수온이 18도, 수상온도가 20도 정도 되어서 선도관리가 중요하다. 날씨가 흐리면 오징어를 건조장에서 말린다. 오징어 수매 때 경쟁이 치열하다. 태하 신당에 담을 정해 놓고 오징어를 판매한다. 도동상인과 빈부격차가 심하다(정○○씨, 58세, 남).

오징어 건조작업에 참여하는 임노동조직은 개인적으로 친분이 있는 인간관계로 형성되거나 이웃, 친척, 형제, 또는 동네 사람들로 형성된다. 이들은 중매인들과 긴밀한 관계를 맺고 있다. 이들이 어려우면 미리 다음해 작업을 해줄 것을 기대하면서 선도금을 지원해주거나 명절이나 대소사가 있을 때 보너스를 주기도 한다. 이들은 대개 단골관계를 유지하고 있다. 오징어 중매인들은 지역중매인과 지정중매인으로 구분된다. 지역중매인이 울릉도 수협내의 어느 한정된 지역에서 중매를 하는 이를 말한다면, 지정중매인은 전 지역에서 오징어를 매입할 수 있는 중매인이다. 중매인이 되기 위해서는 수협에 보증금으로 현금 1,000만 원을 내거나 2,000만 원에 상당하는 부동산을 담보해야 한다. 매매참관인은 현금 300만 원을 공탁해야 한다. 중매인들은 대개 대도시에 거주를 하다가 오징어 수확기가 되면 입도하여 중매업을 한다.

각 배에서 잡은 오징어는 수협에 위판을 한다. 1997년 전에는 강제상량제를 실시하여 오징어를 잡으면 반드시 수협에 위판을 하였으나 요즈음에는 자유판매제로 바뀌었다. 위판장에는 수협중매인이 있어서 어선주와 계약생산을 한다. 여기에는 중매인이 있는데 이들이 오징어를 선매해서 할복, 건조하는 개인에게 판매한다. 각 중매인들은 보통 4~5명의 건조하는 이들을 두고 있다. 이들은 중매인들에게 이야기하여 자신의 팀을 결정한다.

2) 원해어업과 선단조직

울릉도 어민들의 원해어업은 대화퇴에서 이루어진다. 대화퇴에서는 오징어와 게가 잡힌다. 이곳에서는 5월초부터 어장이 형성된다. 20t 미만의 배는 이곳에 가지 못한다. 대화퇴에 가는데 걸리는 시간

은 약 40여 시간이 걸린다. 이곳의 얕은 곳이 약 279m 정도이고 평균 500m 정도가 된다. 상당히 면적이 넓다. 오징어가 많이 잡힌다. 이곳에서 작업하는 시간은 약 15～30일 정도 걸린다. 장기조업을 하기 위해 배에는 냉동기, 조상기, 원동기, 보조발전기, 어군탐지기, 레이더, 수온기, 기압계, 무전기, 방향탐지기, 좌표측정기 등의 다양한 장비를 갖추지 않으면 안 된다. 건조된 배의 재료를 보면 유리섬유강화플라스틱(FRP)인데 목선에 비해 가격이 비싸지 않고 오래가며 수리비용이 적게 들어서 대부분 선주들은 이를 선호한다. 대개 2명이 승선하는 7.9톤이 대부분이며 원동기는 미국, 조상기는 일본에서 만들어진 것이다. 소형배이지만 멀리 대화퇴까지 작업이 가능한데 가는데 약 7～10시간 정도의 시간이 걸린다.

원해어업시 어획량을 높이고 어업정보를 교환하기 위해 30～35세 사이의 젊은이들은 50여 명이 선단을 구성한다. 이 선단은 일종의 계모임으로서 선장을 중심으로 조직되어 있다. 이들 계원들 간에는 정보를 수시로 교환한다. 선단의 한 팀은 대개 4～5척의 배로 이루어진다. 이 선단을 조직한 것은 약 15년 전으로 처음에는 선후배들 간에 친목회를 만들면서 시작되었다. 한 달에 회비로 2만 원, 활어기에 3만 원을 낸다. 선단의 구성원은 서로 간에 형제애를 가지고 있다. 이들은 바다 위에서 뿐만 아니라 육지에서도 서로 도와준다. 또한 울릉도에는 500여 척의 소형 오징어잡이 배가 있는데 이들은 20～30명씩 계를 조직하고 있다. 계원들은 조업을 나가면 조업하는 위치를 서로 알려준다. 그리고 위치를 기록해두었다가 6～7시경에 어황을 방송하고, 9시경에 다시 방송한다.

어민들이 선단을 조직하여 조업하면 개인별로 어로작업을 할 때보다 어획량이 높다. 여러 척이 조업을 같이 하면서 정보를 교환하기 때문에 고기가 많이 나는 구역에 대해 잘 알 수 있다. 오징어잡이도

어획되는 곳이 불규칙하기 때문에 어장이 형성된 곳에 대한 정보를 교환하는 경우, 더 많은 어획고를 높일 수 있다. 선단을 조직해서 나가면 배들은 2~3마일 정도 거리를 두고 작업을 한다. 같은 선단끼리는 작업을 가까이서 할 수 있지만 그렇지 않을 경우 같은 동네 사람이라도 배를 가까이 두고 작업을 할 수 없다.

　조업을 나가면 세 번 이상 자신의 위치에 대해 보고해야 한다. 그렇지 않으면 벌금을 물게 되어있다. 그리고 선단회의에는 반드시 참여하여 어황, 어세 등의 보고를 철저하게 해야 한다. 선단 내에서는 오징어를 얼마나 잡았는지를 정확하게 보고해야 한다. 그리고 선단 내에 공유하는 정보를 다른 선단에 절대로 가르쳐 주어서는 안 된다. 오징어가 잘 잡히는 곳을 어느 배의 선장이 무선으로 알려주면 그곳으로 간다. 휴대폰의 거리에 있으면 이것으로 사용하나 그렇지 못할 때에는 무전기를 사용한다. 무전기 주파수는 공용이어서 자신들만의 신호체계를 사용한다. 원칙적으로는 울릉채널 2580을 이용해야 하지만 이 경우 다른 사람들이 들을 수 있기 때문에 자신들만이 아는 채널을 사용한다. 주파수의 도청문제로 한 달에 한 번씩 바꾼다.

　이렇게 철저하게 선단 내에서만 정보를 공유하는 것에도 이유가 있다. 어로작업은 아는 이들 사이의 인정人情문제가 아니라 생계가 걸려있기 때문에 그 구성원들은 이 규칙을 철저하게 지킨다. 30여 척의 선단 내에는 정보를 공유하고 이를 지키나 다른 선단에는 알려주지 않는다. 어획량이 떨어지는 선단 내 사람을 위해 고기 잡는 방법이나 조상기 조작방법 등을 가르쳐 주기도 한다. 그리고 사고나 위험한 일이 있을 경우, 서로 도와주기도 한다. 특히 배 사고에 대비하여 선원들은 선원공제조합에 가입하고 있다. 옛날에는 사고가 나면 선주가 사고에 대한 배상 책임을 다 졌으나 오늘날에는 이곳을 통해 보상을 받는다. 선단을 조직할 경우 개별 조업보다 어획량이 많다. 바다 어장

상황에 대한 정보교환이 빠르게 이루어지기 때문이다. 원해에 있어서의 어로작업은 많은 자본의 투자를 필요로 하며, 일정량 이상의 타인 노동(임노동)을 소요케 함으로써 어촌에 있어서의 계층분화를 촉구하여 어업공동체 해체에 결정적인 구실을 하게 되는 것이다.

5. 마을어업과 공동체적 어로작업

1) 마을공동어장과 어업공동체

사적점유와 공적점유의 이중성이 존재하는 곳이 어촌이다. 사적점유가 개인의 토지, 재산, 기술 등을 점취하는 방식이라면 공적점유란 공동어장이나 동산, 기술 등을 공동으로 작업하여 생산과 분배를 거의 균등하게 분배하는 것을 의미한다. 한국의 어촌에는 어촌계가 공동으로 어장을 관리한다. 박광순(1981)에 의하면 어업공동체가 존립하기 위한 물질적 기초는 무엇보다도 어장의 공동체적 점취(총유)와 공동경영이며, 어장이란 배타 독점적 지배가 가능한 연안의 암벽이라고 한다. 이 점은 비록 한국 어촌이 산업자본제 사회에 있지만 여전히 자연경제체제를 유지하고 있는 단면이라 할 수 있다. 그리하여 어장관리라는 개념도 어장농업이라는 개념과 유사하게 사용되고 있는 것이다.

전통적으로 어촌 주민들은 마을어장에 대해 마을어업권을 행사하는 주체들이었다. 그들은 이 권리를 배타적 물권으로 간주하였다. 1962년 수산업협동조합법이 제정되면서 어촌계가 마을어장을 관리·운영하게 되었다. 이러한 점을 보면 전통적으로 내려오던 총유에 대한 공동체적 권리 행사권이 어촌계라는 비법인체에 의해 대체되면서 어촌계와 어촌의 권리행사에 있어서 분화되기 시작하였다. 어촌계에서 행하는 사업을 보면 생산 및 생활지도사업, 어업에 관한 기술과 경영향상, 어업권의 취득, 어선과 어구의 공동구매, 선착장, 선유장, 선양장, 공동처리장, 공동창고 등의 어촌공동시설의 설치, 수산물의 공동제조 및 가공, 어업자금의 알선과 배정, 어민의 후생복리 사업,

수산물의 보관 및 판매사업, 예탁금·적금의 수입과 같은 신용사업 등이다.

　어촌계원은 계의 구역 내에 거주하는 자로서 소정의 기간 동안 거주한 이들이다. 회의에는 정기총회와 임시총회가 있으며 임원은 계장 1인, 간사 1인, 감사 1인으로 구성된다. 울릉도에는 도동, 저동, 신흥, 사동, 천부, 죽암, 현포, 태하, 학포, 남양, 통구미의 11개 어촌계가 있었으나 점차 마을단위를 벗어나서 통합되는 경우도 있다. 이들 어촌계에서 일반적으로 행하는 사업은 잠수기 사업, 공동어장관리를 목적으로 하는 관리선이 있다. 어촌계에서 하는 일은 국유지매입해서 물량장 건설, 화포암 관리, 미역발 제작, 오징어 건조장 설치 등이다. 다음은 도동어촌계와 남양어촌계에 관해 살펴본 것이다.

2) 도동어촌계

　도동의 마을어업구역의 면적은 908,000㎡, 협동양식의 어업구역은 211,000㎡이며, 도동어촌계에서 관리하고 있다. 어로작업은 4월에서 10월까지 행한다. 도동어촌계원들이 공동어장 구역 내에서 작업할 때는 도동어촌계에서 임대를 한 머구리배(잠수선)를 이용해서 3~4시간 동안 잠수작업을 한다. 잠수선이 매일 작업하는 곳은 독도의 '가재바위 걸'과 '지네바위 걸'인데 주로 전복, 소라, 해삼 등을 자체 관리한다. 옛날에는 산소 펌프질을 하여 공급되는 산소로 잠수를 했으나 요즈음에는 수부들이 현대 장비를 이용한다. 잠수부의 활동은 매우 위험해서 잘못하면 죽을지 모르기 때문에 사람들은 잠수부를 '저승사람' 또는 '하늘 두 껍데기 쓰고 들어가는 이'라고 한다.

　어로작업은 주로 섬 주위 마을어장에서 행해지며 계원들은 자라는 미역, 톳, 천초, 파래를 채취하고 전복, 소라, 해삼, 문어 등을 잡는다.

해조류는 바위에 부착되어 있는데 미역은 전마선을 타고 가서 수경과 낫으로 채취한다. 김이나 해태는 파도가 치는 곳에 있으며 손으로 채취한다. 어촌계에서는 저인망으로 조업을 하지 않고, 삼중망이나 이중망을 사용한다. 주 어종은 뽈락이며, 또는 꽁치나 회유성 어족도 있다. 그물도 옛날에는 목이나 광목으로 만든 것을 사용하였지만, 요즈음에는 나일론 그물을 사용한다. 오징어잡이는 주로 채낚기 방식을 한다. 오징어는 예외적으로 계절에 따라서 잡힌다. 그래서 어군탐지기가 보급되지 않았을 때, '뽈뚜'라는 벚꽃 열매 비슷한 것이 열리는 시기를 오징어잡이 철로 파악하였다. 이때가 양력 5월경이다. 지금은 오징어잡이를 위해 집어등과 같은 후광기구를 사용하여 오징어가 모여들도록 한다. 오징어를 잡는 데는 낚시나 로울러 낚시 등을 이용한다.

마을어업구역은 먼저 수심의 깊이에 따라서 7m 이내의 마을어업이 이루어지는 공간과 7m~15m 사이의 협동양식 공간으로 법적 규제와 관리가 이루어지는 구역으로 구획되어있다. 그리고 약 2,500m 정도까지 우리 어민들이 고기가 서식하는 장소로서 민속어로공간인 '걸'로 인식하고 있다. 이점은 독도 주변해양 공간이 독도와 함께 우리의 생활권역으로 인식되었고 우리 국민에게 단백질을 공급하는 어로공간으로서의 역할을 하였음을 의미한다(박성용·이기태, 1998: 250).

현행법상 마을어장의 주체인 도동어촌계가 공동어업을 하고 있으며 독도어장에 관한 공동관리와 운영을 하고 있다. 비록 어촌계에 가입하지 않은 주민이라도 마을어업구역에서는 자유롭게 어로작업을 할 수 있으나 밀어자密漁者나 스쿠버 다이버가 이 구역에 허가 없이 들어가서 문어나 해조류 등의 수산물을 채취할 때는 수산물을 빼앗고 입수할 수 없도록 한다. 이러한 특징을 보면 어촌계는 지연적인 입호제도入戶制度가 근간이 되고 있음을 알 수 있다. 독도 공동어장은 파고가 높기도 하며, 독도 근해의 지질구조상의 특징 때문에 어선어업과

양식어업은 발달하기 어렵다. 이 마을어장에서는 계원들 간의 공동생산·공동분배를 원칙으로 한다(ibid, 1998: 250).

3) 남양어촌계

어촌계는 법인으로 되어 있고 수협의 지시를 받고 있다. 2002년 시설비로 12억 원을 투입하였다. 어촌계원수는 70명 정도이며 조합원은 현재 75명이다. 조합원이 되어야 어촌계원이 될 수 있다. 울릉도 전체 수협에 가입한 인원은 1,200명 정도 되고, 11개 어촌계가 종합되어 있다. 특히 남양 1리, 2리, 남서 1리, 구암의 4개 마을이 중심이 되어 구성되어 있다. 50명 이상의 경우 총대 10명(임기 2년), 감사(명예직 1인, 3년), 어촌계장이 있다. 계장은 수협에서 매달 주는 12만 원과 자체 보조금 50만 원으로 62만 원을 받는다. 2월 말까지 보고를 받고 구정 이전에 보고를 한다.

1990년 이후에 어촌에 살면서 어촌계원이 되고자 하는 이는 75만 원의 출자액을 내어야 그 자격을 획득할 수 있다. 조업을 하지 않고 배를 팔아서 탈퇴하면 출자액을 환불받는다. 어장권은 15m까지인데 이 경계를 넘어서면 모래급경사로 이루어진다. 7m 이내에는 마을어업이 이루어진다. 이 구역에 누가 양식업을 하겠다면 전복, 소라 등을 양식할 수 있다. 현재 이 구역에서는 문어, 해삼들이 많이 나는데 잠수(머구리)작업을 한다. 여기에서 얻어지는 수입은 선원 2~3명에게 채취량의 28%, 선주 및 수부장에게 채취량의 25%, 어촌계는 채취량의 47%를 받는다. 이러한 비율은 1997년부터 2000년까지 변화가 없었다. 그리고 배에 들어가는 비용과 공동식사는 전체 경비에서 각출한다. 공동재산으로 마을 내 건조장이 있다. 소형선박에 오징어 채낚기를 하는 것을 금하고 있다.

어촌계원만이 마을어장을 관리하고 공동으로 이익을 분배한다. 울릉수산업협동조합이 면허를 받은 것을 계약하여 마을어장을 대상으로 어업을 하고 있다. 매년 어장관리를 하기 위해 선박을 임대차계약하여 대개 3개월간 관리를 한다. 미역채취권은 어촌계원에 한해서 자격이 부여되며 입찰을 통해 낙찰된 이가 각 바위에 대한 채취권을 가질 수 있다. 미역채취는 대개 2월 말경에서 5월 말경까지 미역바위를 대상으로 해서 이루어진다. 미역채취구역은 제 1구역: 통구미 경계에서 남양천, 제 2구역: 남양천에서 사태구미 앞, 제 3구역: 마을 앞에서 구암 형제바위, 제 4구역: 구암 형제바위에서 학포 경계까지이다. 중요한 점은 비록 미역채취권을 가진 이라도 어장 내의 전복, 소라 등의 기타 어족에 대한 채취를 할 때 행사권을 해약하고 불법어로로 간주하기도 한다.

언급한 두 어촌계의 운영방식에는 전통적인 공동체적 유제가 남은 것으로만 파악할 수 없는 요소가 있다. 무엇보다도 운영에 있어서 전 마을 구성원들이 참여하는 것이 아니라 출자한 한정된 성원들이 채취권과 어업권을 가지고 있다는 점이다. 이윤추구를 위해 입찰에 응한 어촌계원을 지정하는 것은 경제적 이윤을 추구하려는 논리가 적용된 것이라 할 수 있다. 즉 어촌계의 마을어장에 대한 어업생산구조에는 어촌계 성원의 공동전유라는 공동체적 사고를 기반으로 하면서도 경제적 이해를 추구하기 위해 사적 전유를 하는 이중성이 존속하고 있는 것이다. 비가시적이거나 유동적인 해양환경은 예측 불가능하기 때문에 어민들이 직접 전유하는 대상이 되며 공동재산이 되기도 한다. 따라서 전 자본주의적 경제체계가 어촌에 내재할 수 있다. 그럼에도 불구하고 산업자본주의체제 하에서 어민들의 경제적 실천은 경제적 합리성과 효율성을 지향한다. 공동체적 운영과 개인 어업권의 인정은 변화해가는 어촌경제체계의 양면성이라 할 수 있다.

울릉도 어민의 변화된 어업기술과 작업조직에 대한 분석은 어촌사회의 생산체계의 분화과정과 어로작업방식, 기술관계의 체계 등에 관한 이해를 요구한다. 이러한 분석을 심화하기 위해 필자는 울릉도 어민의 기술변화의 역사적 과정과 사회・기술관계, 생업과정, 기술과정 등과 같은 요소들이 어떻게 관계되는가를 파악하려고 하였다. 아울러 사회・경제적, 기술적 맥락 하에 자연환경 및 물질적 재료, 기술의 효율성 등이 어떻게 유기적, 비유기적 관계를 갖는지를 이해하려고 하였다.

특히 필자는 어촌사회란 더 거시적인 차원의 사회, 즉 국가사회 등의 경제적, 정치적 선택에 의해 조건화되고 영향을 받는다는 점에 초점을 맞춘 바 있다. 어민의 어업기술 도입과 선택은 정부의 기술보급 목적과 괴리를 이루는 경우가 많았다. 신기술의 도입은 마을어업과 근해 및 원해어업 등의 분화와 작업조직의 변화를 야기하게 되었다.

울릉도 어민들은 1960년대 이전까지 주로 떼배나 목선을 타고 오징어잡이를 하였으나 1970년 중・후반에 동력선을 타고 작업을 하였다. 승선하는 이들은 대개 인척이나 친구관계로 구성된 5명 이내의 구성원들이 대부분이었다. 여전히 마을어장에 대한 어로작업에는 가까운 친척이나 인척, 그리고 주민들이 공동노동조직을 이루고 있었다. 1970년 중・후반 이전의 어로기술과 작업조직은 자본제 경제체계 하에 생계유지를 위한 전통적 경제체계를 어느 정도 유지하고 있었다. 대개 1.5t 정도 되는 통발선이어서 과학적인 장비를 갖추지 못하였기 때문에 어획량도 매우 낮은 수준에 머물러 있었다. 1980년대 이후 어로기술과 설비의 발전으로 인해 노동조직도 변화하여 임금을 지불하는 계약관계가 우선시 되었다.

그러나 1990년 이후 낮은 어업생산성을 극복하기 위해 어민들은 어선을 동력화, 대형화하면서 작업조직도 이에 걸맞게 경제적 효율성

과 이윤을 극대화하기 위한 사회관계를 기반으로 재조직하기 시작하였다. 특히 2000년 초부터 과거의 어로전통에 있어서 금기시하던 배우자가 같이 승선하는 경우가 늘어나기 시작한 것은 이러한 이유에서이다. 무엇보다 여성이 승선할 수 있다는 것은 어로작업에 있어서 성性에 따른 역할이 변화하고 있음을 나타내주는 것이다. 그 밖에 승선하는 어로작업조직의 규모가 축소되는가 하면 그들의 사회관계도 생산성을 높일 수 있는 계약관계로 구성되기 시작한 것도 한 특징이다.

이러한 기술의 변화와 더불어서 울릉도 어민들의 어업기술과 작업조직은 국가사회의 안팎을 관계하는 거시적 경제·기술적 차원과 미시차원의 어민들 사회에 존재하는 기술체계와 사회체계의 변화가 관련되어 있었다. 전 자본주의체제 하의 어업기술이 자본주의체제 하에서도 여전히 적용되면서 어촌계와 같은 전통적인 공동체적 관계가 지속되었다. 그런데 어업기술과 작업조직의 변화과정에 있어서 간과해서 안 되는 점은 어민들의 경제가 저발전 상태로 지속되고 있다는 사실이다. 정부의 어선계획건조는 어업의 기술적 효율성을 증대시켰지만 자기자본을 축적할 수 없던 소어가들은 수협에서 대출받은 원금을 상환하지 못하고 이자가 늘어남에 따라 더 많은 경제적 부담을 지게 되었다. 정부주도의 어선대체작업은 어민들을 경영난에 허덕이게 한 요인이 되기도 하였다. 어민의 어업기술 차용과 정부의 전략은 모순된 결과를 낳았다. 특히 주로 양식어업을 하는 어민들에게 경영위기는 더욱 고조되었다. 울릉도에서 1989년 이후 넙치, 돔, 방어, 전복 등을 기르는 양식어업을 시도하였지만 국내산 양식어류와 중국, 일본 등의 인접국가로부터 수입활어가 증가하고, 적기사료 공급의 어려움, 우량치어 확보문제, 양식기술의 미발전 등으로 인해 양식어가도 경영난을 벗어나지 못하였다. 울릉도 어업기술의 발전에는 국가의 경제적 지원이 일정한 역할을 하기도 하였지만 새로운 기술을 도입하면서 어

민들이 부담해야 하는 어선, 어구와 그 밖의 시설을 설치하는 비용은 갈수록 늘어나게 되었다. 감가상각비, 노동임금, 이자 등이 증가하여 이들의 어업경제는 붕괴상태에 이르고 있다. 새로운 기술의 차용으로 어업의 새로운 여명을 보는 듯 하는 순간, 이보다 더 무거운 재정적 압박이 어민들을 육중한 경제침체의 늪 속으로 팽개쳐 버렸다.

6. 울릉도 동제의 의례성과 제의 수행집단의 변화

1) 동제의 역사적 전개

울릉도 동제의 주된 특징은 산신제와 해신제가 공존하는 모습을 띠고 있다는 것이다(박성용·이기태, 1998: 276). 이러한 양상은 울릉도의 지역사와 인구변동, 마을의 형성과정, 제의 수행집단의 변화 등과 관련된다. 이 두 가지 민속제의가 형성된 과정은 거시적 차원에서 국가사의 변화와 관련될 뿐만 아니라 미시적 차원에서 울릉도 주민들의 생활문화 및 생업과 직간접적으로 관련을 맺고 있다. 울릉도민의 동제가 가까운 역사 속에서 어떻게 구조화되어 왔는지를 규명할 필요가 있다.

울릉도 동제의 구성형태가 변화하는 시기는 다음 세 가지로 나누어 볼 수 있다. 먼저 선주민 내지 본토로부터의 내주자들이 주로 산약을 채취하고 토지를 개간하여 농업에 의존하여 생활하여오던 조선왕조 말기까지와 일본인들의 지배하에 점차 어업에 종사하는 이들이 늘어나던 일제강점기, 그리고 해방 이후부터 현대까지로 나누어 볼 수 있다.

첫 번째 시기는 1900년대 초기 이전이다. 선주민과 초기 집단 이주민들은 척박한 섬의 환경에서도 자신들은 어업보다는 주로 농업을 기반으로 생활하였다. 산신당은 농업과 사회·문화적 배경에 기초한 제의 수행처였다. 그들 중에는 해안에서 결막하여 조선, 미역채취 하면서 살던 이들도 있었지만, 대부분이 높은 계곡이나 중산간 지대를 중심으로 채약과 화전을 일구면서 생활하였다. 선주민들은 대개 농업에

종사하던 이들로서 보리·콩 등을 생산하여 생계를 유지하였다. 그들은 어업을 하다가 풍랑을 만나면 이곳에 기거하는 일본인들과의 마찰을 피하기 위해 고지대에 살았다. 그래서 석문동, 지통골, 깍새 등지에 살았다. 그들은 이러한 곳에서 나무를 베어서 투막집과 너와집을 짓고 밭에 불을 질러 곡식을 심어 생계를 유지하는 화전농업을 하였다.

두 번째 시기는 일제강점기이다. 이때는 일제가 울릉도의 모든 산업과 주민의 생활방식을 지배하고 통제하던 시기이다. 주민들 중에는 어업에 종사하는 이들이 늘어나고 특히 일본인들의 어업기술이 주민들에게 이식되던 시기이다. 이 시기는 해신제가 어업을 하는 이들에게 중심제의로 자리매김 되던 때이다. 제국주의적 통치체제를 앞세운 일본인들의 어업생활은 농업에 종사하던 주민들에게 영향을 줌으로써 일본의 해신제가 자리잡게 되었던 것이다. 울릉도의 토착적 동제와 일본의 해신제가 상이한 모습으로 공존하였던 시기이다.

세 번째 시기는 해방 이후부터 오늘날에 이르기까지이다. 산신제와 해신제가 영속되다가 타도로의 인구유출, 초자연적 실재와 관련된 어떠한 것에도 지배를 받지 않는다는 사고의 팽배, 기독교인들의 증가로 인해 동제가 갖는 전통적인 의례성儀禮性은 점차 상실되어 해체되거나 해신제와 통합되어가는 과정을 거치고 있다.

이러한 세 시기에 걸쳐서 변화된 동제의 모습은 제의자체가 사회문화변동에 크게 영향을 받으면서 가변성이 다양하게 전개됨을 나타내준다. 이 점은 동제가 거시적인 국가사와 관련될 뿐만 아니라 미시적으로 섬의 역사와 주민의 생업형태의 변화에 따라 다양하게 구조화될 수 있음을 의미한다. 또한 울릉도민이 농업에서 어업으로 전환하면서 이에 적응하기 위한 전략이 두 가지 기존문화, 즉 선주민과 초기 이주민의 산신제와 일본문화의 영향으로 형성되었던 해신제를 기반으로 한 전통의 접합, 수렴, 해체, 재창출되는 과정에도 영향을 주

었음을 간과해서는 안 될 것이다. 울릉도의 지역사 속에서 동제가 형성되어온 과정을 통해 두 민속제의가 접촉·수렴·해체 등의 다양한 복합과정을 거치고 있음을 살펴볼 필요가 있다.

2) 초기 선주민과 입도민의 민속제의

개척령 이전, 울릉도에 있었던 민속제의는 검찰사檢察使 이규원李奎遠의 '울릉도 검찰일기鬱陵島 檢察日記(고종 19년, 1882)'에 잘 나타나고 있다. 그는 여기에서 4월 30일 소황토구미(학포)에 도착한 이후부터 5월 13일 울진으로 출항할 때까지 울릉도의 각 지역을 다니면서 당시에 만났던 주민들의 수와 생업, 그들의 입도 전 거주지 등을 기록하였다. 특히 그는 이동하는 과정에서 곳곳에 있는 산신당에서 산신에게 제사를 지내고 무사하기를 기도하였다.

4월 30일: 소황토구미 도착(학포). 전라도 김재권이 인솔한 23명이 조선과 미역채취에 종사하면서 영접.
5월 01일: 풍랑이 심해 나선의 밧줄을 빌어 사방에 잡아매어 위험을 면함. 산신당에 기도를 드림.
5월 02일: 등산을 하여 대황토구미(태하)에 도착. 석장을 발견. 평해 선주 최성규가 인솔한 13명이 결막유접. 경주인 7명은 결막 채약. 연일인 2명 결막 예죽 함. 초로를 따라감.
5월 03일: 산신당에 제사지냄. 걸어서 현포에 도착함. 포변에 도착하여 소정을 타고 천년포를 지나 천부에 도착함. 이곳에서 전라도 낙안 상선선주 이경칠이 인솔한 격졸 20명과 낙양초도 사람 김근서가 인솔한 격졸 19명이 결막조선을 하고 있음. 5대령을 넘어서 흥문가를 거쳐 나리분지에 도착함. 이어서 중봉으로 가니 산신당이 있어 주인을 물으니 대구인 박기수가 산중턱의 4, 5처에 채약하는 사람이 40여 명이나 된다고 함. 파주인 정인우의 초막에서 지박을 함.
5월 04일: 저동의 산신당에 기도하고 성인봉에 오름.
5월 05일: 새벽에 산신당에 기도하고 대령을 넘어 사동에 도착함. 전라도

낙양 초도사람 김내언이 인솔한 격졸 12명이 결막조선함.

5월 06일: 통구미 산록을 거쳐 포변에 도착함.

5월 07일: 삼대령과 삼류천을 건너 소황토구미(학포)에 돌아옴.

5월 08일: 소황토구미(학포)에서 휴식하고 석수를 시켜 도호와 성명을 황토 구미와 통구미에 각석.

5월 09일: 산신에 기도하고 배를 타고 향목구미포에 도착. 항진해서 대풍 금에 도착함. 죽암에 도착함. 선창으로 나아감. 섬목과 죽도(대 섬)를 거쳐서 와달리 웅달금, 그리고 죽암에 하륙함.

5월 10일: 도동에 도착. 일본이 6~7명이 출문영접함. 왜인과 문답함. 포변 에 전라도낙양삼도인 변경화가 인솔한 13명이 결막하고 미역을 채취함. 통구미에 도착하니 전라도 낙양삼도인 김내윤이 인솔한 12명이 결막조선하고 있음. 화암을 보고 남양과 사태구미, 삼막 동 포구를 거쳐 학포에 도착함.

5월 11일: 학포의 산신에 기도.

5월 13일: 석양에 울진군으로 출항.

언급한 일기에서 산신당이 있는 곳은 학포, 태하, 중봉, 저동이다. 개척령 이전에 산신당이 여러 곳에 있었다는 것은 산신이 신의 위계 에서 높은 지위에 있었던 것으로 여겨지며, 특히 채약과 화전을 통해 생계를 유지하는 이들에게는 매우 중요한 제의처가 되었을 것으로 추 정된다. 특히 학포의 산왕각 현판에는 "光緖 十年(고종 21년, 1884)甲申 十月"이라는 글씨가 있는 것으로 보아 초기 입도민의 제의처였음을 짐작케 한다. 이 마을의 산왕각은 태하동의 산신당보다 6년 일찍 생 겼다고 전한다. 당시 거주자들의 주요 생업활동을 보면 조선과 채약, 미역 채취, 해구잡이, 대나무와 향목의 벌목, 청궁, 아욱, 쑥의 채취, 약간의 밭작물 경작 등이다. 대부분의 거주자들은 초막, 삼막, 선막을 짓고서 생활을 하였다. 이러한 삶의 모습은 거주자들이 공동토지를 점유하고 마을을 유지하는데 필요한 어느 정도의 인구수, 공동의 제 의처로서 제당 등이 일정한 지리적 공간을 중심으로 질서정연하게 배 열·형성되어 있었던 것이 아님을 나타내준다. 중산간지대(중봉)나 해 안에 떨어진 산록(학포, 저동)마다 거주지로서의 산막이 산재해있는 구

역을 중심으로 산신당이 건립되어 있었던 것으로 추정되며, 이주자들은 이러한 곳을 중심으로 제의를 수행하였다고 할 수 있다.

이주자들은 농업생산에 있어서도 전 자본제적 방식으로 옥수수, 감자 등을 경작하였으며 명이와 같은 식물을 채취하여 생존하였다. 산지를 개간한 화전농과 산삼 등 약초 채취 등의 생활이 주가 됨으로써 산을 대상으로 한 신앙형태는 육지의 산악지대에서처럼 산신이 되었으리라 생각할 수 있다. 따라서 육지에서 행하던 신앙관습이 울릉도에 그대로 이식된 것으로 여겨진다. 비록 전라도, 평해, 연일 등지에서 내주하여 배를 짓는 일에 종사한 것으로 보아 부분적으로 바다와 관련한 생활방식을 유지하던 이들이 있었지만 용왕당에 제사드린다는 글귀가 없는 것으로 보아 산신당에서 산신에 대해 기도를 드리는 것이 일반화된 관습이었으리라 생각된다. 이규원의 일기에서도 산신당만이 등장하고 해신당의 존재는 등장하지 않는다. 당시 검찰사 일행도 걸어서 무사하게 울릉도를 일주하고, 배로 각 포구를 들릴 때 안녕을 위해 산신당의 산신에게 기도를 드린 것이다. 이것으로 미루어 보아 당시까지 울릉도에는 해신당이 존재하지 않았을 것으로 보인다(박성용·이기태, 1998: 20).

그러나 기록에 나타나지 않는다고 해서 바다와 이를 주관하는 신에 대한 제의를 전혀 시행하지 않았는가 하는 점에 대해서는 더 많은 성찰을 필요로 한다. 주민들 중에는 울릉도의 산신제와 해신제의 기원에 대해 해신제가 앞섰을 것으로 추정하는 이들도 있다. "나의 조상들은 울릉도 개척 당시 5척의 범선을 타고 떠났으나 이 가운데 2척밖에 도착하지 못하였다. 오는 도중에 죽은 이들을 위해 제를 올리고 명복을 빌었다는 얘기를 들었다. 동제당은 이곳에 정착한 뒤부터 동신에게 지내는 제사이니 항해 중 바다의 여러 신에게 제사를 지내는 제의이후에 이루어진 것이다(이○○, 80세)." 이러한 언급은 비록 사료에

용왕신에 대한 언급이 없더라도 바다의 신에 대한 제의를 수행하지 않았다고는 할 수 없음을 보여준다.

울릉도에서 일본문화의 영향을 받기 이전에 바다를 주관하는 신에 대해 제의를 수행한 곳은 태하동의 성황당이다. 한 주민의 말에 의하면 "태하동 성황당은 원해신당元海神堂"이라고 한다. 또한 "어민들이 바다를 주관하는 신에 대한 제의를 행하는 것은 그들이 이곳에서 생업을 영위하기 때문이다. 이것은 일제시대에도, 우리가 태어나기 전에도 행해졌다. 남양동의 해신당은 이곳에서 따로 나온 신당이다. 해신당은 어민이 배를 부리기 때문에, 정성을 드리기 위해 지은 것이다(남양동 김명조, 69세)"라고 한다. 이러한 얘기를 종합해보면 일제시대까지 태하동 주민들은 바다의 신에 대한 제의를 해신당이 아닌 성황당에서 행했다고 할 수 있다. 요즈음 자료제보자들이 해신제라는 말을 대부분 사용하는데 이것은 일제시대 이후로 오면서 용왕신에 대한 제의를 일본식의 표현으로 차용하여 부름으로써 비롯된 현상이 아닌가 생각해본다. 대부분 주민들의 해신제에는 용왕을, 동신제에는 산신을 모신다는 말에서도 각 제의별 신위의 성격을 추정해 볼 수 있다.

초기 개척민들의 주 생업은 밭농사가 대부분이었으며 비록 소수의 어업에 종사하는 이들이라도 해신당보다 성황당과 산신당에서 제사를 지내는 관습이 더 일반적이었으리라 생각한다. 특히 오늘날 울릉도 각 동의 산신당과 해신당에는 성격이 다른 신위를 함께 모시는 경우가 많은데 이것은 전통적으로 한국인의 신의 경우, 신격에 따라 공간의 분화가 엄격하게 이루어지지 않는 일면을 나타내주는 것이라 할 수 있다. 1884년경에 건립된 것으로 추정되는 학포의 산신당 내부에 있어서 좌측에는 海王神位, 우측에 鬱陵島山神大王神位, 사동 3리의 자연촌인 신리 해신당에는 좌측에 山神神位, 우측에 海神神位를, 역시 사동 2리의 자연촌인 옥천·우복의 해령사海靈社에는 좌측에 山神

位, 우측에 海神位, 사동 1리(새각단)의 해신당에는 좌측에 山神地位, 중앙에 洞社神位, 우측에 海神之位를 모셨다. 해신당은 대개 일제시대 이후에 건립된 것으로 추정된다. 모셔둔 대상신의 좌우위치가 동일하지는 않으나 좌측의 산신이 해신보다 대개 높은 격을 차지하고 있다. 비록 일제이후 해신당이 건립되고 이를 중심으로 해신제가 시행되었지만 산신이 높은 지위를 점유하고 있는 것은 입도한 이들이 모시던 신격이 오늘에까지 전승된 것으로서 한반도에서 입도한 이들의 문화와 연속적인 성격을 가진다고 할 수 있다.

3) 1900년대부터 1945년 전까지의 제당과 제의

현재 울릉도에서 해신당이 있는 마을은 13개소이다. 이 가운데 일제시대에 건립된 해신당은 6개소, 해방 이후는 3개소, 건립시기 미상이 4개소이다. 이러한 사실은 일제시기에 어업에 종사하는 사람들이 늘어나면서 해신당의 건립도 자연스럽게 이루어지기 시작하였다고 할 수 있다. 촌노들이 "일제시대에 울릉도에 거주했던 일본인들은 해신각과 신사를 건립하였다"라는 말과 <성하당연기>의 "…占占悉皆 山神閣 倭人又設海神閣…(점차 모두 산신각을 갖추었으며 왜인들로 또한 해신각을 갖추었다)"는 내용에서도 이를 알 수 있다. 일제시대에 신사는 도동에만 있었다고 전해지지만, 여러 마을의 주민들은 사동과 남양동, 태하동 등지에 신사가 있었다고 전한다. 이 시기에 울릉도에 거주했던 일본인들이 해신제를 행했다고 하는 이야기를 자주 들을 수 있다. 그것의 구체적인 건물형태나 건물 안에 존치한 위폐와 신격에 대한 이해는 할 수 없으나 일본인들이 주로 이용한 제의처라 할 수 있다.

큰모시개에서는 일인 小田이 선착장 뒤의 바위에 소함을 놓아두고 해신제

를 시작했으며, 사동에서는 일본 신사에서 해신제를 행했다. 남양동에서는 일인이 신사를 지어 해신제를 행했으며 태하동에서는 한 일본인이 와서 삼짓날만 되면 바닷가에 와서 동당거리고 갔다(박성용·이기태, 1998: 23).

언급한 언설에서 일본인들이 주로 해신제를 행하였음을 알 수 있다. 이러한 현상은 식민지 사회의 민속종교변화에 관한 이해가 필요함을 시사한다. 모든 식민지 사회의 종교에서 일어나는 일반적인 특징 중에서 종교적인 혼합과 경제구조의 분화는 긴밀한 관계를 가진다(Balandier, 1982: 21)는 것이다. 이점은 울릉도의 경우에도 예외는 아니다. 무엇보다 울릉도민이 종사하는 농업과 식민지배자들이 운영하는 어업의 구분이 명확하게 이루지면서 생업구조에도 지배와 피지배의 관계가 뚜렷하게 부각되었다는 사실이다. 일제초기에 울릉도 주민들은 대개 농업에 종사하면서 산신제를 지내게 되었는데 그들의 정착지가 해안에서 멀리 떨어진 계곡이나 중산간지대의 평지였던 것도 이와 무관하지 않다.

어업에 종사하는 일본인들은 해신제를 주로 지냄으로써 산신제와 해신제가 상이한 민족들 사이에 별개로 행해졌다고 할 수 있다. 이러한 현상은 식민지 사회에서 상이한 민속종교가 분획된 양상을 나타내준다.

해신당은 일본인들이 바다와 가까운 곳에서 부터 마을을 형성·확대하는 과정과 관계가 깊다. 즉 그들은 주로 어업에 종사하면서 해신제에 깊은 관심을 가졌던 것으로 생각된다. 또한 신사에서 해신제를 행하기도 하였다. 1920년대에 이르러 주민들 중에는 일본인들이 운영하는 어업에 종사하는 이들이 늘어나면서 해신제를 지내는 이들이 조금씩 생겼으리라 추정해 볼 수 있다. 한국인 중에서도 일본인의 배건조 기술을 배우고 그들과 함께 어업에 종사하는 이들이 이때부터 조금씩 늘어나기 시작하였다. 그리하여 이 시기부터가 이질적인 해신제에 참여하는 이들이 점차 증가되던 시기라 할 수 있다. 그런데 일반

적으로 울릉도 마을의 확산과정이 일제시기라는 점을 감안한다면, 그 시기동안 산신당의 증가도 간과할 수 없다. 일제시대 건립된 산신당으로는 천부 3리(죽암), 천부 4리(석포), 남서 2리(구암)로 추정된다. 이러한 현상을 통해보면 울릉도 사람 중의 일부는 해신제를, 대부분은 산신제를 지냈다고 할 수 있다. 그러나 울릉도의 사회·문화적 맥락에서 해신제의 제의적 성격이 한국의 용왕제적 요소를 핵심으로 하면서 일본요소를 받아들였는지, 아니면 일본식 해신제를 그대로 차용하였는지를 더 규명해야 할 것이다. 다만 성하신당의 제사에서도 여전히 동해 용왕이란 용어를 사용하는 것으로 보아 한국의 전통적인 신격에 대한 숭배에는 변함이 없었던 것으로 추정된다.

1900년대 초기에 한국인들이 거의 종사하지 않았던 오징어잡이는 1930년대에 이르면서 이미 울릉도민들에게 또 하나의 생업으로 자리 매김해가고 있었다. 이러한 과정에서 주민들은 그러한 어업과 관련된 제의를 실천하는 과정에서 일본식의 '해신제'라는 명칭을 차용하게 되었으리라 추정해 본다. 울릉도의 해신제는 성하신당에서 뱃고사를 지내던 형태에다 일제의 제의명이 복합된 것이라 할 수 있다. 일제의 강제화된 사회질서 속에서 일본식 어업기술과 함께 그들의 민속종교도 울릉도 주민들에게 영향을 주어서 해신제로 명명하였던 것으로 보인다. 그러나 해방 이후 각 마을별로 해신제를 시행하여오면서 그 제의명이 현재까지 유지되어 왔다고 생각된다.

4) 해방 이후부터 현재까지의 제의와 제당

(1) 해방 이후의 동제

울릉도 주민에게 있어서 일제의 종식은 일본인 중심의 해신제에서

탈피하는 계기를 마련하게 되었다. 그들은 일본인들의 신사를 해신당
으로 사용하거나 제당을 파괴하고 다른 곳으로 이전하여 해신당을 신
축하여 제사를 지내기도 하였다. 일제시기에 일본인이 중심이 되어
행하던 해신제는 해방과 더불어 중단되었다. 해방은 울릉도민에게 있
어서 토착적 민속종교에 대한 재해석의 계기가 된 것이다. 해방과 더
불어 진행된 각 마을의 동제가 변화된 과정에 관한 사례(박성용·이기태,
1998: 262-263)를 살펴보면 다음과 같다.

> 도동: 해방 이후에 일본의 신사를 해신당으로 하였다.
> 큰모시개: 해방 이후 주민들은 일인의 제당을 파괴하고 위치를 옮겨서 당
> 집을 새로 지었다.
> 사동: 해방 이후 신사를 철거하고, 이곳이 불결하다고 하여 해변의 정결한
> 곳을 정하여 해신제를 행하였다.
> 남양동: 해방 후 주민들은 이곳의 신사를 파괴하고 현재의 위치에 해신당
> 을 신축하였다. 현재의 건물은 시멘트로 만든 계단 위에, 함석지붕
> 과 송판을 이용하여 건축하였다. 제당 내부에 函을 만들어서 기둥
> 에 달아 두고, 그 속에 위패를 모셨다.
> 태하동: 해변 평지에 단을 쌓아 해신제를 지냈으나, 개척 후에 인구의 증가
> 에 따라 神域이 더러워져서 현재의 위치로 이전하였다.
> 현포동: 개척초기에 해신에게 기원 드리던 것을 1930년대 중반에 이르러
> 함석지붕과 송판을 사용한 사당을 짓고 제의를 행했다. 위패는 위
> 패함 속에 있다.
> 천부동: 개척초기에는 안전운행과 풍어기원을 위해 제의를 행하다가, 일제
> 시기에는 주로 일인들이 주관하여 제의를 행하였다가 해방 후에
> 우리 어부들이 제의를 행했다. 제당의 내부에 신위를 넣어두는 함
> 이 있다.

도동 3리의 해신당은 해방과 더불어 파괴되었다가 1947년에 건립
되었으며 저동 2리의 해신당은 1955년에 신축되었다. 이러한 점은 해
방 이후 해신당이 완전히 사라진 것이 아니라 제의처의 해체나 이전
이 이루어진 것 외에는 해신제의 변화가 없었던 것 같다. 일본인들은
나무를 벌채하던 곳과 가까운 곳에 해신당을 세웠는데 이곳이 해방

이후 여전히 제당이 되기도 하였다. 죽암과 현포의 제당이 이 경우에 해당된다.

(2) 1998년 이후의 동제: 태하리의 사례

태하동은 학포동과 함께 가장 이른 정착의 역사를 지닌 곳이다. 태하동에는 모두 5개의 제당(天祭堂, 山祭堂, 城隍堂, 法華堂, 海神堂)이 있다. 이들의 제당은 마을단위와 울릉도 전역을 대상으로 하는 당으로 구분된다. 천제당, 성황당, 법화당은 울릉도에서 유일하게 있는 제당이고 산제당과 해신당은 태하리 마을을 단위로 한 제당들이다.

① 천제당

천제당은 태하초등학교에서 태하령 방향 약 300m 지점의 왼쪽 산기슭에 위치한다. 제당은 큰 땅괴목(오동나무라고도 함) 두 그루와 시멘트 제단, 큰 바위들로 구성되어 있다. 이곳은 강원도 평해 儉使가 년 1회 순찰차 입도할 때 上帝에게 제사지내던 곳이라고 한다. 제당은 옛 官舍터 뒤편 산록의 밭머리에 위치한다. 이것으로 보아 관官이 주도하는 제의였음을 알 수 있지만, 현재로써는 그 제의 상황을 추정할 수는 없다. 현행 제의의 제수는 되 1그릇과 채소, 명태, 건포 등이다(박성용·이기태, 1998: 265).

② 산제당

산제당은 태하초등학교 바로 뒤의 산록에 위치한다. 그 위에는 향로와 술잔, 촛대가 마련되어 있고 벽쪽에는 '山王大神之位'라고 쓴 위폐가 있고 위폐의 뒤쪽에는 '金剛般若波羅密經塔陀羅尼'의 경문이 족자로 걸려있다. 그 오른쪽 벽에는 호랑이 그림의 족자를 걸어 두었다.

호랑이 그림은 그림을 사진으로 찍은 것으로서 시중에서 흔하게 구할 수 있는 것이다. 내부의 바닥은 장판을 깔아 두었다. 이곳은 울릉도민들이 제일 먼저 산신을 모시던 곳으로 알려져 있으며(서원섭, 1979), 제의에는 모든 해륙산물을 사용한다(박성용 · 이기태, 1998: 266).

③ 해신당

주민들은 해신당에서 정월 보름과 삼월 삼짇날, 두 차례에 걸쳐서 제사를 지냈으나 1990년 초기부터 번거롭다고 하여 해신당 제의를 3월 3일로 통일하였다. 제의처는 선착장 뒤편 암석에 위치하고 있다. 현재 그 모양은 바가지를 엎어둔 것과 같으며 이곳으로 올라갈 수 있도록 도로에서부터 시멘트로 31개의 계단을 설치하여 두었다. 본래 해변 평지에 단壇을 쌓아 제의를 행했으나 개척령 이후 인구가 증가하면서 이곳이 더러워져서(해방 이후라고도 한다) 지금의 위치로 이전하였다. 제당은 속이 바가지 모양으로 뚫어진 화산암이며, 이 바위의 내부는 높이가 최고 230cm 정도이며, 전체가 둥근 바가지 내부와 같다. 촌노들에 의하면 일제시대에는 도동에 거주하던 일본인들이 삼짇날이 되면 이곳까지 배타고 와서 불공을 드리고 갔다고 한다. 태하동에는 일제시대에 신사神社가 있었다. 그 위치는 현재 경로당이 있는 곳이며, 당시에 이곳에 거주하던 사업가인 '이께다'라는 사람이 매일 북을 치면서 축원하였다고 한다. 신사 입구에는 '도리이'를 세우고, 주민들도 이곳을 지나다니면 반드시 절하였다고 한다. 또한 당시에 김중구라는 사람이 돌부처를 모셔두기도 했으나 해방 후에 돌부처는 없어졌다고 한다. 지금은 이곳 사람들이 해신당이라고 부른다(박성용 · 이기태, 1998: 268).

④ 법화당

태하령 밑 서달령에 위치하며, 본래 축원당祝願堂이라고 불렀다. 고

종 11년(1874) 순종 탄생을 축하하고 그의 명복을 빌기 위해 강원도 營
長을 守討使로 삼아 명승지인 이곳에 축원당을 세운 후 3년에 한 번
씩 영장을 보내 축원케 했다. 당시 영장은 증거물로 朱土와 香木을
상납하였다. 일제 때 관헌의 압박으로 축원이란 명칭 대신에 법화당
으로 고쳐 불렀다. 제의는 강원도 영장이 행하다가 이곳에 官舍가 생
기면서 島長이 제의를 행하게 되었다. 그러다가 1903년 군청이 남면
도동으로 이전한 후 島中에서 가장 유덕한 사람이 제관이 되어 제의
를 행했다(서원섭, 1979).

이 제의는 그 후 동제의 형태로 변하여 1967년까지 정월 보름날 행
하였는데, 태하동에서 가장 덕망 있는 분이 주관하였다. 그러나 주민
들이 모두 기독교를 믿기 시작하면서 제의는 중단되었다. 제의를 중
단한 후, 이 마을에서 사람이 죽는 등 나쁜 일이 일어났다고 한다. 그
래서 서달령 주민들은 태하 1동의 제의에 동참하고 있다고 한다. 현
재 그 마을 주민 대부분은 천궁 등의 약초 재배를 대단위로 하여 경
제적으로 풍요로워지자 본토로 이주하였다.

⑤ 성하신당

신당의 본래 이름은 성황당이었다. 1985년 이전의 현판에는 '성황
당'이라고 기록되어 있었으나 현재의 신당을 지으면서 '성하신당'이
라고 했다. 지금도 사람들은 성황당이라고 한다. 한 제보자는 과거에
"성하신당이라는 말을 듣지도 보지도 못했다"고 했다(도○화, 65세, 서면,
태하동).

성황당 유지비를 낸 이와 음력 보름날 제비로 백미 1석 거출할 때
출렴한 마을 사람들의 이름이 기록된 장부가 있었다. 근래에 오면서
그 장부는 사라졌다. 장부에는 김생원, 이생원 등의 이름이 기록되어
있었다.

현재 성하신당은 마을 중앙에 위치하며 주민들은 제당의 주위를 해송과 울릉도 포구나무로 단장하였다. 제당의 뒤편 숲에는 주민들을 위한 휴식공간과 운동기구들을 마련해 두었고 이 영역은 아주 잘 단장되어 있다. 1934년에 "새로 지으면서 정면에 '城隍之男神位'와 '城隍之女神位'를 새로 모셨다. 당시 당집 전면 상단의 현판에도 '城隍堂'이라고 기록되어 있었다.

그 후 1984년경 당시의 건물을 해체하고 '聖霞神堂'이라는 현판을 제당의 전면 상단에 달고 이전부터 모시던 '聖霞之男神位, 聖霞之女神位'의 위패를 모셨다. 남녀 석고상은 1978년에 만들어 모신 것이다. 그 후 현재의 위치로 신당의 위치를 옮겨서 일본식 함석지붕으로 신축하였다. 즉, 전설 속에 등장하던 동남동녀를 혼인시키는 행사를 치렀다. 이것을 주민들은 '처녀 총각이 어른한다'고 하였다. 주민들은 이 제당을 오늘날에도 여전히 성황당 또는 '서낭당'이라 부른다.

(3) 제당과 제의

① 성하신당

가. 제의처

성하신당은 울릉도 사람들이 개인별, 집단별로 제의를 행하여 왔던 성소聖所이다. 특히 배를 짓는 사람이나 어업에 종사하는 사람들은 고기가 잘 잡히지 않거나 집안에 우환이 있고 사업이 잘 안될 때 이곳에 와서 기도를 드린다. 특히 배를 건조한 이들은 자신이 믿는 종교를 불문하고 반드시 이곳에 와서 기도드려야 한다(울릉문화원, 1997: 154). 신당의 상량문에 歲在甲子四月二十一日午時上樑이라고 적혀있는 것으로 보아 1986년에 신축한 것으로 판단된다. 이전의 신당은 지금보다 절반 크기였으며, 일본식의 함석지붕이었다(박성용·이기태, 1998). 이

와 같은 사실은 성하신당의 제의가 그들의 전통 속에 자리매김하고 있으면서 비록 상이한 종교가 들어와서 전통종교가 사라지고 있지만 그들의 역사 속에 여전히 정체성을 확보하는 의례로서 간주되고 있음을 의미한다. 이 점은 뱃고사가 이루어지는 성하신당에 관해 전해내려 오는 말에서도 나타나고 있다.

　　　　<聖霞神堂緣起>
　　武陵元無城隍堂 / 誰人尊稱聖神廟 / 文憑昭然大神堂 / 黃土拘尾唯一在 / 点点悉皆山神閣 / 倭人又設海神閣 / 聖霞兩位萬頃禦 / 撫海治山都守護 / 聖霞故事永世傳 / 萬人泰祀不絶影 / 童男童女淸純魂 / 至心奉祀願加護 / 只恨不覺城隍堂 / 斯日告由致誠祭 / 兩位廟堂奉尊號 / 聖人峰下台霞浦 / 聖神堂時聖化處 / 聖靈遙遙瑞霞裡 / 聖霞神堂緣起也

　　　　　　　　　戊午正月十五日　郡守　朴鍾烋撰
　　　　　　　　　甲子初夏節　　　郡守　辛承國書

　　(무릉에는 본래 성황당이 없었고 / 사람들은 聖神廟라고 불렀다 / 글로써 大神堂의 사연을 밝힌다 / 황토구미에만 유일하게 있었는데 / 마을마다 모두 산신각을 갖추었다 / 왜인들도 해신각을 만들었다 / 성하의 兩位는 많은 것을 막아주신다 / 바다를 진무하고 산을 다스리는 우두머리 수호신이다 / 성하신당의 유래를 영원히 전하고 / 많은 사람이 올리는 큰 제사를 끊이지 않게 하여 / 동남동녀의 청순한 영혼을 / 지극한 마음으로 奉祀하여 가호를 바란다 / 다만 성황당을 깨닫지 못함을 한스러워하여 / 이 날 고유하고 치성을 드리고 / 두 신위를 모신 제당에 존호를 받든다 / 성인봉 아래 태하포에서 / 聖神堂이 신성한 곳으로 될 때 / 성령은 아득히 아름다운 안개에 싸여있구나 / 이것이 성하신당의 연기이다)

　성하신당의 연기에서 보듯이 성하신당이 갖는 제의처로서의 의미는 그들의 전통 속에 자리매김하고 있고 시대의 흐름에 따라 그 성격이 재구성되고 있음을 나타내주고 있다. 이 연기를 통해 울릉도의 제당은 성황당에 이어서 산신각, 해신각 등의 순서로 건립되고 있음을

추정해 볼 수 있다. 특히 황토구미에 제당이 있었다는 사실을 상기시
킴으로써 그들은 전승된 얘기를 통해 그들의 기억사에서 잊어버렸던
제의처를 재발견하고 제당이 역사적 의미가 있음을 주지시킨다.

현재 모시는 성하신당의 신체는 1978년에 유사有司하던 이가 육지
에서 석고로 만들어온 것이다. 그 형상은 신체가 어린 남녀의 모습으
로 만들어진 것이다. 현재는 신상을 뒤로 하고 그 앞에 위폐가 모셔
져 있다. 위폐의 왼쪽에는 聖霞之男神位, 오른쪽에는 聖霞之女神位로
되어있다(박성용 · 이기태, 1998). 해신제의 그 자체를 특징화하기 위해 주
민들은 신체神體를 기존의 설화를 근거로 동남동녀의 형상으로 창출
하였다. 울릉도민들은 한자로 쓰여진 신위에다 석고로 제작된 남녀
어린이를 나타냄으로써 육지와 떨어진 섬 사회에서 일어난 애절한 기
억사를 형상화하고 있다. 이는 전통을 전승하는 공동체적 정감에 부
합되는 의미와 정감을 생산하고 있음을 나타내주고 있다. 이를 통해
알 수 있는 바는 1978년에 울릉도 사람들이 새로운 신체를 형상화하
는 과정에서 기존의 구비전승에다 상상력을 가미하여 새롭게 의례를
창출하였으며 이것은 그들의 의례적 전통이 얘기를 근거하여 집단기
억을 공고히 하는데 기여하고 있음을 의미한다.

조선태종 1137년 삼척인 김인우가 안무사로 명을 받고 순찰차 울릉군을 입
도하여 신령으로부터 현몽을 받고 순찰차 울릉군에 입도하여 신령으로부터
현몽을 받은 데서 비롯된다고 전한다. 고혼을 달래기 위해 지은 사당은 현재
위치에서 남쪽으로 약 10m 지점인 개울 쪽에 있었으나 1933년에 발생한 대
홍수로 인해 하천이 범람하여 당집과 위패가 모두 유실되어 이듬해인 1934년
에 현재의 위치로 당집을 옮겨 일본식 함석지붕으로 신축하였다. 당시의 제당
은 지금의 것에 비해 절반 정도였으며 새로 지으면서 城隍之男神位와 城隍之
女神位를 새로 모셨다. 당집에는 전설의 내용과 같이 남신을 위해 쾌자를, 여
신을 위해 4~5세 정도의 여아가 입는 저고리를 횃대에 모셔 두었다.
그 후 1933년 3월에 전설 속에 등장하던 동남동녀를 혼인시키는 행사를
올렸으며, 처녀 총각이 어른이 되었다 하여 성황당이 참배객들은 동남동녀에
바치는 옷을 어른 옷으로 준비하여 바쳤다.

그러다가 남녀 신상을 봉안하자는 경로당 노인들의 의견이 있었다. 당시 울릉군으로부터 보조금 4만 원과 어업조합에서 백미 1석을 받은 비용으로 성황당 유사인 김원호씨가 대구에 가서 신상을 조각하려고 하였다. 조각사를 물색하던 중 경주의 여성 안모씨에게 의뢰하여 제작하고 1970년 8월 23일 신상을 본군으로 모셔 와서 그 해 9월 15일 신상 봉안식을 올리게 되었다. 이때 저동의 보살이 와서 경문을 읽으면서 불교식 제의를 봉행하였다. 1977년 1월 울릉군 고시 비지정 문화재로 인정을 받았고 1978년 2월 성황당을 성하신당으로 개칭하여 울릉군의 수호신으로 이르고 있다(울릉문화원, 2000: 141).

앞에서 언급된 내용에서 그 기원이 조선 태종으로 거슬러 올라가는지는 분명치 않다. 주민들에게 전해 내려오는 얘기이기 때문에 그 시원을 파악하기란 매우 힘들다. 다만 성하신당과 관련된 이러한 역사 얘기를 주민들이 함으로써 그들은 설화를 그들의 섬 역사의 한켠을 차지하도록 하여 집단기억의 정통성을 부여하고자 하는 것이다.

그런가하면 제의의 역사성에서 논리적 불일치를 보여준다. 태종 때부터 시작된 성황신이 1969년에 동남동녀의 모습으로 혼례를 치른다는 것은 외재적 차원에서 보면 아주 모순된 일면을 보여주고 있다. 이는 지역민들이 전해오는 얘기를 재구성하고 신격을 새롭게 생산하고 있음을 시사한다. 신격은 전통 속에 자리매김하고 있으며 시대의 문화에 따라 이를 재생시키고 있음을 의미한다.

그 밖의 제의 진행과정에서 헌관들이 주로 울릉도의 기관장과 상위계층의 주민들로 중심되고 있음은 관주도의 제의적 성격을 강하게 띠고 있다 하겠다. 2000년도에 행해진 이곳의 제의에는 군 단위의 기관단체장, 경로회, 이장, 새마을 지도자, 부녀회, 어촌계장, 울릉문화원 임직원, 지역 원로 및 주민 등이 참여를 한 것으로 보아 태하리 주민을 중심으로 행해진 동제는 아님을 짐작하게 한다.

나. 제의 수행과정

성하신당 제의를 수행하는 과정은 육지에서 동제를 행할 때와 크

게 다를 바가 없다. 제관선정, 제수준비, 정화의례, 정형화된 의례진
행과정, 소지, 음복, 지신밟기 등이 그것이다. 특히 동제를 지내는 동
안 금기를 행하고 목욕과 같은 정화의례를 행하며, 희생을 신에게 받
침으로써 한 해의 안녕과 평안, 풍요를 비는 기원을 하는 과정도 유
사하다.

제의는 먼저 제관을 선정하는 것으로 시작한다. 제관은 설을 쉬고 난 후 마
을의 나이 많은 사람들이 모인 가운데 유사(제당 관리자)가 중심이 되어서 제주
댁(음식 만드는 집)과 제관 등 2명을 선정한다. 이때 다른 종교를 믿지 않는 이
로서 유교적 사고가 있으며 가정에 이상이 없는 깨끗한 사람이어야 한다.

정월 열사흘날이 되면 유사와 제주는 금기를 시작한다. 황토를 제당 주변
에 뿌리고 금줄을 치고, 제관과 제주댁에도 황토를 뿌리고 금줄을 친다. 그리
고 부부가 목욕을 하여야 하며, 보기 싫은 곳에 가지 않고 초상이나 아기 낳
은 집 등 어설픈 것을 보아서는 안 된다. 즉 자기 방에서 근신해야한다. 몸을
깨끗이 하는데 소변을 봐도 손을 씻어야 했다. 그래서 이것을 '병원 환자 다
루기보다 더 깨끗이 한다'고 한다.

이 날부터 제수 준비를 시작한다. 이 날부터 도동에 가서 장을 보고, 생선
과 나물 등은 이 마을에서 구한다. 경비는 옛날에는 '동논'이라고 하여 3~4
마지기의 논에서 나는 쌀을 팔아서 마련하였다. 동네사람들은 이 논을 개간
하여 소작을 주고 매년 도조를 받아서 경비를 확보하였다. 그러나 1980년대
초반에 특별조치법이 시행될 때, 이것을 매각 처분하였다. 지금은 관광객들
이 참배하면서 두고 헌금과 배를 지은 사람들이 몇 만 원씩 희사한 돈으로 제
비를 충당한다. 1997년에는 750만 원 정도가 모였다. 이것의 관리는 본래 무
보수로 일하던 유사가 없어지고, 현재 태하경로당에서 담당한다. 대개 전년
도의 제관이 관리인으로 지정된다. 그 관리인에게 수고비로 1년에 100여만
원을 주기로 하고, 나머지는 경로회관에 보관한다. 1년간 적립된 돈은 음력
설 쉬고 난 후 제당의 유지비와 제의의 비용으로 사용한다.

제비는 매년 50만 원 정도이다. 진설하는 제물은 다음과 같다. 과일(배, 사과,
감, 곶감, 밤 등이며 제주댁의 마음에 따라 바나나 등도 사용한다. 과일은 손질하지 않은 채로
사용한다), 어물(우럭, 볼락, 문어, 오징어 등이며, 방어와 게 등은 귀해서 사용하지 못한다. 비
늘과 내장을 제거한 후 찌며 이것을 튀길 때는 콩기름을 사용한다), 육류(꼬지용 쇠고기와 돼
지머리와 꼬지용 돼지고기 등이며, 닭은 사용하지 않는다. 해신당에는 돼지 다리 한쪽을 사용한
다. 돼지머리는 삶는다), 전(파전, 두부전, 고기산적, 문어꼬지, 쇠고기꼬지, 돼지고기꼬지), 술
(쌀 1~2되를 누룩으로 제주댁에서 제조한다. 제의를 행한 다음날 음복주는 소주), 메밥, 산
나물(고비, 고사리, 콩나물, 무나물 등을 참기름으로 볶아서 사용한다. 이들은 깨끗한 집에서

구입한다), 탕(모두 민탕을 쓰며, 꼬지를 만들고 남은 것과 문어고기 잘게 썬 것, 오징어 잘게 썬 것, 두부를 넣어서 끓인 것) 등이다.

다음날인 열나흘날이 되면 제주 부부가 자기 집에서 임마개를 끼고 제수를 준비해 둔다. 제수는 제당마다 별도로 준비한다. 그날 밤 12시경이 되면 제주댁과 축관 겸 제관 2인 등 3인이 준비한 제수를 가지고 제당으로 가서 제의를 행한다. 이때 남자들만 제의에 참여하며, 소요 시간은 3시간 정도이다. 제의의 순서는 천제당 → 산제당 → 성황당 → 해신당의 순서이며, 앞의 제당 제의를 행한 후 다시 집으로 돌아가서 새로운 제수를 가지고 다음 제당으로 가서 제의를 행한다.

풍년과 마을의 안녕을 기원하기 위한 각 제당 제의의 절차는 축문만 다르고 그 외의 것은 모두 동일하다. 축문은 옛날부터 사용하던 것이다. 주민들은 축문들을 한 권의 책으로 묶어 두었다. 이 책에는 한자로 된 축문과 한글로 된 축문을 같이 두었으며, 제의에서는 한글로 기록한 것을 사용한다. 천제당의 제의에서는 축문을 사용하지 않는다. 제당에서 행하는 제의의 절차는 다음과 같다.

강신(제주가 향불을 부치고 술잔에 술을 조금 부어서 술잔을 돌린 후 모사에 붓고 재배한다) → 참신(참가한 제관이 동시에 재배) → 초헌례(제주가 담당) → 독축 → 아헌 → 종헌 → 유식(밥뚜껑을 열고, 수저를 걸고 소원을 빈다. 모두 꿇어앉아서 엎드린다) → 재배 → 철상(참가자들이 그 자리에서 복주를 마시고 철상한다) → 소지올리기(그러나 이 절차가 올리는 것은 번거롭다고 하여 10년 전부터 안한다)

철상 후 제주댁으로 간다. 집에 도착하면 눈을 잠깐 부친 후 날이 밝으면 아침에 동네 사람들이 인사하러 온다. 이들은 주로 나이든 분, 동네 걱정하는 분들이다. 주민들은 '지난 밤 욕봤다'는 내용의 경어를 사용하면서 맞절을 한다.

아침을 먹은 후 동장은 제주댁으로 음복하러 오라고 방송을 한다. 이들은 꽹과리를 치면서 하루를 논다. 풍물은 제주댁과 제관집을 시작으로 하여 집집마다 돌면서 풍물을 치면서 술을 마시고 놀기도 논다. 이것을 "풍물치고 논다"고 한다(박성용・이기태, 1998).

언급된 사례는 성황신당의 의례가 마을이나 전 울릉도 사람들에게 성대한 집단의례임을 나타내주고 있다. 이러한 의례가 여전히 행해지고 있는 것은 어업을 하는 이들은 바다가 불확실성이 매우 큰 생업공간이기 때문에 신에게 안녕과 풍어를 비는 것이다. 오늘날에도 1년에 몇 명씩 해상사고로 죽는 일이 발생하기 때문에 유교 의례를 모방한 제의가 집단적, 개인적으로 행해지는 것이다. 이는 비록 섬의 민속종교가 해체되어 가는 과정 속에 있지만 다른 한편으로 새로운 변화에

적절하게 반응하면서 전통을 유지하고 있음을 나타내주는 한 특징이라 할 수 있다. 그런데 이러한 제의를 좀 더 자세히 보면 다양한 변화가 야기되고 있음을 알 수 있다. 초국가적 현대성이 제의 수행관습에 영향을 주고 있다.

무엇보다 육지로 이주하는 인구가 증가하면서 전통적 사회관계가 해체되고 성하신당의 제의도 점차 울릉도 전 주민과 지역민들을 통합하는 역할을 상실하여 가고 있는 양상이 그 한 예이다. 마을 사람들이 모두 모이는 대동회와 '신입합일神人合一'을 지향하는 농악놀이가 점차 사라져 가고 있는 것이다. 주민들은 이제 '지신밟기'를 할 때 그 형식만 취한다고 한다. 즉 지신밟기를 하지만, 그 내용들은 모두 사라지고 형식만 남은 것이다. 제의 수행과정에서 주민의 사회적 정체성을 담보하는 민속놀이가 사라져가고 있음을 나타내주는 것이라 할 수 있다.

더군다나 후기산업사회의 개인주의나 경제적 효율성을 추구하는 전략, 사회적 시간의 변화 등은 성하신당제에도 영향을 주고 있다. 제의시간의 통합과 조정이 이루어지고 있다는 것이 그 변화 가운데 하나이다. 지금의 성하신당 제의는 해신제(풍어제)와 동제를 합하여 이루진 것이다. 과거에 태하리의 천제와 산신제, 성황제는 정월 보름날 행하였지만, 해신당은 본래 1월 15일과 3월 3일 등 두 차례 행하였다. 두 차례 행하는 것이 번거롭다고 하여 1991년에 해신당의 제의를 3월 3일로 합하였다. 그러다가 1997년에 성황제와 같은 날짜인 정월 보름날 행하기로 하였다. 이러한 점은 주민들의 사회적 시간이 변화함에 따라 제사를 지내는 날짜도 변화하고 있음을 나타내준다. 이러한 제의는 세갈렌(Segalen, 2005: 12)이 말한 바와 같이 성스러운 요소와 제의행동을 구성원들이 받아들임으로써 서로 일체감을 갖도록 하는 긍정적 제의(cultes positifs)로서 주기적이며 이는 사회생활의 리듬과 관련

된다고 할 수 있다.

② 성하신당의 해신제

성하신당에서 지내는 해신제는 뱃고사라 하여 선주나 어로작업을 하는 이, 그리고 집안에 우환이 있는 이 등이 성하신당에 와서 기도를 드린다. 특히 배를 건조한 이는 어떠한 종교를 믿더라도 여기에 와서 무사고와 선원의 안녕을 빈다. 군민의 안녕 및 풍어, 풍년, 해상작업의 안전을 비는 제의 수행과정은 다음과 같다.

일제시대 일인들이 해신제를 태하동에서 주로 지냈다. 1997년부터 동제와 해신제를 통합하여 제사를 지낸다. 태하동에서는 해신제를 뱃고사라 하기도 한다. 처음 배를 짓게 되면 선주는 태하 신당에 가서 제사를 지낸다. 돼지는 주로 앞다리만 사용하는데 앞다리는 바닥에 칠성백이가 박혀있기 때문이라 한다. 이것이 있는 돼지는 신에게 바치는 희생물로서 그 의미가 높기 때문이다. 제의에는 주로 머리를 사용한다. 그 외의 제물은 밥(메), 폭, 과일, 해물 등인데 그 양을 많이 준비해서 제의를 마친 후 술과 함께 태하경노당에 가져가서 노인들과 함께 잔치를 벌인다. 제사를 지낼 때에는 선주와 선장, 기관장, 구경하러 가는 사람, 무당 등을 배에 태우고 간다. 무당은 도동에서 주로 데리고 간다. 제단에 제물을 차릴 때에는 제사를 지낼 때와 같이 한다. 해물은 위쪽에 과일은 아래쪽에 차린다. 선주가 먼저 술잔을 올린 후, 선장과 기관장이 차례로 술잔을 올리고 절을 한다.

선주가 제사를 지낸 뒤 밖으로 나오면 다른 사람들이 들어가서 봉투에 돈을 넣어서 서낭당에 바친다. 김○○씨는 100,000만 원을 봉투에 넣어서 바쳤으며, 한복과 신발, 양말까지 두 벌씩 해서 바쳤다. 전에는 작은 의복을 준비했다. 신체를 석고상으로 다시 모신 후부터 어른 옷을 준비해서 바친다. 신체는 약 20여 년 전(1988년)에도 있었다. 그 전에는 제단에 위폐만을 모셨다. 그러다가 두 신을 '처녀 총각이 어른한다'고 하면서 석고로 상을 만들어서(제보자는 이것을 부처로 만들었다고 한다) 모시면서 큰 잔치를 열었다. 이때 군수나 경찰서장 등 기관장들도 모두 한복을 입고 행사에 참가하였으며, 도동사람들도 참가하였다. 즉 두 신을 혼인시킨 것으로 보인다. 그 후 서낭당의 참배객들은 어른 옷인 큰 옷을 제당에 바치게 되었다. 서낭당에는 참배객들이 바친 옷이 많이 걸려 있다. 이곳에 여러 벌의 옷이 쌓이면 마을에서 생활이 어려운 사람들에게 이것을 주어서 입도록 한다. 과거에는 어른이나 아이들의 고무신을 바치기도 하였다.

참배객들이 바치는 돈은 유사가 받아서 부조록에 기록하고, 그 돈을 모아서 제당의 관리비와 제의비용으로 사용한다. 배를 건조한 후 제의를 행할 때 바치는 돈은 보통 5~10만 원 정도이다. 이러한 절차를 통해 제의를 행하는 것은 기분이 좋아질 것이라고 여기기 때문이다. 현재 운행 중인 포항~울릉도 정기 여객선인 선플라워의 선주도 이곳에 와서 제사를 지냈다(박성용·이기태, 1998: 267).

언급한 성하신당의 해신제는 개인과 울릉도민, 공무원과 일반인, 남녀 등과 같은 대립적 구분을 극복하고 공동체적 정체성을 구성하는 데 중요한 역할을 하고 있음을 나타내준다. 그들은 이러한 성스러운 집단제의를 행함으로써 신화적 역사를 그들의 기억 속에 자리매김하면서 시대에 따라 전통을 새롭게 변형하고 불평등한 사회적 요소를 통합하고 있다.

③ 학포의 해신제

해신제는 산왕각에서 행하며 이 제의처는 마을의 남쪽 편 언덕에 위치한다. 현판 전면에는 칡넝쿨에다 종이와 솔잎을 끼워서 달아 두었다. 제당은 양철지붕에 돌로 벽을 쌓았다. 제당의 입구에는 뿔뚜나무(보리수)가 있다.

제의는 3월 3일 새벽 4시경에 행하였다. 제관 2명, 제주 1명, 축관 1명이 참여하였다. 축문은 한문으로 되어 있었으나 지금은 없어지고 대신에 한글로 쓴 것만 사용하다가 그것도 지금은 없다. 제일 10일 전에 제관을 선출하고, 3일 전에 제관은 금줄을 치고, 하루 전에 제당의 청소를 한다. 금줄은 새끼줄에 해송가지와 백지 조각을 달아 두었다. 그러다가 1994~95년에 칡으로 바꾸었다. 황토는 제당 입구에만 뿌린다. 제관의 목욕은 자기 집에서 행한다. 제수는 주과포, 밥, 나물(콩나물과 산나물), 돼지머리 1개(돼지 한 마리를 잡아서 머리만 사용), 문어, 전복, 소라 등이다. 제의를 행한 다음날에는 음복을 하면서 술을 마신

다. 이때 꽹과리를 치고 다니며, 모든 배에 올라서 풍어제를 기원한다. 소주 1병과 제수를 조금 차려서 제사를 지낸다. 제당 내부에는 海王神位와 鬱陵島山神大王神位가 모셔져 있고, 각 위패에는 백지 전지를 접어서 덮어 두었다. 제당의 내부에 삼짇날 풍어제를 행할 때와 지신밟기를 할 때 사용하는 북과 징이 있다.

학포 해신제의 경우, 과학적, 기술적, 사회 문화적 차원의 크나큰 변동이 제의 수행공동체의 구성원들이 공유한 민속종교적 경험과 의미를 해체하고 있지는 않더라도 초자연적 실재와 관련된 분화된 공간이 통합된 공간으로 되고 있음은 성스러운 동제에 대한 가치관이 변화되고 있음을 나타내준다. 학포의 산왕각에 존치하고 있는 신체의 경우, 산신과 해신의 신위를 합설하고 있으며 두 신에 대해 함께 제사를 지내는 것이 그 예이다. 그런가하면 학포 주민들은 정월 보름에 산신제를 지낸다. 그들은 마을 위 도로가에 위치한 산신당에서 제의를 행한다. 이 산신당에는 네 개의 신위가 있다. 왼쪽부터 '土地山靈之位', '城隍神之位', '癘疾之神位'의 세 개의 위패가 하나의 받침대에 나란히 꽂혀져 있고, 나머지 하나는 오른쪽에 따로 '土地之神山靈之位'의 위패가 있다(경상북도문화재연구원, 2002: 77). 이는 1950년경 인근 삼막마을의 신위를 합설하였기 때문이다. 이들 신들 사이에는 위계가 있다. 학포의 주민들은 산신이 해신보다 더 높다고 여기고 있다.

> "이곳 제당에서 산신제를 지내고 나면 그 음식을 가지고 해신당(산왕각)에 내려가서 제의를 올렸다. 산신이 우선이다. 산신이 해신보다 높다."(최영수, 84세, 학포거주)

언급한 자료제보자의 얘기에서도 이러한 특징을 찾아볼 수 있다. 산왕각의 경우, 비록 현판에 산왕각으로 쓰여져 있지만 주민들이 해신당으로 부르는 것을 보아도 먼저 입도민이 산신을 주로 모시다가

일제시대 이후 어업의 비중이 커지면서 해신을 동시에 합설한 것으로 추정된다.

5) 제의 수행집단의 변화

1980년대로 오면서 육지로 이주하는 주민이 늘어나게 되고, 이로 인해 해신제를 지내기가 어렵게 된 마을들이 나타나기 시작하였다. 1980년에 저동 3리 즉, 내수전의 동제가 시행되지 못하였고, 사동 3리(신리)의 해신제는 1990년에, 사동 3리(간령)의 해신제는 1996년에 중단되었다. 이렇게 중단된 것은 어촌계원 수가 줄어서 제의 수행집단을 구성하지 못하기 때문이다.

현재까지 동제의 수행단위는 다양하게 분화·해체되는 과정을 보인다. 동제는 자연촌을 근간으로 행해지다가 행정단위로 분촌이 되면서 그 수행단위도 행정단위를 근간으로 이루어진다. 2000년대 이전, 동제는 대개 행정마을별로 이루어졌다. 현재 산신제를 지내는 곳은 24개리 중 14개리이다. 도동 1, 2, 3리, 저동 1, 2, 3리, 천부 1, 3, 4리, 현포 1리, 태하 1, 2리, 사동 1, 2리이다. 동신위에 제사를 지내는 마을은 남양 2리(석문), 남양 3리(통구미)이다.

도동 1리와 2리는 분동되고 난 뒤에 번갈아 가면서 산신제를 지낸다. 도동 주민들은 道洞社神位, 道洞社神位, 主山神位, 郡社神位, 郡稷神位의 5위의 신을 모신다. 특이한 점은 같은 도동사신위를 두위나 모시고 있다는 점이다(경상북도문화재연구원, 2002: 55). 1972년 전에는 1, 2동이 분동이 되어서 제사를 따로 지내다가 인구가 감소하면서 행정단위와는 상이하게 함께 산신제를 수행하게 되었다. 제비는 각 동마다 돌아가면서 낸다. 남양 3리(통구미)에서는 15년 전부터 산신제를 지내지 않는다. 도동 2리와 태하 1리(학포)에는 주민이 대부분 이주하였고,

현포 2리(평리)의 경우 기독교인들이 많아도 일부 주민들이 제비를 거두어서 동제를 지내고 있다. 어민들이 제를 모시지 않으면 그들에게 해가 오고 불황이 든다고 생각했기 때문이다. 태하리의 자연촌인 서달령의 경우, 주민들이 기독교를 믿기 시작하면서 동제를 지내지 않는다. 그러나 이 마을에서 사람이 죽는 등 나쁜 일이 생기면 태하 1리의 성하신당에서 제사를 지내는 이들이 있다. 서달령에는 고종황제 내외의 사진을 모신 천제당이 있었다. 그러나 침례교가 들어오면서 이곳에 제사를 지내지 않았다. 제사를 동네 독자적으로 지내기 힘들 경우 합제해서 돌아가면서 지내기도 한다. 저동 3리에서는 1910년에 작은 모시개와 중간모시개가 분리되어 독자적으로 제사를 지내다가 1980년부터 이를 중단하였다. 통구미에서도 1990년대 이후부터 마을 주민들이 모두 참여하여 지내던 동제는 사라지고 개인 집에서 우환이나 사업이 안 될 때 개인별로 지내는 경우가 간혹 있다.

한 자료제보자에 의하면 24개리에서 행해지던 해신제가 2006년도부터 13개 어촌계 단위로 행해지는데 도동 1·2리, 저동, 죽암, 천부, 현포, 평리동(현포 2리 포함), 태하, 학포, 남양, 통구미, 사동, 저동 3리라 하였다. 필자가 2007년 8월에 조사한 바에 따르면 11개 어촌계에서 해신제를 지내고 있었다. 1년 사이에 2개리에서 해신제를 지내지 않는 것이다. 즉 천부의 경우, 산신제는 1990년경에, 해신제는 2007년에 지내지 않고 있으며, 사동은 어촌계가 없어서 해신제를 모시지 못하고 배를 가진 이들 개개인이 간략하게 제사를 지낸다. 저동 3리의 어촌계는 다른 어촌계와 통합하여 신흥어촌계를 만들고 이 어촌계에서 해신제를 지낸다. 제의 수행 단위가 동네별로 바다를 경계 지어서 해조류를 채취하던 동네 어촌계가 아니라 인접 마을의 통합된 어촌계가 중심이 된다. 예컨대 석포와 죽암의 어촌계는 종전에 60여 어가를 이루고 있었으나 현재 10여 가구로 축소되어서 어촌계 운영이 힘들게

되자 통합하여 해신제를 지내는 경우가 그것이다.

제의 수행단위가 통합·조정되듯이 제사를 지내는 날짜도 바뀌고 있다. 현포 1리에서 정월 보름날 동제를 지내는 경우를 제외하고 대부분의 어촌계에서는 삼월 삼짇날 새벽에 지낸다. 이곳 주민들은 심한 북풍으로 인해 바다에서 사고가 자주 일어남에 따라 울릉도에서 제일 먼저 동해 용왕신에게 제사를 드린다. 태하리의 경우, 천제와 산신제, 성황제는 정월 보름날에 행하지만, 해신당은 1월 15일과 3월 3일 두 차례에 걸쳐서 제사를 지냈다. 1991년부터 번거롭다고 하여 해신당제를 3월 3일로 통일하였다.

그 밖에 제관과 제주를 특별하게 선정해서 목욕과 같은 정화의례를 한 다음에 신에게 제사를 드리는 제의과정은 사라져 가고 있다. 대개 어촌계원 가운데 제사를 지내는 그 자리에서 어느 누구가 스스로 제관을 하겠다고 하면 이를 따른다. 제관의 선정과정이 생략된 가운데 아무나 제관을 하는 경우가 늘어나고 있다. 이러한 점은 울릉도 주민들이 과거에 부정한 것에 대해 금지와 격리를 통해 의례의 성스러움을 부여하던 과정에서 벗어나 점차 의례의 탈전통화 과정을 거치면서 특별한 제의행동과 일상생활을 구별하지 않고 있음을 보여준다. 또한 그들은 초자연적 존재에 의해 그들의 삶이나 운명이 지배된다는 사고를 하지 않고 있음을 시사한다.

〈표 1〉 울릉도 동제의 제 특징

자연촌명	행정리	제당위치	명칭	형성시기	제의수행집단	제당의 변화과정	제당형태	제일 (음력)	신 위
도동	도동 1리	대원사 입구	神堂 (山神堂)	구한말 이전	도동 1, 2리 주민	사직단 자리에 세움	당집	5월 15일 (1977년)→ 정월 대보름	①道洞社神位 ②道洞社神位 ③王古神位 ④郡社神位 ⑤郡稷神位

	도동2리	산비탈	海神堂	구한말~일제초기	어촌계	도동의 확대로 위치 이전	당집	3월 3일(1977년)→2월 27일	東海海神
큰모시개	도동3리	도동3리(큰모시개)	山神堂	1950년	마을주민	중간모시개(저동1리)분화→신축	당집	3월 3일 / 9월 9일(1964년 전)→3월 3일→1월 15일	山王大神位(산신할배)
			海神堂	1947년	어촌계	일제 때 일인이 지냄→해방 때 해체→1947년 신축	당집	3월 3일, 9월 9일(1962년 전)→3월 3일	東海海神→東海大神位
중간모시개	저동1리	바위밑	海神堂	일제시대	어촌계	시멘트블록	당집	3월 3일	東海龍王之神位, 현재 어린여자神
		계곡	山神堂	19세기말	마을주민	시멘트블록	당집	1월 15일	山靈神位
작은모시개	저동2리	절벽아래	海神堂	1955년	어촌계	목조건물	당집	3월 3일	좌: 苧洞之神位 우: 東海之神位
		계곡	山神堂	구한말	마을주민	바위→당집(제일이 정월대보름이 있었으나 겨울철 눈으로 3월 3일)	당집	3월 3일	좌: 同靈神位 우: 山靈神位
내수전	저동3리	언덕	洞祭堂	1910년대 분리	마을주민	1980년대 해체됨 1910년대 작은 모시개, 중간모시개에서 분리	당집	1월 15일	山神位, 洞神位
새각단	사동1리	산등성	海神堂	동제 해신제	동제:마을주민 해신제:어촌계	1970년대 당집을 현 위치로(1990년대 동제 해체)	당집	동제: 1월 15일 해신제: 3월 3일	좌: 山神位 중앙: 洞社神位 우: 海神之位
옥천·우복	사동2리	옥천천변	山神堂	구한말 1933년 이전	마을주민	장수나무→당집 장수나무→당집	당집	3월 3일(1977년 이전)→1월 15일	山神大王之位 洞神之位
		소나무숲	海靈堂	일제시대	마을주민	신사해체→배위에서 제사→당집	당집	3월 3일	좌: 山神位 우: 海神位
신리	사동3리	능선	海神堂	·	어촌계	바위→당집(신신당+해신당)	당집	3월 3일	좌: 山神神位 우: 海神之位

						1990년대부터 해체			
간령		언덕	山神堂 (山靈堂)	구한말 신리, 간령? 산신령→해방 후 중령 산신령 통합→폐지	마을주민	당나무→당집 1996년부터 해체	당집	3월 3일 (1934년 이전)→정월 보름	山靈位
석계	남양 1리	산비탈	海神堂	일제시대	어촌계	해신을 위한 신사→해방 이후 폐지→당집	당집	3월 3일	海王大神位
석문	남양 2리	길목	洞祭堂	구한말	마을 주민	당집+포구나무→당집	당집	1월 15일	南陽洞神位
통구미	남양 3리	산비탈	海神堂	1948년	어촌계	당집	당집	3월 3일	本部海神之位
		평지	洞祭堂	1899년	마을 주민	당목→당집	당집	1월 15일	本府山靈之位
골계	남서 1리	숲	洞祭堂	구한말	마을 주민	1930년 당집	당집	1월 15일	洞神之位
구암	남서 2리	산비탈	社神堂	일제시대	마을 주민		당집	1월 15일	좌: 山王大王神 우: 龜岩洞神位
큰 황토 구미	태하 1리	화성 암반	海神堂	일제시대	어촌계	화성암반, 특별한 신위표시 없음	화성 암반	1월 15일 (1977년 이전)→3월 1일 or 3일	
		산속	山神堂	조선시대	어촌계	산신당	당집	3월 1일 or 2일	山王大神位
		마을 중앙 숲	聖霞神堂	조선시대	마을 주민	성하신당	당집	1월 15일 (1977년 이전)→3월 1일 or 2일	좌: 聖霞之 男神位 우: 聖霞之 女神位
		밭 가장 자리	天祭堂 (祝願堂)	조선시대	마을 주민	정월대보름→3월로	제단	1월 15일 (1977년 이전)→3월 26일	신위 없음
학포	태하 2리	계곡변 암반	山王閣	1884년	마을 주민	당집→시멘트블록	당집	3월 3일	좌: 海王神位 우: 鬱陵島 山神大王之位
		계곡변	山神堂	1884년	마을 주민	우측의 신위는 학포와 산막이 합쳐지면서 산막에서 모셔 온 것	당집	1월 15일	좌: 土地 山靈之位 城隍神之位 癘疾之神位 우: 土地 之神山靈之位

	천부 1리	산록	山神堂	•	마을 주민	당나무→당집 (일제)	당집	1월 15일	本部山川大山 靈之位 (여 산신령, 골맥이신)
		언덕	海神堂	일제시대	어촌계		당집	3월 3일	四海龍王神位
죽 암	천부 2리								
	천부 3리	구릉	山神堂	일제시대	마을 주민	이주자로 인해 1999년에 지내지 않음 2000년에 다시 재개	당집	1월 15일	
		암벽	海神堂	일제시대	어촌계	시멘트건물	당집	3월 3일	없음
석 포	천부 4리	산비탈	山神堂	19세기말	마을 주민			당집	1월 15일에서 3월 3일로 (1987년)	
		없음							
	추산리 나리								
재 만 등	현포 1리	재만등	山神堂	일제시대	마을 주민	판재지붕→ 함석집	당집	3월 3일	좌: 洞社王之位 우: 山神王之位
		능선	海神堂	일제시대	어촌계	맞배집에서 시멘트블록	당집	1월 14일 자정	東海保命神位
평 전 마 을	현포 2리	마을 입구	山神堂	•	마을 주민	계곡→마을입 구, 1980년대 중반 이후 안 지냄	당집	음력 3월 3일	山神, 水口막이 神
평 리		밭	당나무	•	마을 주민	1990년대부터 당집터 지내지 않음, 동신	당나무	음력 3월 3일	없음
평 암		나무숲	山神堂	•	마을 주민	당목→	당집	음력 3월 3일	山神靈之位

* 위의 표는 서원섭(1972), 이기백(1977), 박성용·이기태(1998), 경북문화재연구원(2005), 이창언(2006b)의 제 자료와 필자의 현지조사자료(2000, 2006, 2007)를 종합·정리한 것이다.

〈사진 1〉현재의 성하신당

〈사진 2〉성하신당 개축 전의 모습

〈사진 3〉성하신당의 신체

〈사진 4〉태하동 산신당 내부

〈사진 5〉통구미 동제당

〈사진 6〉통구미 동신위

〈사진 7〉 학포동 산신당

〈사진 8〉 학포동 신신당의 신위

〈사진 9〉 학포동 산왕각 내부

〈사진 10〉 학포동 해왕 신위

〈사진 11〉 남양동 해신당

〈사진 12〉 남양동 해신당 위패

인류학이나 민속학 분야에서 독도를 포함하는 동해의 해양문화와 공간에 대해 관심을 가지기 시작한 것은 최근의 일이다. 학자들의 개인적인 관심에 의해 단편적인 연구는 수행되어 왔지만 독도와 울릉도를 한국인, 특히 울릉도 사람들의 생활공간으로 파악하고 이와 더불어서 그들의 사회조직에 대한 연구를 시행한 경우는 드물었다.

이 연구는 먼저 독도와 울릉도, 그리고 긴 역사 속에서 두 섬과 동해를 둘러싸고 한국인의 공간인식과 어업생활과 관련된 사회·문화적 다양성을 이해하기 위해 생활공간과 문화를 포괄적으로 관련짓는 시각을 구체화하고자 하였다. 울릉도 주민, 혹은 동해안 주민이 독도와 이를 둘러싼 해양공간을 어떻게 한국인의 정체성을 나타내주는 생활공간으로 인식하고 실천해왔는지를 규명하고 이를 바탕으로 연구자들이 문헌연구를 통해 주장하는 바와 실제가 어떻게 상이한 지를 규명하는데 초점을 맞추었다.

독도는 사람이 살지 않았던 섬이 아니라 안용복 등의 항해역사와 한국어민들의 공동어로 작업 등이 해양환경에 대한 독특한 경험과 공간인식을 생산케 한 생활공간이라 할 수 있다. 독도는 단순히 흙과 돌로 이루어진 섬이 아니라 이에 대한 특징적인 인지방식, 표상, 정감, 문화적 실천이 이루어졌던 공간이다. 그런가하면 울릉도의 경우, 이주민의 정착역사를 보더라도 개척령 이전에는 한국사람들이 중산간지대

와 일부 해안지대에 거주하고 있었다. 특히 개척령 이후에 본토민들의 대다수가 고지대에 이주하였기 때문에 독도를 바라볼 수 있었음은 분명한 사실이었다. 이점은 기존의 일본의 일부 학자들이 주장하는 독도 가시거리와 인지가능성, 그리고 수학적 논리와 사료의 해석을 연결 짓는 작업에 야기될 수 있는 제 문제들에 대한 재검토와 수정을 요구한다. 즉 울릉도에서 독도까지는 시달거리視達距離가 아니기 때문에 한국측의 사료, 특히 세종실록지리지에서 보이는 독도, 울릉도에 관한 기록들은 "본토에서 울릉도를 바라보는 것을 의미한다", "울릉도에서 대섬을 바라보는 것을 의미한다"는 등의 일본학자들이 주장하는 바는 잘못된 것이라 할 수 있다. 이것은 울릉도에서 독도를 바라보는 것을 의미한다. 울릉도 사람들이 섬에서 그리고 해상에서 독도를 바라봄으로써 집단적으로 공유하는 공간상의 표상을 형성하였고 이를 근간으로 국가의 해양경계에 대한 질서와 관념을 구축하였다.

안용복의 언급에서처럼 한국인들이 울릉도와 독도를 모자관계로 파악하였음은 주지의 사실이다. 그들은 섬과 이를 둘러싼 해양공간을 전통적인 사회관계를 나타내주는 사회공간으로 인식·실천하였다. 조선왕조사회에 있어서 울릉도와 독도는 한국인의 사회관계에 있어서 토대가 되는 사회범주로서의 '집'처럼 동일한 생활영역의 섬이자 친연성을 가진 공간적 관계를 가지고 있었다. 이러한 점은 현대사회에 있어서 독도에 대한 전통적인 공간인지방식에서도 구체적으로 드러나고 있으며 현대 한국의 어민들에게까지 전승되고 있는 것 같다. 해양공간은 한국의 어민들에 의해 그 문화적 문법을 분명히 드러내고 있었다. 독도항해법에서도 산가름법, 삼각항해법, 천체항해법, 토착개념화된 자연환경 등 다양한 방법이 적용되었다. 그 무엇보다 울릉도 사람들이 독도를 마을어장으로 공동경영 하고 있을 뿐만 아니라 고기가 서식하는 해저지형, 즉 '걸'에 대한 특징을 정확하게 인지하고 있

었음은 이미 논급한 바와 같다.

울릉도의 경우, 어민들의 어로기술과 사회조직, 민속종교의 제의와 수행집단의 특징은 섬 자체의 환경과 거시적 차원의 세계, 즉 국가사회와 세계사회의 경제적, 정치적 변화과정에 영향을 받았다. 어로기술의 변화는 국가사회의 안팎을 관계하는 거시적 경제, 기술적 차원과 미시적 차원의 어민들 사회에 존재하는 기술체계와 사회체계의 변화와 관련되었다. 1999년 1월 한·일 어업협정이 발효되면서 어로구역이 축소됨에 따라 어획고도 감소하였으며, 이에 따라 생업을 전환하는 이들이 증가하였다. 가족구조만 하더라도 거시적인 국가경제의 위기마다 울릉도는 대도시의 공단지대와 노동시장의 노동공급원에 영향을 받게 되었고, 이에 따라 주민들은 대도시로 이출함으로써 가족구조도 변화하였다. 그런가하면 민속종교인 동제도 국가사회의 변화과정과 무관하지 않았다. 무엇보다 일제시대를 거치면서 어업에 종사하는 이들이 늘어나게 되면서 해신제를 지내는 이들이 증가한 것이 그 예이다. 최근에 동제의 수행단위가 통합, 조정되거나 제의 날짜의 변경, 산신과 해신을 함께 모시는 현상의 등장은 거시적인 정치, 경제사의 변화가 지역인의 의례조직과 전통적인 민속종교의 의례성 상실에 크게 영향을 주고 있음을 시사한다.

앞으로 독도와 울릉도에 대한 연구를 심화시키기 위해서는 시·공간적 차원에서 특히 식민지시대로부터 현대에 이르기까지 독도에 대한 일본의 문화정치적 전략에 대한 이해를 심화시킬 필요가 있다. 일본에서 독도문제에 대한 관심이 가장 점증하기 시작하였던 것은 과거 본토중심적 사고를 하던 일본이 주변의 섬과 아시아 여러 나라의 영토를 점유하려던 식민제국주의시대부터 나타나기 시작하였음을 상기할 필요가 있다. 이러한 사고는 중심과 주변을 구분하던 영토의식이 점차 이 시기 이후부터 확장되는 양상을 보이는데 이는 일본의 국가

통합의식과 긴밀한 전략과도 관련된다고 할 수 있다. 아울러서 외무성 관리, 교수, 향토사학자, 수산업자, 지방공무원들이 행한 '독도 장소 만들기'에 대한 정치적 의미재현과정, 이미지 조작과 구축 등을 통한 영유권 분쟁지역에 대한 문화정치적 논리를 정세하게 되짚어볼 필요가 있다.

그 한 예로서 필자는 지도상에 나타난 경계의 문제를 다루었다. 지도는 국가의 영토경계에 대한 경계의식을 자국민과 타국민에게 전략적으로 알리는 수단으로서 역할을 한다. 일본이 세계지도상에 독도가 분쟁지역임을 알리는 것도, 다른 외국지도에 독도(Dokdo)를 단독으로 등재하는 작업은 매우 중요하지만 다케시마와 함께 지명을 올리게 될 때 외국인들에게 이 섬이 일종의 분쟁지역임을 알리려는 일본의 정치적 전략에 휘말리게 될 가능성도 배제해서는 안 될 것이다. 앞으로 국경문제를 일으키는 나라들이 지명과 해저지명을 명명하는 과정에서 지도를 어떻게 정치적·지적도구로서 이용하는지 이에 대한 정세한 연구가 요구된다. 일본이 행하는 독도에 대한 국가 차원의 정책적 결정이 어떻게 세계지도 속에 한·일간의 해양경계를 과거와는 상이하게 만들어 가고 있는지도 주의 깊게 검토해야 할 것이다.

최근에 해양수산부에서 발행한 독도주변의 해양지도를 보면 독도가 한·일 양국의 중간수역에 그려져 있다. 긴 역사 속에 독도가 한국의 명확한 국경 속에 있던 것이 중간수역이란 모호한 경계 속에 위치하고 있다. 독도와 관련된 해양경계를 이해하기 위해서는 한·일관계사 속에 일본학자와 외교관들이 독도를 어떻게 인식하고 전략적 실천을 해왔는지를 다면적으로 검토할 필요가 있다. 아울러서 독도와 관련된 이미지, 역사, 해양지식, 지명 등을 연구해온 과정과 이를 바탕으로 정치적 실천을 해왔는지를 검토할 필요가 있다.

독도와 아울러서 동해는 의미 없는 바다 그 자체가 아니다. 한·일

양국 간의 장기적 역사 속에서 문화적, 정치적, 경제적 긴장과 충돌의 역동성을 나타내주는 해양공간으로서, 그리고 한·일 양국 간의 대립적 결속을 야기시키는 정서적 경계를 이루고 있는 장소이다. 특히 식민지시대를 거치면서 동해와 독도가 문화정치 공간으로 전환되는 과정에 대한 해명은 양국 사이에 복잡다단하게 전개된 역사의 실상을 이해하는데 기여할 것이다.

이 연구를 진행하면서 미진한 부분들이 남아있다. 먼저 더 진행되어야 할 작업은 각 고도별로 1년 동안 독도가 어떻게 보이는지 그 크기와 실제 양상을 고도별로 실증적인 자료를 제시해야 할 것이다. 이점은 각 등고선별로 그리고 계절별로 살펴볼 필요가 있다. 이점은 앞으로 심층적 연구·조사가 시행되리라 생각한다. 아울러서 독도에서 어로작업을 하고, 주변해양공간에서 조업을 한 동해어민(묵호, 동해, 삼척, 울진, 울릉도민 등)의 조업사에 관한 접근은 거시적 접근과 미시적 접근이 상보적 연구가 되어야 한다. 전자는 독도가 세계 식민지 지배 역사 속에 왜 논쟁거리가 되었는가에 관한 비판적 검토를 해야 하고 후자는 독도와 그 주변 공간에 관한 한국어민의 민족주의가 어떻게 민의 역사와 개인의 기억 속에 구조화되었으며 그들의 생활사 속에 어떻게 존재하고 있는가를 규명해야 할 것이다. 이를 위해서는 다학문적 접근이 필요하다. 끝으로 이 책이 독도와 울릉도, 그리고 이를 둘러싼 해양공간이 한국인에 의해 생활공간화된 양상과 특히 울릉도 사람들이 구성한 사회조직을 이해하는데 도움이 되었으면 하는 바램을 가져본다.

독도 · 울릉도 관련 고지도

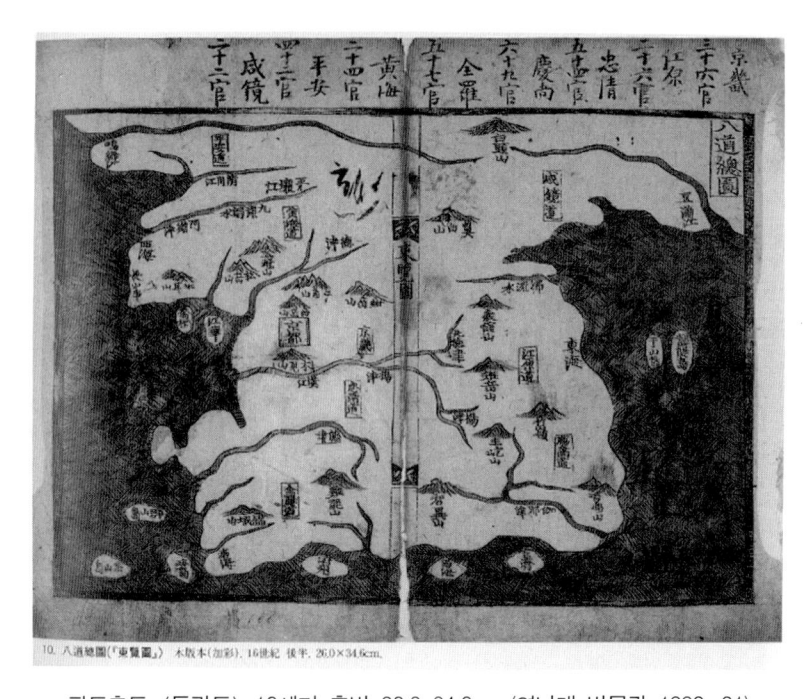

팔도총도 〈동람도〉 16세기 후반 26.0×34.6cm (영남대 박물관 1998: 21)

　팔도총도 <동람도>는 임진왜란 이전의 지도이며 『신증동국여지승람』의 附圖를 모은 지도책으로서 『동람도』의 초기본이다. <팔도총도>에는 우산도 가 왼쪽에 위치하여 육지와 가깝게 그려져 있고 울릉도가 오른쪽에 위치하여 육지에서 멀리 떨어져 있다. 이는 기록과 보고, 전해오는 애기 등을 바탕으로 해서 그려진 것이기 때문에, 섬의 위치가 부정확하여 현재의 울릉도와는 그 위치가 바뀌어져 있다. 방동인(2001: 98)에 의하면 이 지도는 어디까지나 편람 에 편이하도록 실측지도를 바탕으로 재구성한 것이어서 결과적으로 방위나 거리관념을 세밀하게 고려하지 않은, 단지 개략적인 분포도의 성격을 가진다 고 한다.

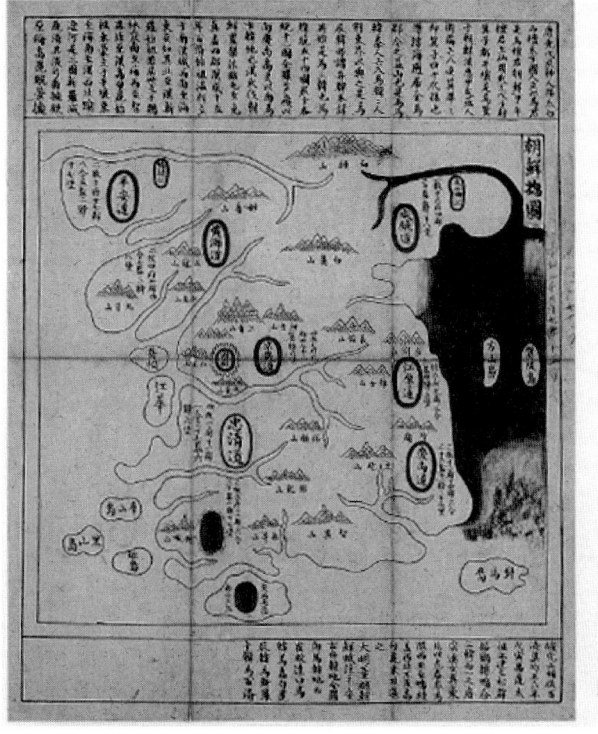

43.
朝鮮總圖《〈天下地圖〉》
彩色筆寫本.
18世紀 前半.
36.5×30.0cm.

조선총도 〈천하지도〉 18세기 전반 36.5×30cm (영남대 박물관 1998: 40)

『동람도』 후기본으로 채색필사본 지도이다. 제작 시기는 북한산성이 축조된 1712년 이후 경상도 안음·산음이 개칭된 1767년 이전으로 추정된다. 『동람도』의 울릉도와 우산도의 위치는 그대로 따르고 있지만, 우산도를 方山島로 잘못 표기하고 있다. 定平에 있는 鼻白山을 白鼻山으로 표기한 것도 오류로 보인다.

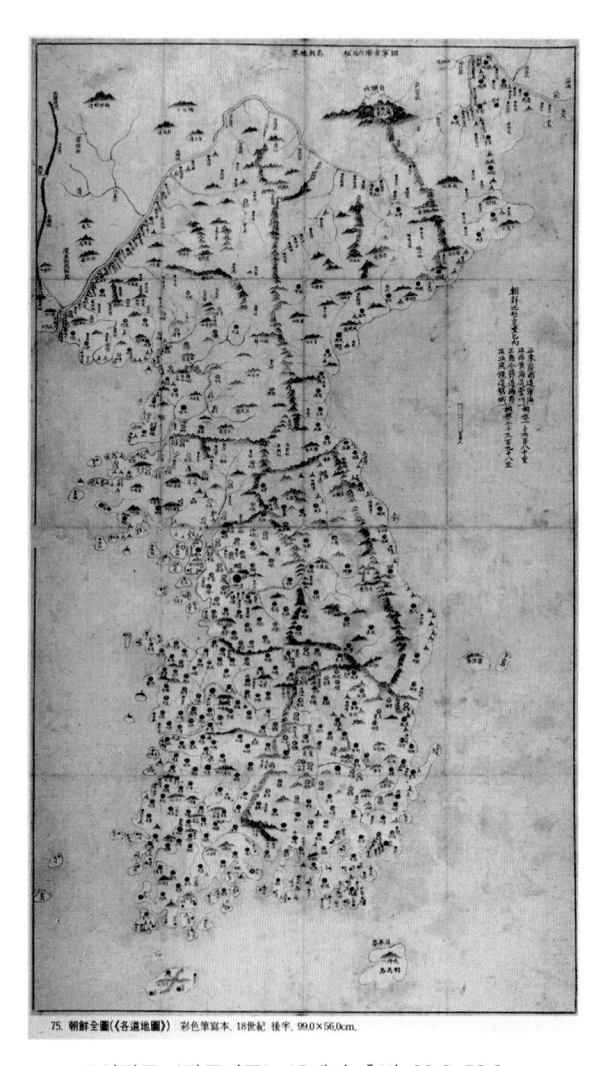

75. 朝鮮全圖(《各道地圖》) 彩色筆寫本. 18世紀 後半. 99.0×56.0cm.

조선전도 〈각도지도〉 18세기 후반 99.0×56.0cm
(영남대 박물관 1998: 59)

18세기 이후 널리 유행했던 ≪道里圖標≫에 실려 있는 채색필사본이다. 제
작 시기는 함경도 長津府가 설치된 1787년(정조 11) 이후, 함경도 利城과 충청
도 尼城이 利原과 魯城으로 개칭된 1800년(순조 원년) 이전의 18세기 후반으로
추정된다. 정상기의 <동국지도> 계열을 따르고 있지만 해안선의 윤곽에 다
소 차이가 있다. 동해에 울릉도와 우산도를 표기해 조선영토임을 보여준다.

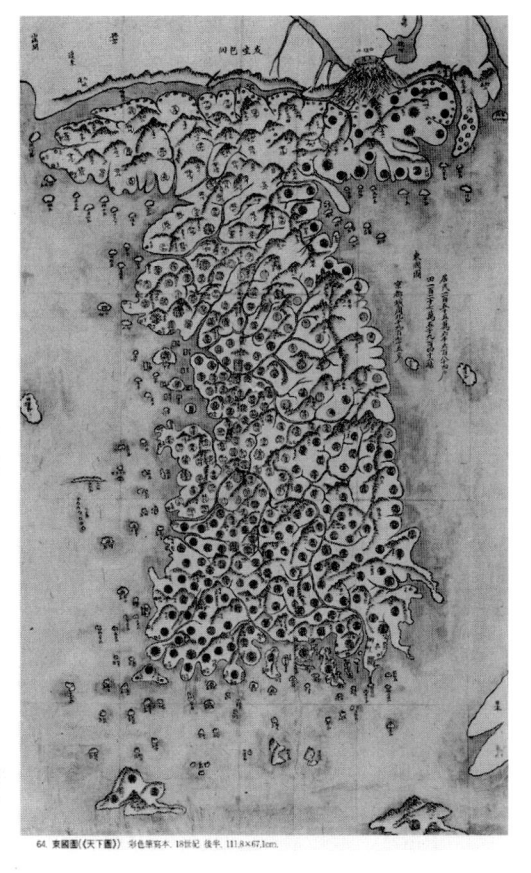

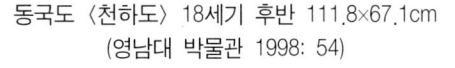

동국도 〈천하도〉 18세기 후반 111.8×67.1cm
(영남대 박물관 1998: 54)

　　<중국도> <일본지도> <천하도>가 같이 수록된 지도첩에 있는 조선전
도이다. 경상도의 安陰·山陰이 安義·山淸으로 개칭된 1767년 이후, 1795년
경기도 衿川이 始興으로 개칭되기 이전 지명으로 표기된 것으로 보아 18세기
후반에 제작된 지도이다.

　　지도의 전체적인 윤곽은 조선전기 지도와 유사하며, 정교한 지도는 아니
다. 채색을 달리하여 각 도를 구분하였고, 감영과 병·수영은 해바라기 모양
의 성첩을 사용하여 강조하였다. 또한 해안과 접경지역의 진보를 홍색의 원으
로 표시하였고, 해안의 도서들도 비교적 상세하게 그려 넣었다. 울릉도를 盂
陵島로 우산도(독도)를 平山島로 표기하였으며, 우산도를 울릉도 서쪽에 그린
점은 조선전기 지도를 계승한 것이다.

강원도 〈천하지도〉 18세기 후반 29.0×31.5cm (영남대 박물관 1998: 33)

　목판본 지도책에 수록된 강원도 지도이다. 지도의 제작 시기는 경상도의 安陰과 山陰이 安義와 山淸으로 표기되어 있는 것으로 보아 지명이 변경된 1767년(영조 43) 이후로 추정된다. 『동람도』 형식을 따르지만, 察訪, 鎭, 堡, 山城 등의 地志적 요소가 첨가되어 있다.

　초기본 『동람도』에는 지금의 독도인 우산도가 울릉도의 서쪽에 그려져 있지만, 이 지도에서는 우산도가 남쪽에 위치하고 있다.

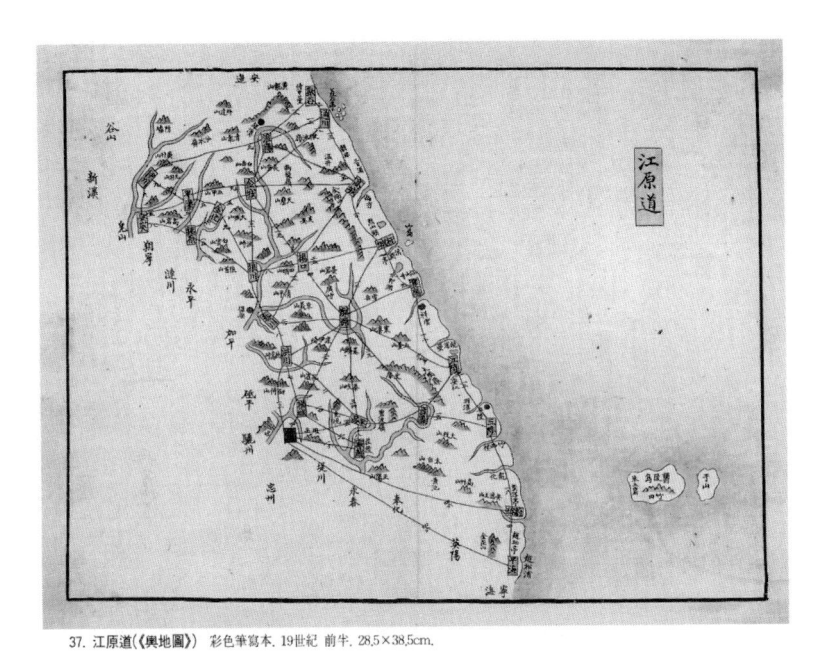

37. 江原道(《輿地圖》) 彩色筆寫本. 19世紀 前半. 28.5×38.5cm.

강원도 〈여지도〉 19세기 전반 28.5×38.5cm (영남대 박물관 1998: 36)

정상기의 <동국지도> 유형의 채색필사본으로, 조선전도, 팔도분도, 중국도, 북경도, 중국14성도, 일본·유구국도가 포함된 동아시아 일대의 지도책이다. 1800년에 개칭된 충청도의 魯城과 함경도의 利原이 포함되어 있고, 1822년에 설치된 함경도의 厚州가 없는 것으로 보아 19세기 전반에 제작된 것으로 보인다.

울릉도와 독도인 우산이 나타나며, 우산의 크기가 상대적으로 작다. 울릉도에는 간단한 산의 형태와 죽전을 기록하고 있다. 18세기 중반은 울릉도의 개별지도가 많이 그려지던 시기이기도 하다.

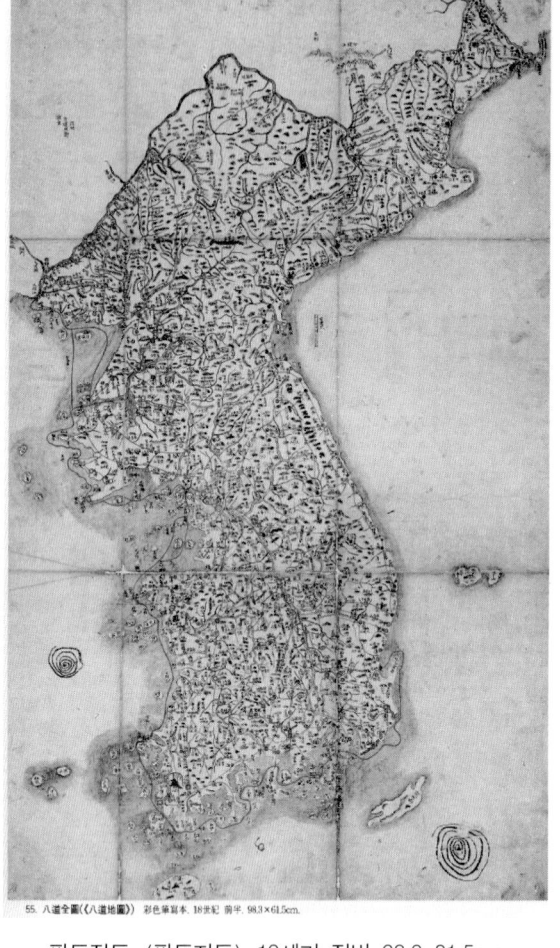

55. 八道全圖(《八道地圖》) 彩色華寫本. 18世紀 前半. 98.3×61.5cm.

팔도전도 〈팔도지도〉 19세기 전반 98.3×61.5cm
(영남대 박물관 1998: 51)

　정상기의 <동국지도> 사본지도 계열에 속하는 지도로서 19세기 전반에
제작된 것으로 추정된다. 팔도를 오방색에 따라 구분하였고, 육로, 수로 등 교
통로가 상세한 지도이다. 특히 19세기 전반의 조선 해안수로를 파악하는데
중요한 자료가 된다. 19세기 후반 전국적인 해안유통로가 확충되기 이전의
서해안-남해안-동해안의 해안교통로를 보여주며, 동해안은 장기-흥해까
지의 뱃길만을 기록하고 있다. 울릉도와 우산을 표기하고 있으며, 울릉도에는
죽전과 산 등이 그려져 있다.

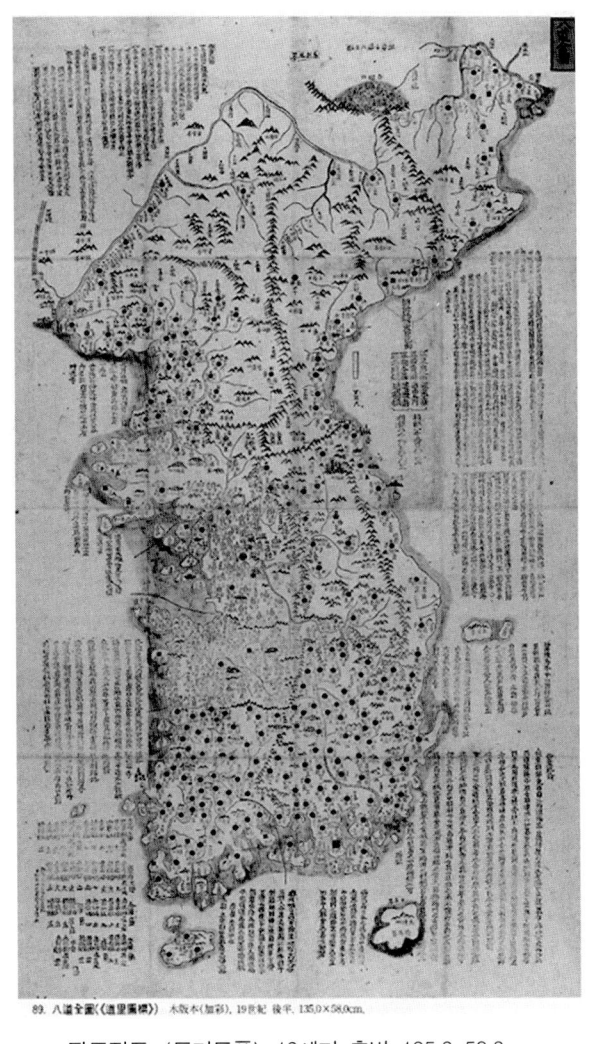

89. 八道全圖〈道里圖標〉 木敬本(加彩), 19世紀 後半, 135.0×58.0cm.

팔도전도 〈도리도표〉 19세기 후반 135.0×58.0cm
(영남대 박물관 1998: 72)

  18세기 이후 널리 유포된 목판본『도리도표』중의 하나이다. 백리척의 사
용, 산계를 강조하여 팔도를 구분하고 있으며, 지도의 여백에 범례와 주요지
역에 대한 沿革, 驛道, 物産總論 등의 地志적 상황을 기록하고 있다. 울릉도를
왼쪽에, 우산을 오른쪽에 표기하고, 울릉도의 연혁에 대한 간략한 기록이 보
인다.

80. 大朝鮮國全圖(《東輿圖》) 銅版本, 19世紀 末, 21.0×30.5cm

대조선국전도 〈동여도〉 19세기 말 21.0×30.5cm
(영남대 박물관 1998: 64)

조선후기 널리 보급된 목판본 지도책을 동판으로 간행한 것이다. 천하도·
중국·일본·유구국 지도를 제외하고 <漢陽京城圖>와 <京城附近地圖>를
첨가했다. 지도는 남북으로 압축되어 있지만, 지도에 기록된 내용은 19세기
중엽의 대표적인 목판본인 <海左全圖>의 산맥·하천, 해안지방의 도서, 수
로의 표시, 팔도의 경계 등을 따르고 있다. <해좌전도>와는 달리 중국·일
본·러시아와의 국가 간의 경계를 기록하고 있다. 울릉도와 우산을 표기하고
있고, 울릉도는 수로로 800리라는 기록이 있다.

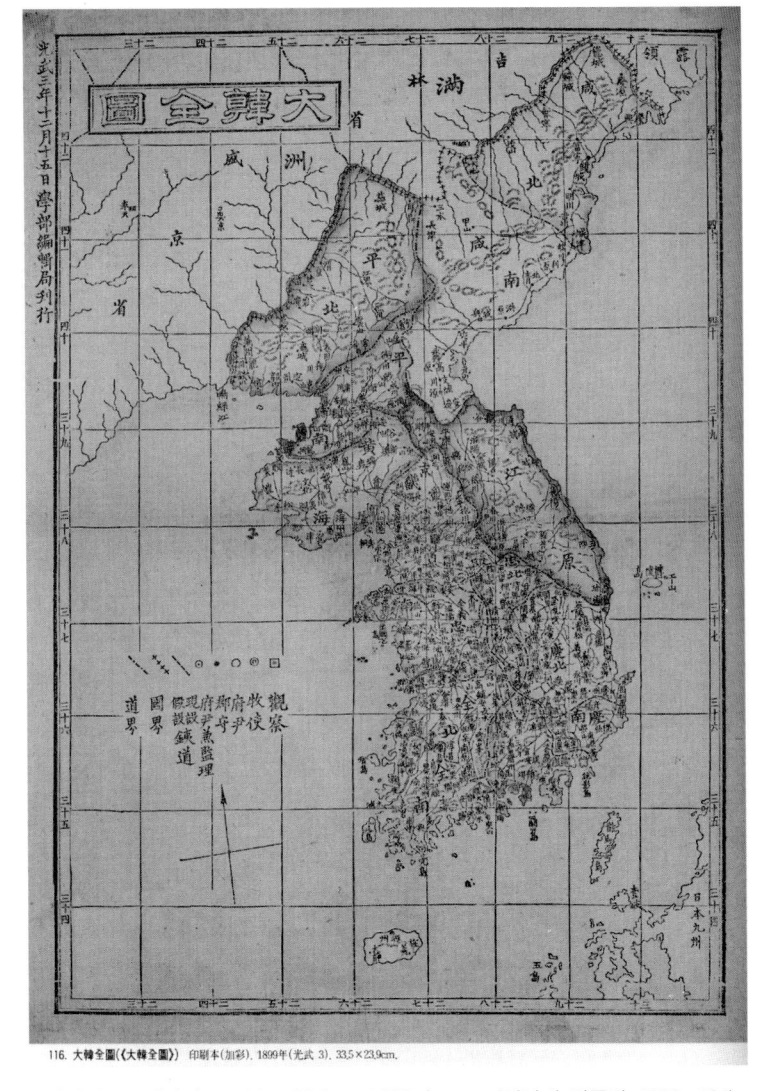

116. 大韓全圖(《大韓全圖》) 印刷本(加彩). 1899年(光武 3). 33.5×23.9cm.

대한전도 〈대한전도〉 33.5×23.9cm 1899년(광무 3) (영남대 박물관 1998: 104)

　　1899년(광무 3)에 학부편집국에서 간행한 조선전도이다. 1896년 개편된 13
도의 도별지도와 전도로 이루어져 있다. 우리나라의 전통적 지도제작기법과
서양의 근대적 기법이 혼재된 과도기적 성격을 지닌 지도이다. 울릉도가 왼
쪽, 우산이 오른쪽에 위치하고 있다.

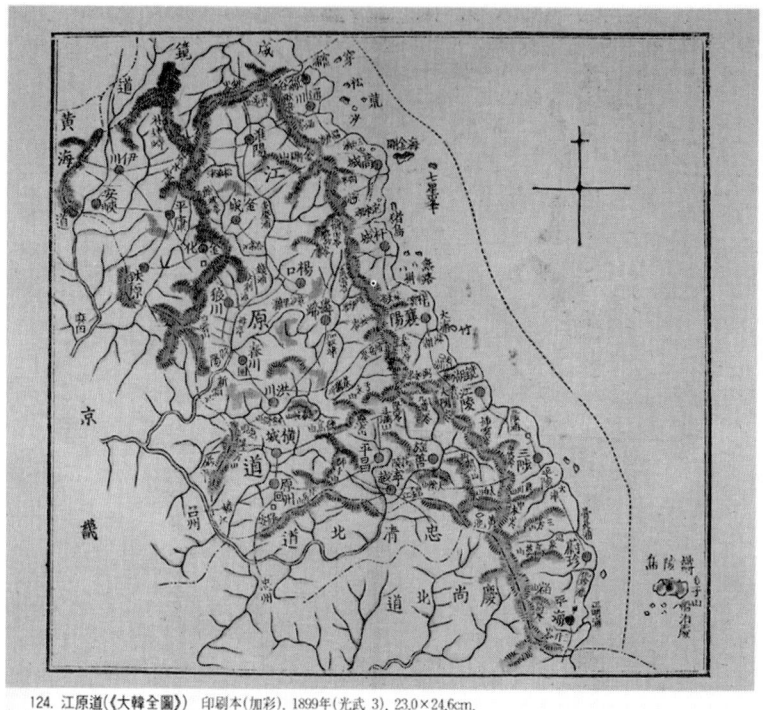

124. 江原道(《大韓全圖》) 印刷本(加彩). 1899年(光武 3). 23.0×24.6cm.

강원도 〈대한전도〉 23.0×24.6cm 1899년(광무 3) (영남대 박물관 1998: 109)

1899년(광무 3)에 학부편집국에서 간행한 지도책 중 강원도 부분. 해안지역의 크고 작은 섬들이 상세하게 그려져 있고 해로가 정교하게 표현되어 있는 것으로 보아, 당시 해안지역의 중요성을 알 수 있다. 울릉도와 우도가 표기되어 있고, 울릉도 지도에는 선착장의 위치가 표시되어 있다.

도동어촌계 정관

제정 1997. 5. 20 수산청고시제12호
개정 1981. 11. 20 수산청고시제16호
1984. 7. 20 수산청고시제10호
1989. 7. 3 수산청고시제21호
1990. 3. 17 수산청고시제6호
1991. 10. 7 수산청고시제22호
1995. 6. 23 수산청고시제12호
1999. 7. 24 해양수산부고시제1999-59호

제1장 총 칙

제1조 (설립과 명칭) 이 어촌계(이하 "계"라 한다)는 수산업협동조합법(이하 "법"이라 한다) 제16조의 2의 규정에 의하여 설립되며 "도동어촌계"라 한다.

제2조 (목적) 이 계는 어촌계원(이하 "계원"이라 한다)의 생산력의 증진과 생활향상을 위한 공동사업의 수행 및 그 경제적 사회적 지위의 향상을 도모함을 목적으로 한다.

제3조 (구역) 이 계의 구역은 울릉군 울릉읍 도동 1리, 도동 2리 일원으로 한다.

제4조 (사무소의 소재지) 이 계의 주된 사무소는 울릉읍 도동 1리에 두고 필요한 곳에 지사무소를 둘 수 있다.

제5조 (사업의 종류)

① 이 계는 계의 목적을 달성하기 위하여 다음 각 호에 정한 사업의 전부 또는 일부를 행할 수 있다. <개정 89. 7. 3>

　　가. 생산 및 교육 지원사업

　　나. 어업에 관한 기술과 경영의 향상을 위한 지도

　2. 어업권의 취득 및 어업의 경영

　3. 울릉군수산업협동조합(이하 "조합"이라 한다)이 소유하는 어업권의
　　행사 <개정 95. 6. 23>

　4. 어업인의 생활필수품 어선 및 어구의 공동구매 <개정 95. 6. 23>

　5. 어촌공동시설의 설치 및 운영

　　가. 선착정, 선류장, 선양장

　　나. 공동처리장, 공동창고

　　다. 기상신호대

　　라. 어부림

　　마. 정부, 지방자치단체, 수산업협동조합의 보조금으로 지원한 시
　　　설 및 위탁한 시설의 운영관리 <신설 90. 3. 17>

　　바. 기타조합장의 승인을 얻은 어촌공동시설 <개정 90. 3. 17>

　6. 수산물의 간이공동제조 및 가공

　7. 어업자금의 알선 및 배정

　8. 어업인의 후생복리사업 <개정 95. 6. 23>

　9. 수산물의 보관 및 판매사업

　10. 삭제 <95. 6. 23>

　11. 다른 경제단체·사회단체 및 문화단체와의 교류·협력 <개정 99.
　　7. 24>

　12. 정부, 지방자치단체, 수산업협동조합중앙회(이하 "중앙회"라 한다)
　　또는 조합이 위탁하는 사업 및 보조에 의한 사업 <개정 89. 7. 3,
　　95. 6. 23>

　12의 2. 다른 법령으로 정하는 사업 <신설 95. 6. 23>

　13. 제호 내지 제11호의 사업에 부대하는 사업

　14. 기타 목적 달성에 필요한 사업

② 이 계가 제1항 제12호의 위탁사업을 할 때에는 정부, 지방자치단체, 중
　앙회, 또는 조합과 사업 의탁 계약을 체결한다. <신설 89. 7. 3 개정
　95. 6. 23>

③ 이 계는 제1항의 목적 달성을 위하여 기금을 조성 운영하거나 중앙회 또는 조합으로부터 자금을 차입할 수 있다. <신설 95. 6. 23>

제6조 (정치에의 관여금지)

① 이 계는 공직선거에 있어서 특히 정당을 지지 또는 특정인을 당선하게 하거나 당선되지 못하게 하는 일체의 행위를 할 수 없다. <개정 81. 11. 20, 95. 6. 23>

② 누구든지 이 계를 이용하여 제1항의 규정에 위한 행위를 하여서는 아니 된다. <신설 95. 6. 23>

제7조 (임직원의 공무원 겸직금지) 이 계의 임원이나 직원은 공무원(선거에 의하여 취임하는 공무원은 제외한다)이 될 수 없다. <개정 89. 7. 3, 95. 6. 23>

제8조 (공고방법)

① 이 계의 공고는 게시판(지사무소 게시판을 포함한다)에 이를 게시하고 필요하다고 인정할 때에는 서면으로 계원에 이를 게시하고 필요하다고 인정할 때에는 서면으로 계원에게 통지하거나 신문에 게재 공고하여야 한다.

② 제1항의 게시판에 의한 공고는 7일 이상 게시하여야 한다.

제9조 (통지 또는 최고방법)

① 이 계의 계원에 대한 통지 또는 최고는 계원명부에 기재된 계원의 주소 또는 거소로 한다. 다만, 계원이 따로 이 계에 연락처를 통지하였을 경우에는 이에 의한다.

② 제1항의 규정에 의한 통지 또는 최고는 보통 도달할 수 있었던 시기에 계원에게 도달한 것으로 본다.

제10조 (규약)

① 다음의 사항은 정관으로 정하는 것을 제외하고는 규약으로 한다.

  1. 총회(총대회를 포함한다. 이하 기타다)에 관한 사항

  2. 업무의 집행과 회계에 관한 사항

  3. 계원에 관한 사항

  4. 임원에 관한 사항

5. 조직에 관한 사항 <개정 89. 7. 3>

6. 어업권 행사 방법에 관하여 필요한 사항 <개정 89. 7. 3>

7. 기타 정관 시행에 관하여 필요한 사항

② 이 계의 규약은 조합장의 승인을 받아야 한다. 다만, 중앙회장이 정한 규약(예)에 의하여 제정, 변경하는 경우에는 그러하지 아니한다. <개정 81. 11. 20, 단서신설 89. 7. 3>

제2장 계 원

제11조 (계원의 자격) 이 계의 구역 내에 거주하는 자로서 조합의 조합원은 계에 가입할 수 있다. 다만, 동일가구 내에 조합원이 2인 이상 이을 때에는 그 중 1인에 한한다. <단서신설 95. 6. 23>

제12조 (준계원)

① 이 계는 다음 각 호의 1에 해당하는 자를 준계원으로 가입시킬 수 있다.

1. 제11조의 규정에 의한 계원의 자격이 없는 어업인 중 이 계가 취득한 공동어업권 또는 계의 업무구역 안에 있는 지구별 조합이 소유한 마을어업권, 협동양식 어업권 어장에 수산업법 제2조 제7호의 규정에 의하여 입어하는 자 <개정 95. 6. 23>

2. 계의 구역 내에 거주하는 자로서 계의 사업을 이용함이 적당하다고 인정되는 자 <개정 90. 3. 17>

② 준계원으로 가입 하고자 할 때에는 가입신청서를 제출하여야 한다.

③ 준계원은 이 계가 행하는 사업을 이용할 수 있다. 다만, 제1항 제2호의 구정에 의한 준계원의 경우에는 마을어업권, 협동양식 어업권 어장 안에 입어할 수 없다. <99. 7. 28>

④ 준계원에 대하여는 제13조 제3항 내지 제7항, 제16조, 제21조 내지 제2조, 제25조를 준용한다. <개정 89. 7. 3>

제13조 (가입)

① 계원이 될 자격을 가진 자가 이 계에 가입 하고자 할 때에는 별표서식

에 의한 가입 신청서를 제출하여야 한다.

② 제1항의 경우 가입신청서는 조하불자증권사본을 첨부하여 그 자격이 있음을 증명하여야 한다.

③ 계장은 제1항의 가입신청서를 접수하였을 때에는 총회에 부의하여 계원으로서 자격유무를 심사하고 가입의 가부를 결정하여야 한다.

④ 총회는 정당한 사유가 없는 한 계원의 자격을 가진 자에 대하여 가입을 거부하거나 그 가입에 관하여 다른 계원에 대한 것 보다 불리한 조건을 부여할 수 없다.

⑤ 가입신청자가 다음 각 호의 1에 해당할 때에는 이 계는 그 가입을 승낙하지 아니한다.

  1. 이 계의 설립 또는 사업을 방해한 자

  2. 이 계의 명예 또는 신용을 현저히 손상시킨 자

⑥ 가입을 승낙할 때에는 서면으로서 이를 가입신청자에게 통지하고 계원명부에 기재하여야 한다.

⑦ 가입신청자는 계원명부에 기재됨으로서 계원의 자격을 취득한다.

제14조 (상속에 의한 가입)

① 사망으로 인하여 탈퇴한 계원의 상속인은 가입의 예에 의하여 피상속인의 지위를 승계할 수 있다. 다만, 공동상속인 경우에는 공동상속인이 선정한 1인의 상속인이 다른 공동상속인 대표하여 가입의 예에 의하여 피상속인의 지위를 계승한다. <단서신설 95. 6. 23>

② 제13조의 규정은 제항의 규정에 의하여 지위를 계승한 상속인에 대하여 이를 준용한다.

제15조 (가입의 제한) 이 계는 제14조의 규정에 의한 가입의 경우를 제외하고는 회계연도 말로부터 정기총회를 종료할 때까지의 기간에는 가입을 승낙하지 아니한다.

제16조 (계원의 신고의무) 계원이 제출한 가입신청서의 기재사항에 변경이 있을 때 또는 계원의 자격을 상실하였을 때에는 지체 없이 이를 이 계에 신고하여야 한다.

제17조 (계원의 책임) 계가 그 재산으로서 계가 부담하는 채무를 변제 할 수

없을 때에는 계원은 연대하여 그 채무를 부담한다.

제18조 (의결권 및 선거권) 계원은 평등한 의결권 및 선거권을 가진다. <개정 87. 7. 3>

제19조 (의결취소의 청구)

① 계원은 총회(창립총회를 포함한다)의 소집절차, 의결방법, 의결내용 또는 계원의 선거(총회의에서 계장을 선출하는 경우를 포함한다)가 법령, 법령에 의하여 발하는 행정처분 정관 또는 규약에 위반하였다는 것을 이유로 하여 의결일 또는 선거일로부터 1월 이내에 계원 10분의 1 이상의 동의를 얻어 그 의결 또는 선거에 따른 당선의 취소를 조합장에게 청구하거나 그 의결의 취소나 무효 또는 선거에 따른 당선의 무효를 청구하는 소를 제기할 수 있다.

② 선거에 따른 당선의 무효에 관한 소를 제기함에 있어서는 제1항의 규정에 불구하고 후보자가 당선인 공고일로부터 1월 이내에 당해 계를 피고로 하여 이를 제기하여야 한다.

제20조 (위법 또는 부당 의결사항의 취소 또는 집행정지) 계장은 조합장이 총회의 의결사항에 대한 전부 또는 일부의 취소나 집행정지의 조치를 하였을 때에는 지체 없이 총회를 소집하여 이를 보고하여야 한다. 다만, 경미한 사항에 대하여는 다음 총회 개최 시 보고할 수 있다.

제21조 (탈퇴)

① 계원은 계를 탈퇴하고자 하는 때에는 탈퇴의 의사를 어촌계에 서면으로 통지 하여야 한다. <99. 7. 28>

② 계원은 다음 각 호의 1에 해당하는 사유가 발생하였을 때에는 자연탈퇴 한다.

1. 계원으로서 자격을 상실한 때

2. 사망한 때

3. 파산선고를 받은 때

4. 금치산선고를 받은 때

5. 조합원의 자격을 상실한 때 <신설 90. 3. 17>

③ 제2항 제1호의 규정에 의한 자격상실의 결정은 총회의 의결에 의한다.

제22조 (제명)

① 계원이 다음 각 호의 1의 규정에 해당할 때에는 총회의 의결로서 제명할 수 있다. 다만, 총회 개최일 10일 전에 그 계원에게 제명사유를 통지하고 총회에서 변명할 기회를 주어야 한다. <개정 89. 7. 3>

1. 1년 이상 정당한 사유 없이 이 계의 사업을 이용하지 아니하였을 때

2. 경비의 납입 기타 계에 대한 의무를 이행하지 아니하였을 때

3. 법령, 법령에 의한 행정처분, 정관 기타 제 규약에 위반하거나 고의 또는 중대한 과실로 인하여 이 계의 명예 또는 신용을 현저히 손상한 때 <개정 81. 11. 20>

② 제1항의 규정에 의하여 제명된 계원에 대하여 그 사유를 서면으로 통지하지 아니하면 그 계원에 대항할 수 없다.

③ 제명된 계원은 제명된 날로부터 6월이 경과한 후가 아니면 이 계에 가입할 수 없다.

제23조 삭제 <99. 7. 28>

제24조 삭제 <89. 7. 3>

제3장 경비부담

제25조 (경비의 부과)

① 이 계는 제5조 제1항 제1호, 제5호, 제6호 및 제8호에 정한 사업에 필요한 경비를 충당하기 위하여 계원에게 경비를 부과할 수 있다. <개정 89. 7. 3>

② 제1항의 부과금액, 부과방법, 부과시기와 징수방법은 총회에서 정한다.

③ 제2항에 있어서 계원에 대한 부과금액의 산정기준사항에 변경이 있어도 이미 부과한 금액은 이를 변경하지 아니한다.

④ 계원은 이 조의 규정에 의한 경비에 대하여는 상계로서 이 계에 대항하지 못한다.

제26조 (사용료 및 수수료)

① 이 계는 계의 사업을 사용하는 자에 대하여 사용료 또는 수수료를 부
　과할 수 있다.

② 이 계가 계약을 체결함에 있어 계약 당사자의 위임에 의하여 운송 보
　관 기타의 행위를 대행하는 경우에는 이 계는 대행에 필요한 부대비를
　징수할 수 있다.

③ 제25조 제2항 내지 제4항의 규정은 이 조의 경우에 이를 준용한다.

제4장 총 회

제27조 (총회)

① 총회는 계원으로서 구성되며 정기총회와 임시총회로 구분한다. <개정
　97. 3>

② 총회의 의장은 계장이 된다.

제28조 (정기총회) 정기총회는 매년 1회 회계연도 경과 후 2월 이내에 계장이
　소집한다.

제29조 (임시총회)

① 임시총회는 다음 각 호의 1에 해당하는 사유가 있는 경우에 계장이 소
　집한다.

　1. 계장이 필요하다고 인정할 때

　2. 계원 5분의 이상이 회의의 목적으로 하는 사항과 소집의 이유를 기
　　재한 서면을 계장에게 제출하고 소집을 청구한 때

　3. 감사의 계의 재산 상황 또는 업무 집행에 관하여 부정한 사실을 발
　　견할 경우에 있어서 이를 신속히 총회에 보고할 목적으로 총회의 소
　　집을 요구한 때 <신설 95. 6. 23>

② 제1항 제2호의 청구가 있는 때에는 정당한 사유가 없는 한 계장은 2주
　일 이내에 총회를 소집하여야 하며, 제2호의 경우에는 7일 이내에 총
　회를 소집하여야 한다.

제30조 (감사의 총회 소집)

① 감사는 다음 각 호의 1에 해당하는 사유가 있는 경우 임시총회를 소집
하여야 한다.

1. 총회를 소집할 자가 없을 때

2. 제29조 제1항 제2호 및 제3호의 청구가 있을 경우에 계장이 정당한
이유 없이 제29조 2주일 이내에 총회를 소집하지 아니할 때

② 제1항 제1호 및 제호의 경우에는 감사가 의장의 직무를 대행한다.

2. 제29조 제1항 제2호 및 제3호의 청구가 있는 날로부터 계장이 정당
한 이유 없이 제29조 제2항의 기간 내에 총회를 소집하지 아니할 때

제31조 (계원대표의 총회소집)

① 다음 각 호의 1에 해당하는 사유가 있는 경우에는 계원 5분의 1 이상
의 동의를 얻은 계원대표가 임시총회를 소집한다.

1. 감사가 제30조의 경우에 정당한 이유 없이 총회를 소집하지 아니하
는 경우

2. 임원 전원의 궐원으로 총회를 소집할 자가 없을 경우

② 제1항의 경우에는 계원대표가 의장의 직무를 대행한다.

제32조 (총회의 개최통지, 공고)

① 총회는 개최일 7일 전까지 다음 각 호의 목적사항을 개재한 통지서를
계원에게 발송하고 이 계의 게시판에 공고하여 이를 소집한다.

1. 총회의 일시 및 장소

2. 부의안건

3. 회기

4. 기타 필요한 사항

② 동일목적으로 총회를 재소집하는 경우에는 제1항을 적용하지 아니한다.

제33조 (총회의 의결사항)

① 다음의 사항은 총회의 의결을 얻어야 한다.

1. 정관의 변경

2. 계원의 제명

3. 자금의 차입

4. 사업계획 및 수지예산의 산정과 변경

5. 결산의 승인

6. 경비의 부과. 수수료 또는 사용료의 요율결정

7. 어업권 또는 기타 재산의 취득 및 처분 다만, 다음 행위는 그러하지 아니한다.

　　가. 사업계획 및 수지예산으로 정한 행위

　　나. 담보물권의 행사와 관련된 행위 <개정 84. 7. 2>

8. 해산, 합병 및 분할

9. 계원 및 준계원의 가입

10. 법장적립금의 사용

11. 사업계획 및 수지예산으로 정한 것 이외에 계가 의무를 지거나 권리를 상실하는 행위

12. 간사를 제외한 임원의 선출과 해임. 다만, 제53조 제2항 제2호의 규정에 의하여 계장을 해임하는 경우를 제외한다. <신설 99. 7. 28>

13. 기타 계장이 필요하다고 인장하는 사항 <개정 89. 7. 3>

② 제1항 제1호 및 제8호의 사항은 시장, 군수 또는 자치구의 구청장(이하 "시장·군수"라 한다)의 인가를 제7호, 제10호 및 제11호의 사항은 조합장의 승인을 받지 아니하면 효력을 발생하지 아니한다. 다만, 수산청장이 정한 정관(예: 제1조의 어촌계 명칭 및 제3조의 계의 구역에 관한 사항은 제외)에 따라 정관을 변경할 경우에는 시장, 군수의 인가를 받은 것으로 본다. <개정 81. 11. 20, 89. 7. 3, 90. 3. 17, 95. 6. 23>

제34조 (총회의 개의와 의결 정족수)

① 총회의는 법령 또는 정관에 다른 규정이 있는 경우를 제외하고는 계원 과반수의 출석으로 개의하고 출석계원 과반수의 찬성으로 의결한다. 다만, 제33조의 제1항 제1호, 제2호 및 제8호의 사항은 계원 과반수출석과 과반수의 찬성으로 의결한다.

② 삭제 <89. 7. 3>

제35조 (총회의 회기연장)

① 총회의 회기는 총회의 의결에 의하여 이를 연장할 수 있다.

② 제1항의 규정에 의하여 소개된 총회의 경우에는 제32조의 규정을 적용하지 아니한다.

제37조 (의결권의 대리)

① 계원은 제32조의 규정에 의하여 미리 통지한 사항에 한하여 대리인으로 하여금 의결권을 행사하게 할 수 있다. 이 경우 그 계원은 출석한 것으로 본다. <개정 89. 7. 3>

② 대리인은 다른 계원, 본인과 같은 세대에 속하는 성년자 또는 그 계원의 사용인이어야 하며, 대리인이 대리할 수 있는 계원의 수는 1인에 한한다. <개정 89. 7. 3>

제38조 (이해상반의 경우) 총회에서 이 계와 계원의 이해가 상반되는 의사에 관하여는 당해 계원은 그 의결에 참가할 수 없다. <개정 89. 7. 3>

제39조 (의사록의 작성)

① 총회의 의사에 관하여는 의사록을 작성하여야 한다.

② 의사록에는 이사 경과요령 및 결과를 기재하고 의장과 총회에서 선출한 3인 이상의 의사록 서명 계원이 기명날인 하여야 한다. <개정 98. 7. 3>

③ 계장은 의사록을 주된 사무소에 비치하여야 한다.

제39조의 2 (총회의결의 특례)

① 계의 해산·합병 또는 분할은 계원의 투표로서 제33조 제1항의 규정에 의한 총회의결을 갈음할 수 있다. 이 경우 계원투표의 통지, 방법 기타 투표에 관하여 필요한 사항은 규약으로 정한다.

② 제1항에 대하여는 계원의 과반수이상의 투표와 투표계원의 과반수이상의 찬성을 얻어야 한다. <본조신설 95. 6. 23>

제40조 (총대회)

① 이 계는 50인을 초과하는 경우에는 제39조의 2 제1항에 규정된 사항 외의 사항에 대하여 총회에 갈음할 총대회를 둘 수 있다. <개정 95. 6. 23>

② 총대회는 계장과 총대로 구성하고 계장이 그 의장이 된다. <신설 89. 7. 3, 개정 95. 6. 23>

③ 총대회는 총회에 관한 규정을 준용하되, 그 의결권은 대리인으로 하여 그 행사하게 할 수 없다. <개정 89. 7. 3, 95. 6. 23>

제40조의 2 (총대의 의무 및 자격상실)

① 총대는 성실히 총대회에 출석하고, 그 의결에 참가하여야 하다. <개정 89. 7. 3>

② 총대회는 총대가 다음 각 호의 1에 해당하는 행위를 한 때에는 그 의결로서 총대의 자격을 상실하게 할 수 있다. 이 경우에는 해임사유를 통지하고, 총대회에서 변명할 기회를 주어야 한다. <개정 89. 7. 3>

　1. 총대회 소집 통지서를 받고 정당한 사유 없이 계속하여 3회 이상 출석하지 아니하거나, 총대회에 출석하여 동일 안건에 대한 의결에 2회 이상 참가하지 아니한 때 <개정 89. 7. 3>

　2. 부정한 방법으로 총대회의 의사를 방해한 때 <기정 89. 7. 3>

　3. 계의 사업 또는 업무에 방해가 되는 행위를 하거나, 계의 명예 또는 신용을 실추케 하는 행위를 한 때 <본조신설 84. 7. 2>

제41조 (총대의 자격, 정수, 임기 및 선거)

① 총대는 계원 중에서 선출하며 총대선거에 관하여 필요한 사항은 규정으로 정한다. <개정 89. 7. 3, 95. 6. 23>

② 이 계의 총대의 수는 10인으로 하며, 총대선출 구역은 리, 동, 부락을 단위구역으로 한다. <개정 89. 7. 3>

③ 총대의 임기는 2년으로 한다. 다만, 임기 중 최종의 결산기의 최종월 이후 그 결산기에 관한 정기총회 전에 임기가 만료된 때에는 그 정기총회가 종료될 때까지 그 임기는 연장된다. <개정 95. 6. 23>

④ 총대 중 결원이 생겼을 때에는 총대선거 규정이 정하는 바에 따라 결원수를 보선하며 보선된 총대의 임기는 전임자의 잔임기간으로 한다. 다만, 총대의 결원수가 정수의 5분의 1 이하인 때에는 보선하지 아니할 수 있다. <개정 89. 7. 3, 71. 11. 20, 95. 6. 23>

⑤ 임기만료에 의한 총대의 선거는 총대의 임기만료 전 15일로부터 30일까지에 실시하여야 한다.

⑥ 총대는 이 계의 임원 또는 직원이 될 수 없다. <개정 89. 7. 3>

⑦ 제47조 제1항 제1호 내지 제9호, 제14호 및 제2항 내지 제4항의 규정은 총대의 경우에 이를 준용한다. <본항신설 84. 7. 2, 개정 89. 3. 7, 95. 6. 23>

⑧ 제2항의 계원 수는 총대 선거일 월 전일을 기준으로 한다. <신설 89. 7. 3>

　(주) 제2항의 총대의 정수는 10인 이상 15인 이하로 한다. <신설 89. 7. 3>

제5장 임원과 직원

제42조 (임원) 이 계에 다음의 임원을 둔다.

1. 계장 1인
2. 간사 1인
3. 감사 1인

제43조 (임원의 선임)

① 계장은 계원(법인인 경우에는 그 대표자) 중에서 계원이 총회 외에서 직접 선출한다.

　(주1) 계장을 총회에서 선출하는 경우에는 제1항을 다음과 같이한다.

① 계장은 계원(법인인 경우에는 그 대표자) 중에서 계원이 총회에서 직접 선출한다. <개정 2000. 7. 28>

　(주2) 계장을 총대회에서 선출하는 경우에는 제1항을 다음과 같이한다.

① 계장은 계원(법인인 경우에는 그 대표자) 중에서 총대회에서 선출한다. <개정 2000. 7. 28>

② 감사는 계원 중에서 총회에서 선출한다. <개정 2000. 7. 28>

③ 간사는 계원 중에서 계장이 임명한다. <개정 89. 7. 3>

제44조 (임원의 직무)

① 계장은 계를 대표하고 그 업무를 집행하며 총회의 의장이 된다.

② 간사는 계장을 보좌하고 계장이 궐위되거나 사고로 직무를 수행할 수

없을 때에는 그 직무를 대행한다. <개정 95. 6. 23>

③ 감사는 매회계년도 1회 이상 계의 재산 및 업무집행 상황을 감사하고 그 결과를 총회에 보고하여야 한다.

④ 감사는 이 계의 재산상황 또는 업무집행에 관하여 부정한 사실을 발견하였을 때에는 이를 총회와 조합장에게 보고하여야 하며, 그 내용을 총회에 신속히 보고하여야 할 필요가 있는 경우에는 계장에게 총회의 소집을 요구하거나 직접총회를 소집할 수 있다. <개정 89. 7. 3, 95. 6. 23>

제45조 (감사의 대표권)

① 계가 계장 또는 간사가 계약을 체결하는 경우에는 감사계를 대표한다. <개정 2000. 7. 28>

② 계와 계장 또는 간사간의 소송에 대하여도 제1항과 같다. <개정 2000. 7. 28>

제46조 (임원의 임기)

① 계장과 간사의 임기는 4년으로 하고 감사의 임기는 3년으로 한다. <개정 89. 7. 3>

② 제1항의 임원의 임기는 전임자의 임기 만료일 다음날로부터 기산한다. 다만, 당선일 이전 임자의 임기 임기만료일 이후일 때에는 당선 공고일로부터 기산한다. <신설 95. 6. 23>

③ 임기만료 전 임원의 궐위로 취임한 임원의 임기는 당선일로부터 새로이 기산한다. <개정 95. 6. 23>

④ 제41조 제3항 단서 및 제5항의 규정은 이 조의 경우 이를 준용한다.

제47조 (임원의 결격사유)

① 다음 각 호의 1에 해당하는 자는 이 계의 임원이 될 수 없다. <단서삭제 95. 6. 23>

  1. 대한민국 국민이 아닌 자

  2. 미성년자

  3. 그치산자 한정치산자 또는 파산자로서 복권되지 아니한 자 <개정 89. 7. 3>

  4. 법원의 판결 또는 다른 법률에 의하여 자격이 상실 또는 정지된 자

5. 금고 이상의 형의 선고를 받고 그 집행이 종료되거나 집행을 받지
   아니하기로 확정된 후 3년을 경과하지 아니한 자

6. 법령에 의하여 징계면직의 처분을 받고 이로부터 년을 경과하지 아
   니한 자

7. 타기관에서 징계면직의 처분을 받고 이로부터 2년을 경과하지 아니
   한 자

8. 형의 집행유예를 받고 그 기간이 경과한 후 2년을 경과하지 아니한
   자 <개정 89. 7. 3>

9. 금고 이상의 형의 선고를 받은 경우에 그 선소유예의 기간 중에 있
   는 자

10. 금융기관으로부터 적황색 거래자로 규제되고 있는 자 <개정 89.
    7. 3>

11. 수산업법을 위반하여 벌금형을 받고 2년을 경과하지 아니한 자
    <신설 89. 7. 3>

12. 수산업협동조합법 제165조의 규정에 의하여 벌금 100만 원 이상의
    형의 선고를 받고 4년이 경과하지 아니한 자 <신설 89. 7. 3, 2000.
    7. 28>

13. 선거일 공고일 현재 이 계의 신분을 2년 이상 계속 보유하고 있지
    아니한 자, 이 경우 합병으로 소멸한 계의 계원 신분은 소멸 한계에
    서 취득한 날로부터 통산하며, 서립 후 2년을 경과하지 아니한 계
    (합병 후 존속하는 계를 제외한다)의 경우에는 선거일 공고일 현재
    이 계의 계원신분을 보유한 자는 전단의 결격사유에 해당하지 아니
    하는 것으로 본다. <신설 89. 7. 3>

14. 계장 및 감사의 경우에는 선거일 공고일 현재, 간사의 경우에는 임
    명일 현재 소속조합 또는 이 계에 대하여 200만 원 이상의 채무를
    6월 이상 연체 중에 있는 자 <95. 6. 23>

15. 수산업협동조합법에 의한 임원선거에서 당선된 자가 본인에게 책
    임 있는 사유로 인하여 당선이 무효로 되거나 취소된 후 그 확정된
    날로부터 4년이 경과하지 아니한 자 <신설 89. 7. 3, 95. 6. 23>

16. 총회 외, 총회 또는 총대회에서 해임 의결된 자로서 해임 의결일로부터 4년이 경과하지 아니한 자 <신설 2000. 7. 28>

② 선거일에 제1항의 결격사유에 해당하는 자는 당선인이 될 수 없으며 당선인이 선거일 후 임기 개시 전에 제1항의 결격사유에 해당하게 될 때에는 당선의 효력이 상실된다. <개정 98. 7. 3>

③ 임기 중에 제1항 각 호의 에 해당하는 사유가 발생 또는 발견된 때에는 당해 임원은 당연 퇴직된다. 이 경우 제13호 및 제14호의 "선거일 공고일현재" 또는 "임명일현재"는 "현재"로 한다. <개정 89. 7. 3, 95. 6. 3>

④ 제3항의 규정에 의하여 퇴직한 임원이 퇴직 전에 관여한 행위는 그 효력을 상실하지 아니한다. <신설 89. 7. 3>

제48조 (임원의 성실의 의무)

① 임원은 법령, 법령에 의한 행정처분 정과규약 및 총회의 의결을 준수하고 계를 위하여 성실하게 그 직무를 행하여야 한다.

② 임원이 그 직무를 행함에 있어 고의 또는 중대한 과실로 이 계에 손실을 가하였을 때에는 그 임원은 계에 대하여 연대하여 손해배상의 책임을 진다. <개정 95. 6. 23>

③ 임원이 그 직무를 행함에 있어 고의 또는 중대한 과실로 제3자에게 손해를 가한 때에는 그 임원은 제3자에 대하여 연대하여 손해배상의 책임을 진다. 임원이 결산보고서에 허위의 사실을 기재하거나 허위의 등기 또는 공고를 하였을 때에도 또한 같다.

④ 제2항 및 제3항에 관한 구상권의 행사는 간사에 대하여는 계장이 계장과 간사에 대하여는 감사가, 임원 전원에 대하여는 계원(총대) 5분의 1 이상의 동의를 얻어 계원대표(총대대표)가 이를 행한다. <개정 95. 6. 3>

⑤ 이 계의 임원으로 선출 또는 임명된 자는 지체 없이 재력 있는 신원보증인 2인을 세워야 한다. <신설 89. 7. 3, 개정 95. 6. 23>

제49조 (서류비치의 의무)

① 계장은 정관을 각 사무소에 비치하고, 다음 사항을 기재한 계원명부를 주된 사무소에 비치하여야 한다.

    1. 성명, 직업, 주소 또는 거소

    2. 가입, 탈퇴의 사유와 그 년 월 일

    3. 어업의 종류

    4. 배당금 및 손해액의 납입기록

  ② 삭제 <84. 7. 2>

  ③ 계원과 계의 채권자는 제1항 서류를 열람할 수 있으며, 이 계가 정한 비용을 납입하고 서류의 사본의 교부를 청구할 수 있다. 이 경우 계는 정당한 이유 없이 그 교부를 거부하여서는 아니 된다. <개정 84. 7. 2, 95. 6. 23>

제50조 (임원 및 직원의 경영금지)

  ① 임원 및 직원은 계의 사업과 실질적으로 경쟁관계에 있는 사업을 경영하거나 이에 종사할 수 없다.

  ② 임원 또는 직원이 제1항의 사업에 종사하게 될 때에는 퇴직하여야 한다.

  ③ 제1항의 규정에서 "계의 사업과 실질적으로 경쟁관계에 있는 사업"이라 함은 계가 현재 행하고 있는 사업과 동종의 사업으로서 계에 상당한 불이익을 주거나 줄 것이 예상되는 사업으로 총회에서 정한다.

제51조 (임원과 직원의 겸직금지)

  ① 계장, 간사 및 감사는 상호 겸직할 수 없으며, 이제 총대 또는 직원을 겸직할 수 없다. <개정 89. 7. 3, 95. 6. 23>

  ② 이 계의 임원과 직원은 다른 계, 소속조합 또는 다른 조합(다른 법률에 의한 협동조합을 포함한다)과 중앙회의 임직원을 겸직할 수 없다. <신설 89. 7. 3, 개정 95. 6. 23>

제52조 (임원의 보수) 계의 임원은 명예직으로 한다. 다만, 여비 기타 실비는 관계규약의 정하는 바에 따라 지급할 수 있다. <개정 81. 11. 20>

제52조의 2 (임시계장 임명)

  ① 제31조 제1항 제2호의 경우에 해당됨에도 계원 대표의 총회소집이 1월 이상 지연되어 계의 정상적인 업무가 곤란하다고 인정될 때에는 조합장이 임시 계장을 임명할 수 있다.

  ② 임시계장은 취임한 날로부터 1월내에 총회를 소집하여 궐위된 임원을

선출하여야 한다.

③ 임시계장은 제2항의 규정에 의한 계장이 취임할 때까지 그 직무를 행한다. <본조신설 95. 6. 23>

제53조 (임원의 해임)

① 계원이 임원을 해임하고자 할 때에는 계원 3분의 1 이상의 동의를 얻어 총회에 해임을 요구할 수 있다. 이때에는 해임의 이유를 제시한 후 과반수의 출석과 출석계원 3분의 2 이상의 찬성으로 의결한다.

② 계원은 제43조의 규정에 의한 임원선출 방법에 따라 다음 각 호의 1의 방법으로 임원을 해임할 수 있다.

   1. 총대회에서 선출된 임원은 총대 3분의 1 이상의 요구로 총대 과반수의 출석과 출석 총대 3분의 2 이상의 찬성으로 해임한다.

   2. 총회의에서 직접 선출한 계장은 총대회를 두는 경우에 총대 3분의 1 이상의 요구와 총대회의 의결을 거쳐 계원 투표에 의해 해임 결의한다. 이 경우 총대회의 의결에 있어서는 제호의 규정에 의한 결정 족수를 운용하며, 계원투표에 의한 해임결정은 계원 과반수의 투표와 투표계원 과반수의 찬성으로 해임 의결한다. 단, 총회를 두는 경우는 계원 3분의 1 이상의 요구로 계원 과반수의 투표와 투표계원 3분의 2 이상의 찬성으로 해임 의결한다.

③ 계원이 감사를 해임하고자 할 때에는 계원 3부의 이상의 동의를 얻어 총회에 해임을 요구할 수 있으며, 이때에는 해임의 이유를 제시한 후 계원 과반수이상의 출석과 출석계원의 과반수이상의 찬성으로 해임할 수 있다.

   (주) 총대회를 두는 계의 경우에는 제2항 중 "계원"을 "계원 또는 총대"로 한다.

④ 계장은 간사가 그 직무를 담당하기 곤란하다고 인정하거나 법렬, 법령에 의한 행정처분, 정관이나 규약에 위반한 때에는 해임할 수 있다. <신설 95. 6. 23>

⑤ 해임의 의결을 할 때에는 당해 임원에게 해임의 이유를 통지하여 변명의 기회를 주어야 한다.

제54조 (직원)

① 이 계는 필요한 수의 직원을 둘 수 있다.

제6장 사업의 집행

제55조 (사업계획과 수지예산)

① 계장은 매회계년도의 사업계획을 수립하고 수지예산을 편성하여 당해 회계연도가 게시되기 1개월 전에 총회의 의결을 거쳐 조합장에게 보고하여야 한다. <개정 89. 7. 3>

② 사업계획과 수지예산을 변경하고자 할 때에는 또한 같다.

제56조 (비계원의 사업이용)

① 이 계는 계원의 이용에 지장이 없는 범위 내에서 비계원에게 제5조의 사업을 이용시킬 수 있다.

② 1회계연도에 있어 비계원에 대한 사업의 이용은 각 사업 부분별로 그 사업의 3분의 1을 초과할 수 없다. 다만, 제5조 제1항 제4호, 제6호, 제9호 및 제12호의 사업은 이용을 제한하지 아니한다. <단서신설 84. 7. 2, 개정 89. 7. 3>

③ 제1항 및 제2항의 적용에 있어 계원과 동일 세대에 속한 자와 준계원, 법에 의하여 설립된 다른 계 및 그 계원은 이 계의 계원으로 본다. <개정 98. 7. 3>

제57조 (공동판매) 제5조 제1항 제9호에 의한 공동판매사업은 조합의 위탁판매사업에 지장을 가져오지 아니하는 범위 내에서 조합장의 승인을 얻어 행할 수 있다. <개정 89. 7. 3>

제57조의 2 (어업권의 행사)

① 이 계의 계원은 계가 소유하는 어업권을 행사할 수 있다.

② 제1항의 어업권 행사에 관여하는 수산업법 제38조에 의거 어업권의 행사방법, 어업시기, 어업의 순위 및 기타 어장관리에 관하여 필요한 어장관리규약을 정하여야 한다.

제58조 (전용계약)

① 이 계는 2년 초과하지 아니하는 기한 내에 한하여 계원이 계시설의 일부를 전용할 수 있는 계약을 계원과 체결할 수 있다.

② 제1항의 계약의 체결은 계원의 임의이며, 계원이 그 체결을 거부하는 것을 이유로 그 계원이 이 계의 시설을 이용하는 것을 거부할 수 없다.

제59조를 삭제한다.

제7장 회 계

제60조 (회계년도) 이 계의 회계연도는 정부회계년도에 준한다.

제61조 (회계의 구분) 이 계는 매사업년도의 잉여금이 100분의 10 이상을 법정적립금으로 적립하여야 한다. 다만, 이월 결손금이 있을 때에는 당해 사업년도의 잉여금에서 이를 보전하고 난 후 전액에 대하여 이를 행한다.

제63조 (이월금)

① 이 계는 지도사업비에 충당하기 위하여 잉여금의 100분의 20 이상을 다음 회계연도에 이월하여야 한다.

② 제1항의 규정에 의한 잉여금의 이월에 관하여는 제62조 단서의 규정을 준용한다.

제64조 (임의적립금) 이 계는 매회계년도의 잉여금에서 제62조의 법정적립금과 제63조의 이월금을 공제하고도 잔여가 있을 때에는 그 잔여 잉여금의 100분의 30 이상을 사업준비금 등의 임의 적립금으로 적립하여야 한다. <개정 00. 7. 1>

제65조 (자본적립금) 이 계는 다음 각 호에 의하여 생기는 자산을 자본 적립금으로 적립하여야 한다. <개정 00. 7. 1>

1. 감자차익 및 합병차익

2. 재평가 적립금

3. 기타 자본 잉여금

제66조 (손실보전과 잉여금의 배당)

① 이 계는 매회계년도의 결산 결과 손실금(당기 순손실금을 말한다)이 발생한 때에는 미처분 이월금, 임의적립금, 법정적립금·자본적립금의 순으로 이를 보전하여야 하고, 보전 후에도 부족이 있는 때에는 이를 다음 회계연도에 이월한다.

② 이 계는 결손을 보전하고 법정적립금·지도사업비 이월금 및 임의적립금을 공제한 후가 아니면 잉여금을 배당하지 못한다.

③ 잉여금의 배당은 당해 회계연도에 있어 물자의 수량 가격 기타 사업의 분량을 참작하여 계원 및 준계원의 사업 이용 분량에 따라 이를 행한다. <개정 89. 7. 3>

제67조 (법정적립금 및 자본적립금의 사용금지) 법정 적립금 및 자본 적립금은 다음 각 호의 경우 이외에는 이를 사용할 수 없다. <개정 95. 6. 23>

1. 이 계의 결손을 보전할 때

2. 이 계의 구역이 다른 계의 구역으로 된 경우에 있어서 재산의 일부를 다른 계에 잉여할 때 <개정 89. 7. 3>

제68조 (결산)

① 계장은 정기총회 개최 1주일 전까지 결산보고서(사업보고서, 대차대조표, 손익계산서, 잉여금 처분안 또는 결손금 처리안)를 작성하여 감사에게 제출하고 이를 주된 사무소에 비치하여야 한다.

② 제49조 제3항의 규정은 본 조의 경우에 이를 준용한다. <개정 95. 6. 29>

③ 계장은 제1항의 결산보고서와 감사의 의견서를 정기총회에 제출하여 승인을 얻은 후 2주일 이내에 조합장에게 보고하고 대차대조표는 이를 지체 없이 공고하여야 한다.

제69조 (여유금의운용) 이 계는 다음의 방법에 의하여 업무상의 여유금을 운용할 수 있다.

1. 국채와 공채의 매입

2. 중앙회조합 또는 금융기관에의 예치 <개정 81. 11. 20>

제8장 합병·분할·해산과 청산

제70조(합병 및 분할)

① 이 계가 다른 계와 합병하고자 할 때에는 총회 제39조의 2 제2항의 규정에 의한 계원 투표를 포함한다. 제2항 및 제71조에서도 또한 같다)의 의결을 얻어 시장, 군수의 인가를 받아야 한다. <개정 89. 7. 3, 95. 6. 23>

② 이 계가 분할 할 때에는 분할 후 설립되는 계가 승계하여야 할 권리의무의 범위를 정하여 총회의 의결을 얻어 시장, 군수의 인가를 받아야 한다. <개정 81. 11. 20, 89. 7. 3>

제71조(해산)

① 이 계는 다음 각 호의 1에 해당하는 경우에 해산한다.

1. 부칙에 규정된 해산 사유 발생 <개정 89. 7. 3>

2. 총회의 해산의결

3. 합병 또는 분할

4. 계원의 수가 10인 미만이 될 때 <개정 95. 6. 23>

5. 시장, 군수의 설립인가의 취소 <개정 81. 11. 20, 89. 7. 3, 00. 7. 1>

6. 파산 또는 지급불능

② 계가 해산할 때에는 그 해산 사유가 발생한 날로부터 2주일 이내에 조합장을 거쳐 시장, 군수에게 보고하여야 한다. <개정 81. 11. 20, 89. 7. 3>

제72조 (합병, 분할, 해산의 공고 및 통지)
이 계가 합병, 분할 또는 해산한 경우에는 3개월 이상 공고하고 기지의 채권자에게는 2회 이상 개별로 통지하여야 한다.

제73조(청산인)

① 이 계가 해산한 때에는 파산으로 인한 경우를 제외하고는 계장이 청산인이 된다. 그러나 총회에서 청산인을 선임하였을 때에는 그러하지 아니한 때

② 이 계가 시장, 군수의 설립인가의 취소로 해산된 경우에는 시장, 군수
가 임명하는 자가 청산인이 된다. <개정 89. 7. 3, 00. 7. 1>

제74조 (청산인의 직무)

① 청산인은 취임한 후 지체 없이 계의 재산상황을 조사하고 재산목록과
대차대조표를 작성하여 재산처분의 방법을 정하고 총회에 제출하여
그 승인을 얻어야 한다.

② 제1항의 경우에 총회를 2회 이상 소집하여도 총회가 구성되지 아니하
여 총회의 승인을 얻을 수 없을 때에는 시장, 군수의 승인으로서 이에
갈음할 수 있다. <개정 89. 7. 3>

제75조 (잔여재산의 처분) 청산을 완료하여 잔여재산이 있을 때에는 총회의
정하는 바에 따라 이를 처분한다.

제76조 (재산처분의 금지) 청산인은 계의채무를 변제하거나 경비에 필요한
금액을 공탁하지 아니하면 계의 재산을 처분하지 못한다.

제77조 (결산보고)

① 청사사무가 종결한 때에는 청산인은 지체 없이 결산보고서를 작성하고
이를 총회에 제출하여 승인을 얻어야 한다.

② 제74조 제2항의 규정은 제1항의 경우에 이를 준용한다.

부 칙

① (시행일) 이정관은 중앙회장의 승인을 받은 날로부터 시행한다.

② (종전규약의 폐지) 이 정관 시행과 동시 종전의 규약은 폐지한다.

③ (경과조치) 이 정관 제41조의 규정은 종전규약에 의하여 선출된 총대
의 임기만료 후 선출되는 총대에 적용한다.

부 칙

① (시행일) 이정관은 도지사의 인가를 받은 날로부터 시행한다.

부 칙

이 정관은 도지사의 인가를 받은 날로부터 시행한다.

부 칙

① (시행일) 이 정관은 년 월 일로부터 시행한다.

　　(주) 수산청장이 고사한 정관(예)대로 정관을 개정하지 아니한 계의 경

우에는 "이정관은 시장, 군수의 인가를 받은 날로부터 시행한다"
로 한다.

② (임원에 대한 경과조치) 이 정관 시행당시의 어촌계장 간사 및 감사는
종전의 규정에 의한 잔여 임기동안 이 정관에 의하여 선출 또는 임명
된 것으로 본다.

(주) 총대를 두고 있는 계의 경우에는 제목 중 "임원"을 "임원 및 총
대"로 하고, 본문 중 "어촌계장, 간사 및 감사는"을 "어촌계장, 간
사 감사 및 총대는"으로 한다.

부 칙

이 정관은 1990년 4월 1일부터 시행한다.

부 칙

이 정관은 년 월 일부터 시행한다.

부 칙 (95. 6. 23)

① (시행일) 이 정관은 1995년 월 일부터 시행한다.

(주) 이 정관(예)에 의하여 정관을 변경하는 경우에는 총회에서 정관
변경을 의결한 날을 시행일로 하며, 시장, 군수의 정관 변경인가
를 받은 경우에는 그 인가일을 시행일로 한다.

② (임원 임기에 관한 경과조치) 이 정관 시행당시 재임 중인 임원의 임기
는 제46조 제3항의 규정에 불구하고 종전의 규정에 의한다.

③ (정관부속서 총대선거 규정에 관한 경과조치) 이 정관 시행 당시 종전
의 규정에 의한 "정관부속서 총대선거규정"은 이 정관에 의한 "총대선
거규정"으로 본다.

부 칙

① (시행일) 이 정관(예)는 고시한 날로부터 시행한다. 다만, 시장, 군수의
정관변경 인가를 받은 경우에는 그 인가일을 시행일로 한다.

② (정관변경) 계는 수산업협동조합법 시행이후 60일 이내에 정관변경절
차를 완료하여야 한다.

참고문헌

1. 국 문

〈논 문〉

고광민, 「우도 자리잡이 현장노트를 위한 예비노트」『제주도 연구』9, 1992.

김윤곤, 「옛지도에서 우산국과 독도는 어떻게 나타나 있는가?」, 영남대 민족문화연구소 편, 『독도를 보는 한 눈금차이』, 선, 2006.

김정숙, 「독도에 대한 역사·지리적 인식」『독도연구』, 영남대 독도연구소, 2005.

김홍자, 「비금도 어촌의 선단과 작업조직」『한국어촌의 저발전과 적응』, 전경수 편, 집문당, 1992.

노정식, 『고지도상에 나타난 동해(일본해)지명 연구』, 1993.

문옥표 외 4인, 「근교농촌의 해체과정─경기도 파주군 J부락의 사례연구─」『연구논총』93-15, 한국정신문화연구원, 1993.

배성준, 「울릉도·독도 명칭변화를 통해서 본 독도 인식의 변화」『진단학보』vol. 94, 2002.

박광순, 「진도의 수산업과 수산의례」『호남연구』제10집, 1978.

박구병, 「한국수산업기술사」『한국현대문화사대계』, 과학, 기술사 편, 고려대학교 민족문화연구소, 1992.

박구병, 「한·일 어업관계조사자료 추천사」『한·일 어업관계조사자료』, 독도박물관, 2000.

박경용, 「삼천포시 어촌의 경제와 발전전략」『한국어촌의 저발전과 적응』, 전경수 편, 집문당, 1992.

박성용, 「한 농촌사회 가족집단의 조직원리와 그 문화적 전략─경남 울주군 온삼면 J마을의 경우─」『석오윤용진교수정년퇴임기념논총』,

석오윤용진교수정년퇴임기념논총간행위원회, 1996.

박성용, 「청도양반의 혼인전략－사회적, 상징적 유산을 전승하는 집에 관한 사례를 중심－」『민족문화논총』 22집, 2000.

박성용, 「울릉도 한 어촌 가족의 구조화과정과 적응전략」『울릉도·독도 동해안 어민의 생존전략과 적응』, 영남대 민족문화연구소 편, 2003.

박성용, 「울릉도 어민의 어업기술과 작업조직의 변화」『울릉도·동해안 어촌지역의 생활문화연구』, 경인문화사, 2004.

박성용·이기태, 「독도·울릉도의 자연환경과 도민의 문화－독도 어로공간과 울릉도 민속종교－」『울릉도·독도의 종합적 연구』, 영남대 민족문화연구소, 1998.

박성용·한승진, 「울릉도민의 생활권역에서 본 독도시달거리와 해양환경 인지」, 민족문화연구소 월례발표회, 1999.

서원섭, 「울릉도 제당의 조사보고」『어문논총』 7호, 경북대 문리대 국어국문학과, 1972.

서찬기, 「울릉도 및 독도의 지리적 배경」『울릉도·독도답사기요』, 경북대학교 울릉도·독도 종합학술조사단.

송병기, 「조선후기의 울릉도 경영－수토제도의 확립－」『진단학보』 86, 1998.

이기백, 「울릉도 및 독도의 언어·민속에 관한 고찰」『울릉도·독도답사기요』, 경북대학교 울릉도·독도종합학술조사단 편, 1977.

이기욱, 「마라도 주민의 적응전략」『한국어촌의 저발전과 적응』, 전경수 편, 집문당, 1992.

이상욱, 「독도어장의 어업권과 입어관행」『울릉도·독도의 종합적 연구』, 영남대학교 민족문화연구소 편, 1998.

이승진, 「소위 '독도문제'의 본질: 島根縣 第40號의 허와 실」,『독도연구』 창간호, 영남대학교 독도연구소, 2005.

이진명, 「서양 자료에 나타난 독도」『인문과학연구』 제19집, 성신여대 인문과학연구소, 2000.

이창언, 「독도의용수비대원 서기종씨는 어떻게 살아왔는가?」『독도를 보는 한 눈금 차이』, 선, 2006a.

이창언, 「경상북도 동해안 지역 민간신앙전승의 양상과 의미」『대구경북학

연구논총』 3집, 2006b.

이현수, 「오징어 어업에 대한 의장설비와 응용」『어선』 16호, 한국어선협
　　회, 1979.

조강희 · 조승연, 「독도 · 울릉도민의 사회조직과 경제생활」『울릉도 · 독도
　　종합적 연구』, 영남대학교 출판부, 1998.

토리이 류우조오(鳥居龍藏), 「인종고고학에서 본 울릉도」, 편무영 역, 『강
　　원민속학』 12집, 1996(1924).

한상복, 「동해의 울릉군 독도 연구자료집」, 한수당자연환경연구원, 1996.

한상복 · 이기욱, 「울릉도 · 독도의 인류학적보고」, 울릉도 및 독도 종합학
　　술조사보고서, 『한국자연보존협회조사보고서』 제19집, 한국자연보
　　존협회, 1987.

호사카 유지(保坂祐二), 「일본의 고지도가 증명하는 한국의 독도 영유권」,
　　영남대 독도연구소 및 독도아카이브 개소기념 국제학술대회, 2005a.

홍승근, 「독도에 대한 실효적 지배」『울릉문화』 3호, 울릉문화원, 1998.

Sun Yoon, 「Geology of Dogdo Island」『독도』 특집호, 섬연구회, 1992.

〈단행본〉

강신표, 『단산사회와 한국이주민 - 하와이 한인생활의 인류학적 연구 - 』,
　　한국연구원, 1980.

경상북도, 『향토자료집』, 형성출판사, 1968.

경상북도문화재연구원, 『문화유적분포지도 - 울릉군 - 』, 2002.

국립해양유물전시관, 『전통어선과 어로민속』, 『국립해양유물전시관 학술총
　　서』 2, 1997.

국립해양유물전시관, 『우리 배, 고기잡이』 3집, 2002.

김병렬, 『독도에 대한 일본 사람들의 주장』, 다다미디어, 2001.

김원룡, 『울릉도』, 국립박물관고적조사보고 제4책, 1963.

김학준, 『독도는 우리땅』, 서울: 한줄기, 1996.

나이토우 세이쪼우(內藤正中), 권오엽 · 권정 역, 『독도와 죽도』, 제인앤씨,
　　2005.

독도박물관,『잊혀진 조선해와 조선해협』, 2002.
문보근,『동해수련화－우산국·울릉도』, 1981.
박광순,『한국어업경제사 연구』, 유풍출판사, 1981.
박성용,『경제교환과 사회관계－동성촌락과 각성촌락의 비교－』, 영남대
　　　출판부, 2003B.
박성용 외 3인,『독도를 보는 한 눈금 차이』, 선출판사, 2006.
박성용 외 24인,『울릉군지』, 경인문화사, 2007.
방동인,『한국지도의 역사』, 신구문화사, 2001.
史云硏究所,『한해통어지침』, 1999.
손　일·정인철 옮김,『지도와 거짓말』, 푸른길, 1996.
송병기,『울릉도와 독도』, 단국대학교 출판부, 2007.
신용하,『독도민족영토사 연구』, 지식산업사, 1996.
신용하,『독도, 보배로운 한국영토』, 지식산업사, 1997.
영남대 박물관, 김운한 편집,『한국의 옛지도』, 1998.
울릉군,『울릉군지』, 1989.
울릉군,『울릉군통계연보』, 1998~2005.
울릉군·경상북도문화재연구원,『문화유적분포지도: 울릉군』, 2002.
울릉문화원,『울릉문화』, 1996~2000.
이석우,『일본의 영토분쟁과 샌프란시스코 평화조약』, 인하대학교 출판부,
　　　2003.
이진명,『독도, 지리상의 재발견』, 서울: 삼인, 2005.
이창기,『제주도의 인구와 가족』, 영남대학교 출판부, 1999.
이한기,『한국의 영토: 영토취득에 관한 국제법적 연구』, 서울대학교 출판
　　　부, 1969.
전경수,『한국어촌의 저발전과 적응』, 서울: 집문당, 1992.
최몽룡 외 5인,『울릉도: 고고학적 조사연구』, 서울대학교 박물관·울릉문
　　　화원.
한규설,『어업경제사를 통해 본 한국어업제도 변환의 100년』, 선학사,
　　　2001.
한상복·전경수,『한국의 낙도 민속지』, 서울: 집문당, 1992.

호사카 유지(保坂祐二), 『일본 고지도에도 독도 없다』, 서울: 자음과 모음, 2005.
홍순칠, 『이 땅이 뉘 땅인데 - 독도의용수비대 홍순칠 대장 수기 - 』, 혜안, 1997.

〈자 료〉

農商工部水産局編輯, 『韓國水産誌』 제2집, 1908.
대한제국, 『관보』(10월 27일자), 1900.
영남대학교 박물관, 『한국의 옛지도』, 1998.
禹用鼎 光武 4년 鬱陵島記.
이규원, 『鬱陵島 檢察日記』, 1882.
이춘호·마창성, 「어장축소, 황폐화」 『영남일보』(4월 22일), 2003.
한상복, 『동해의 울릉군 독도 연구자료집』, 1996.

〈고지도〉

팔도총도 <동람도> 16세기 후반.
팔도총도 <동람도> 16세기 후반.
조선총도 <천하지도 1> 18세기 전반.
조선전도 <각도지도> 18세기 후반.
동국도 <천하도> 18세기 후반.
강원도 <천하지도> 18세기 후반.
강원도 <여지도> 19세기 전반.
팔도전도 <팔도지도> 19세기 전반.
팔도전도 <도리도표> 19세기 후반.
대조선국전도 <동여도> 19세기 말.
대한전도 <대한전도> 1899년(광무 3).
강원도 <대한전도> 1899년(광무 3).

2. 영문·불문

⟨논 문⟩

Acheson, J. M., Anthropology of Fishing, *Annual Review of Anthropology*, Vol. 10, 1981.

Collet, S, Pêche, in P. Bonte et M. Izard(sous la direction de). *Dictionnaire de l'ethnologie et de l'anthropologie*, Paris: P.U.F., 1991.

Cresswell, Robert, Rapports techniques et rapports sociaux: l'exemple de l'Irlande, in *Ethnologie et Histoire*. (Mélanges offerts à Charles Parain), Paris: Editions sociales, 1975.

Geistdoerfer, A, Anthropologie maritime, in P.Bonte et M. Izard(sous la direction de), *Dictionnaire de l'ethnologie et de l'anthropologie*, Paris: P.U.F., 1991.

Laslett, Peter, La famille et le ménage, *Annales E.S.C.*. N$_o$ soecial famille et société, 1972.

Lévi-Strauss, Claude, Maison, in *Dictionaire de l'ethnologie et de l'anthropologie* (sous la direction de P. Bonte er M. Izard), Paris: P.U.F., 1991.

Mauss, Marcel, Les Techniques du corps, in M. Mauss, *Sociologie et Anthropologie*, Paris: P.U.F., 1968.

Ravis-Giordani, George, Structures familiales et production, *L'ille-familles, Etudes Corses*, N$_o$ 42-43, 1994.

Ravis-Giordani, George, Alberti, F.J. et Moracchimi, M.R., Le cas de trois communes corses, *Etudes Corses*, N^e 26, 1986.

Smith, Angèle, Landscape Representation: Place and Identity in Nineteenth-century Ordnance Survey Maps of Ireland, S. J. Palmea and Strathern A. (eds.) *Landscape, Memory and History-Anthropological Perspectives*, London: Pluto Press, 2003.

Warnier, Jean-Pierre, A Paraxeological Approach to Subjectivation in A Material

World, *Journal of Material Culture*, Volume 6/1, 2001.

Wegner, A., Elementare Theorie der atmoshärischen Spiegelugnen, *Ann. Phys.* (Leipzig) Ser. 4, N₀ 57, 1918, pp.203~230.

Young A. T. & G. W. Kattawar, *Sunset Science. Ⅱ. A Useful Diagram. Appl. Opt.* N₀ 37, 1998, pp.3785~3792.

Young A. T., G. W. Kattawar, & P. Parviainen, *Sunset Science. Ⅰ. The Mock Mirage. Appl. Opt.* N₀ 36, 1997, pp.2689~2700.

〈단행본〉

Balandier, Georges, *Sociologie actuelle de l'Afrique noire*, Paris: Quadrige/P.U.F., 1982(1955).

Boss, P. G · Dotherty, W. J. et al, *Sourcebook of Family Theories and Methods: A Contextual Approach*, New York, 1993(유계숙 · 최연실 · 성미애 편역, 『가족학이론』, 서울: 문음사, 1999).

Candau, Joel, *Anthropologie de la memoire*, Paris: P.U.F., 1996.

Chun Kyung-Soo, *Reciprocity and Korean Society: An Ethnography of Hasami*, Seoul: Seoul National University Press, 1984.

Darvy, W. J., *Landscape and Identity*, Oxford: Berg, 2000.

Garner, G. L., *The Scientific Monthly* 36, 71-74, 1933.

Han, Sang-Bok, *Korean Fisherman: Ecological Adaptation in Three Communities*, Seoul: Seoul National Univ. Press, 1977.

Joly, F., *La Cartographie*, Paris: P.U.F., 1985.

Lemonnier, Pierre, *Technological Choices; Transformation in Material Cultures Since the Neolithic*, London: Routledge, 2002.

Leroi-Gouran, André, *Milieu et techniques*, Paris: Albin Michell, 1973(1945).

Segalen, M., *Rites et rituels contemporains*, Paris: A. Colin, 1998.

Stewart, Palmea J. and Strathern Andrew, *Landscape, Memory and History-Anthropological Perspectives*, London: Pluto Press, 2003.

Smith, Adam, *Political Landscape*, Berkeley: University of California Press, 2003.

Taussig, M. T, *The Devil and Commodity Fetishism in South Africa*. Chapel Hill: University of North Carolina Press, 1980.

Winchester, Simon, *The Map That Changed The World*, London: The Surgeon of Crowthorne, 2001.

3. 일본어

隱州市廳合紀, 1677.

日本興地路程全圖, 1779.

海軍水路部, 日本水路誌 4권, 1907.

川上健三, 『竹島の 歷史地理的 硏究』, 古今書院, 1966.

4. 인터넷 자료

국토지리원(2007, http://www.ngi.go.kr/jsp/main/geography_05.jsp?MenuCo...)

인터넷 조선왕조실록(2005, http://sillok.history.go.kr), 숙종 30권.

http://www.islandnet.com/~see/weather/history/artmirage.htm, People and History Weather.

日本外務省, http://www.mofa.go.jp/mofaj/area/takeshima/ 2006.

찾아보기

가

나

다

사

자

박 성 용 朴晟槦

영남대학교 문과대학 문화인류학과 졸업
프랑스 Aix-Marseille 1 대학교 D.E.A.
프랑스 Aix-Marseille 1 대학교 인류학 박사
현 영남대학교 문과대학 문화인류학과 교수 및 박물관장

저 서
『경제교환과 사회관계: 동성촌락과 각성촌락의 비교연구』, 『질적연구용어사전』(공저), 『노인의 문화적 정체성』(공저), 『울릉도·독도의 종합적 연구』(공저), 『울릉도·동해안 어촌지역의 생활문화연구』(공저), 『독도를 보는 한 눈금차이』(공저) 외 다수

논 문
「농업생산, 교환, 사회공간」, 「통혼권의 공간동학적 의미」, 「지역사회의 문화지도: 서원·재실·정자를 중심으로」, 「문화지도: 자료활용과 조사내용」, 「Near and Distant Kin: The Case of Jongdong Village」, 「묘지의 공간구성과 사회관계의 배열」, 「Cultural Factors in Relation to Dementia Therapeutics」, 「전통의 생산과 유교문화경관의 실천」 외 다수

독도·울릉도 사람들의 생활공간과 사회조직 연구

초판 인쇄 : 2008년 6월 02일
초판 발행 : 2008년 6월 10일

지은이 : 박성용
펴낸이 : 한정희
편 집 : 김하림, 신학태, 김소라, 김경주, 장호희, 한정주, 문영주
영 업 : 이화표
관 리 : 하재일
펴낸곳 : 경인문화사

주 소 : 서울특별시 마포구 마포동 324-3
전 화 : 02-718-4831~2
팩 스 : 02-703-9711
이메일 : kyunginp@chol.com
홈페이지 : 한국학서적.kr
　　　　　http://www.kyunginp.co.kr

값 14,000원
ISBN : 978-89-499-0568-6 94910
ⓒ 2008, Kyung-in Publishing Co, Printed in Korea